教育部重大课题攻关项目"国家公共危机安全管理系统研究（03JZD0021）"

国家自然科学基金应急管理项目：突发灾害事件在线社交网络舆情信息管理体系研究（项目编号：71540015）

北京市教育委员会社科计划面上项目"北京市突发事件舆情研判与应对策略研究（SM201410016002）"

北京市财政专项——工程造价新专业（05080815003）

中央政法委研究课题"社会公共安全风险防控机制研究（2016-11）"

北京建筑大学校设科研基金项目"基于行为特征分析的突发事件在线社交网络舆情研判研究（ZF15069）"

网络舆情管理：监测、预警与引导

杨兴坤　周玉娇　编著

知识产权出版社

全国百佳图书出版单位

图书在版编目(CIP)数据

网络舆情管理:监测、预警与引导 / 杨兴坤,周玉娇编著. —北京:知识产权
出版社,2019.4(2022.7重印)

ISBN 978 - 7 - 5130 - 3974 - 1

Ⅰ.①网… Ⅱ.①杨… ②周… Ⅲ.①互联网络—舆论—研究—中国
Ⅳ.①G219.2

中国版本图书馆 CIP 数据核字(2015)第 315675 号

责任编辑:赵 军　　　　　责任校对:谷 洋
封面设计:邓媛媛　　　　　责任印刷:刘译文

网络舆情管理:监测、预警与引导

杨兴坤　　周玉娇　编著

出版发行:知识产权出版社有限责任公司	网　　址:http://www.ipph.cn
社　　址:北京市海淀区气象路 50 号院	邮　　编:100081
责编电话:010 - 82000860 转 8127	责编邮箱:zhaojun@ cnipr.com
发行电话:010 - 82000860 转 8101/8102	发行传真:010 - 82000893/82005070/82000270
印　　刷:三河市国英印务有限公司	经　　销:各大网上书店、新华书店及相关专业书店
开　　本:720mm×1000mm　1/16	印　　张:15.5
版　　次:2019 年 4 月第 1 版	印　　次:2022 年 7 月第 4 次印刷
字　　数:243 千字	定　　价:68.00 元

ISBN 978 - 7 -5130 -3974 -1

前　言

随着网络技术和通信技术的快速发展，网络已经成为人们日常生活、工作不可或缺的一部分。根据 2015 年 2 月 3 日中国互联网络信息中心（CNNIC）发布的第 35 次《中国互联网络发展状况统计报告》，截至 2014 年 12 月，中国网民有 6.49 亿，互联网普及率达到 47.9%。6.32 亿网民中，手机网民规模达到 5.57 亿，占 85.8%。

随着网络的普及，网络已成为最重要的舆论阵地，成为舆论、舆情最重要的"发源地"，网络媒体成为影响社会舆论的中坚力量。网络已然革命性地重塑了现代社会的舆论生态，对社会生活的冲击力超越了任何一种传统媒体的力量。网络也改变了党政机关的工作方式，各级党政机关和广大公务人员绝不能低估网络的社会影响力和作用，尤其是对思想、宣传、舆论工作的影响和冲击。广大公务人员应顺应潮流，主动迎接和适应这种冲击。习近平同志在 2013 年 8 月 19 日召开的全国宣传思想工作会议上强调，宣传思想工作一定要把围绕中心、服务大局作为基本职责，胸怀大局、把握大势、着眼大事，找准工作切入点和着力点，做到因势而谋、应势而动、顺势而为。因此，各级党政机关及其公务人员应加强舆情工作，提升舆情引导能力，更加重视网络舆情工作，增强网络舆情工作的主动性。

站在 21 世纪初的门槛上，人类正处于信息时代和网络时代，地球村已然成为现实。这在给人们带来诸多便利的同时，也给人类社会生活的方方面面带来挑战。公务人员的工作方式和方法也受到了前所未有的挑战，舆情管理能力便是公务人员需要重点修炼的工作能力之一。为了回应这种现实需要，提升公务人员的舆情引导能力，我们写作了本书。本书的主要内容包括舆情的基础知识、舆情监测、舆情预警、舆情引导，其重点内容和核心内容是舆情引导。全书可以分为四大部分：

第一部分是（网络）舆情的基础知识，包括第一章和第二章。第一章主要介绍了什么是网络和网络时代、网络的发展概况、网络时代的信息传播特征，使读者对上述内容有概括性了解。第二章主要介绍什么是舆情、网络舆情、舆情引导，以及网络舆情的特点及其对公务人员日常工作的影响，最后介绍了什么是博客、微博、微信等网络时代的信息传播方式。

　　第二部分是舆情监测与预警，包括第三章和第四章。第三章主要介绍了网络舆情监测及其方法，舆情监测主要可以通过舆情软件、门户网站、突发事件进行监测，并进行了案例分析。第四章主要介绍了网络舆情预警的方式方法。舆情研判与预警主要是对舆情的内容、风险、走向、趋势、引导策略做出预测和预判，对每种预警方式进行了详细介绍，并进行了案例分析。

　　第三部分是舆情引导，包括第五章、第六章和第七章，是全书的重点和核心内容。第五章介绍了我国当前舆情引导工作的基本要求、主要原则及观念误区。第六章介绍了舆情引导的十大策略性方法、舆情引导的十大技巧。其中舆情引导的十大策略性方法，全部附带了案例分析，并对每一种方法的使用情景和操作要点进行了详细论述和概括性提炼。第七章介绍了舆情引导工作的主要组织和主体、舆情引导的日常工作流程、舆情引导工作机制，对各级党政机关建立舆情工作体系、完善舆情工作机制具有重要参考意义。

　　第四部分包括第八章、第九章。近年来网络谣言泛滥，第八章就谣言的产生和应对进行了专题讨论和案例分析。当前各级党政机关负面新闻频频爆出，因此第九章就政府丑闻的应对和处置进行了专题探讨，并以美国水门事件和武汉经适房六连号事件为例进行了案例分析。

目　录

CONTENTS

第一章　网络时代及其信息传播 ························· 1

　第一节　网络与网络时代 ····························· 2

　第二节　网络时代信息传播特征 ····················· 9

第二章　舆情与网络舆情的特点 ························· 20

　第一节　舆情与网络舆情 ···························· 20

　第二节　网络舆情的产生与发展规律 ················· 25

　第三节　网络舆情的特点及其对机关工作的影响 ······· 31

第三章　网络舆情监测 ································· 54

　第一节　舆情的软件监测 ···························· 54

　第二节　舆情的事件监测 ···························· 62

　第三节　舆情事件监测案例分析 ····················· 63

　第四节　舆情的网站监测 ···························· 71

　第五节　舆情网站监测案例分析 ····················· 74

第四章　网络舆情预警 ································· 80

　第一节　网络舆情预警及其方法 ····················· 80

　第二节　舆情内容研判与预警 ······················· 81

　第三节　舆情风险研判与预警 ······················· 85

　第四节　舆情走向和趋势研判与预警 ················· 88

　第五节　舆情引导策略研判与预警 ··················· 89

第五章　舆情引导工作指导思想、原则与误区 ···························· 94

第一节　舆情引导工作指导思想 ···························· 94

第二节　舆情引导工作主要原则 ···························· 99

第三节　舆情引导工作的观念误区 ···························· 111

第六章　舆情引导方法与技巧 ···························· 122

第一节　舆情引导策略与方法 ···························· 122

第二节　舆情引导技巧与艺术 ···························· 162

第七章　舆情引导工作与工作机制 ···························· 170

第一节　舆情引导的组织与主体 ···························· 170

第二节　舆情引导工作流程 ···························· 181

第三节　舆情引导工作机制 ···························· 187

第八章　专论：谣言的产生与应对 ···························· 200

第一节　谣言与网络谣言 ···························· 201

第二节　谣言的产生原因 ···························· 203

第三节　谣言的应对与引导 ···························· 209

第四节　谣言应对案例分析：抢盐风波 ···························· 211

第九章　专论：政府丑闻的应对与处置 ···························· 217

第一节　丑闻 ···························· 217

第二节　政治丑闻与政府丑闻 ···························· 219

第三节　政府官员性丑闻 ···························· 223

第四节　政府丑闻应对 ···························· 225

附　录　有关网络舆情工作的法律法规 ···························· 236

参考文献 ···························· 238

后　记 ···························· 240

第一章　网络时代及其信息传播

阅读材料：什么是网络 [①]

通常，计算机网络包括两台或多台连接到一起的计算机，这样，他们便可以共享数据、文件和信息。除 PC 机外，网络主要由两部分组成：硬件组件（如插板）；以及控制 PC 机间数据流动的软件组件。

一些经销商为以太网或 ARCnet 网生产硬件，如插板等，所有这些系统都可以在 NOVELL、IBM、Microsoft 或其他专有软件控制下运行。

许多生产硬件系统的公司都有他们自己的专用软件，而另一些公司则选择 NOVELL、Microsoft 或他们的硬件一起使用。

简单的网络，如零槽局域网，不过是插到每一台计算机串行口或并行口上的一根电缆。零槽局域网不需要在主板上插入插板。这一类系统速度相当慢，而且只限于两三个设备，因而他能做的事情也很有限。

像简单网络一样，复杂网络也需要物理连接，只是它需要复杂的电子设备将若干个工作站连接到一条电缆上。复杂网络好比一条长长的街道，两旁有若干间房屋。每间房屋都有一条车道与街道相连。在某一时刻，街道上的汽车既可以单向行驶，也可以双向行驶。当一辆车到达目的地后，便通过车道到达房间。

网络允许若干个用户访问服务器上的同一组数据。若干个用户可同时对文件、发票进行操作，或同时填写订单。如果没有网络，则每项工作不得不单独完成。

---

① 大内.什么是网络［N］.电脑采购周刊，2000-06-14.

纵观人类历史，从传播学的角度讲，人类经历了口语传播时代、文字传播时代、印刷传播时代、电子传播时代等多个不同的历史发展阶段。从结绳记事到文字的出现，从竹简到帛书，从木刻到雕版印刷，从烽火狼烟传信、飞鸽传书到电报电话的出现，从广播到电视，从有线通信到无线通信，从报纸杂志到互联网，不仅记录人类社会发展的历程，也展现了人类信息传播越来越便捷的发展趋势。随着计算机的发明，互联网的出现，以及近年来世界各国都在努力推进的"三网融合"①，人类社会正式进入了网络时代。

第一节　网络与网络时代

1.网络及发展概况

关于网络（Network）一词，有多种释义，简单地讲网络是由两台或两台以上的、相互连接的计算机所组成的交互系统。一旦计算机连接到网络中，人们就可以共享文件，以及调制解调器、打印机、磁带备份驱动器或光盘驱动器等外围设备。不同地理位置的多个网络通过通信服务商提供的服务相连，人们就可以收发电子邮件，共享全球 Internet 的链路，或与其他远程用户举行实时视频会议。

在计算机领域中，网络就是用物理链路将各个孤立的工作站或主机相连在一起，组成数据链路，从而达到资源共享和通信的目的。凡是将地理位置不同，并具有独立功能的多个计算机系统通过通信设备和线路而连接起来，且以功能完善的网络软件（网络协议、信息交换方式及网络操作系统等）实现网络资源共享的系统，一般称为计算机网络。网络是信息传输、接收、共享的虚拟平台，通过它把各个点、面、体的信息联系到一起，从而实现这些资源的共享。它是人们信息交流、使用的一个工具。

现在经常所说的"三网"，即电信网络、有线电视网络、计算机网络。本书主要指的是计算机网络，即狭义的网络，也就是因特网。

---

① "三网融合"又叫"三网合一"，意指电信网、有线电视网和计算机通信网的相互渗透、互相兼容、并逐步整合成为全世界统一的信息通信网络。

网络是把整个因特网整合成一台巨大的超级计算机，实现各种资源的全面共享。当然，网络并不一定非要这么大，也可以构造地区性的网络，如中关村科技园区网络、企事业内部网络、局域网网络，甚至家庭网络和个人网络等网络的根本特征不是它的规模，而是资源共享，消除资源孤岛。

组建网络一般需要具备以下四个要素：①通信线路和通信设备；②有独立功能的计算机；③网络软件支持；④实现数据通信与资源共享。

按照不同的标准，网络可以做多种分类，一般来说，人们常常根据网络覆盖范围进行分类，可分为以下三类：局域网 LAN（作用范围一般为几米到几十公里）；城域网 MAN（界于 WAN 与 LAN 之间），广域网 WAN（作用范围一般为几十到几千公里）。

1946 年世界上第一台电子计算机诞生以后的十多年时间里，由于价格极其昂贵、体积庞大等原因，电脑数量极少。早期所谓的计算机网络主要是为了解决这一矛盾而产生的，其形式是将一台计算机经过通信线路与若干台终端直接连接，我们可以把这种方式看作最简单的局域网雏形。

1969 年，美国就诞生了第一个计算机网 ARPANET，这是当时冷战的产物，ARPA 即美国国防部高级研究计划局的简称，ARPANET 历经变迁，在 1990 年被它自己派生出来的新网络代替。但 ARPANET 开了网络的先河，功不可没，现代计算机网络的许多概念和方法，如分组交换技术都来自 ARPANET。到了 20世纪 80 年代，开始有一些小型的网络在学校、科研机构、企业渐渐推广，这些现在称为局域网（LAN）。随着网络规模的不断扩大，网络已拓展到全球绝大部分国家和地区，这就是我们经常所说的全球网络 Internet。1991 年 6 月，在连通Internet 的计算机中，商业用户首次超过了学术界用户，这是 Internet 发展史上的一个里程碑，从此 Internet 成长速度一发不可收。

迄今为止，计算机网络发展主要经历了以下 4 个阶段，如表 1-1 所示。

表 1-1　网络发展历程

代际	阶段	时间	网络	特点
第一代	远程终端连接	20 世纪 60 年代早期	面向终端的计算机网络	主机是网络的中心和控制者，终端（键盘和显示器）分布在各处并与主机相连，用户通过本地的终端使用远程的主机。 只提供终端和主机之间的通信，子网之间无法通信

续表

代际	阶段	时间	网络	特点
第二代	计算机网络	20 世纪 60 年代中期	局域网	多个主机互联，实现计算机和计算机之间的通信。终端用户可以访问本地主机和通信子网上所有主机的软硬件资源。 电路交换和分组交换
第三代	计算机互联	20 世纪 60 年代末期至 20 世纪 80 年代初期	广域网、Internet	实现不同厂家生产的计算机之间的互联。 TCP/IP 协议的诞生
第四代	信息高速公路	20 世纪 80 年代中期至今	宽带综合业务数字网	ATM 技术、ISDN、千兆以太网 高速，多业务，数据量大，交互性，可视化

（资料来源：作者自制）

2. 我国网络发展概况

我国的网络发展以 1987 年通过中国学术网 CANET 向世界发出第一封 E-mail 为标志。经过几十年的发展，形成了四大主流网络体系，即中科院的科学技术网 CSTNET；国家教育部的教育和科研网 CERNET；原邮电部的 CHINANET 和原电子部的金桥网 CHINAGBN。

随着网络基础设施的改善、用户接入技术的创新、接入方式的多样化和运营商服务能力的提升，上网速度越来越快，从而促进更多的应用在网上实现，我国网民数量也逐年攀升。中国互联网络信息中心（CNNIC）于 2015 年 2 月 3 日在北京发布了第 35 次《中国互联网络发展状况统计报告》，该报告数据表明，截至 2014 年 12 月底，中国网民[1] 规模达到 6.49 亿，全年新增网民 3117 万人；互联网普及率为 47.9%，较 2013 年底提升 2.1 个百分点；综合近年来网民规模数据及其他相关统计，中国互联网普及率逐渐达到饱和水平。

数据还显示，截至 2014 年 12 月，我国手机网民规模达 5.57 亿，较 2013 年底增加 5672 万人。网民中使用手机上网的人群占比由 2013 年的 81.0% 提升至

---

[1] 中国互联网络信息中心（CNNIC）第 20 次"中国互联网络发展状况统计调查"对网民的定义为：半年内使用过互联网的 6 周岁及以上中国公民。第 19 次及以前的"中国互联网络发展状况统计调查"将网民定义为：每周上网不少于一个小时的 6 周岁及以上中国公民。"每周上网一小时"的统计口径是为了在互联网起步阶段统计出更具有实质意义的活跃网民数。国际上对网民定义采用较多的是"半年内用过互联网的人"。随着互联网的发展和普及，目前我国上网人群已绝大多数是活跃网民，"每周上网一小时"和"半年内使用过互联网"这两个统计口径之间调查出来的数据已非常接近（差距在 3% 以内）。为了能跟国际接轨，CNNIC 此次将网民的统计口径从"每周上网一小时"调整为"半年内使用过互联网"。

85.8%。手机端即时通信使用保持稳步增长趋势，使用率为91.2%。手机网络游戏从爆发式增长变为稳步增长，预计2015年市场份额将进一步扩大。手机旅行预订用户增长达到194.6%，是增长最快的移动商务类应用。手机网购、手机支付、手机银行等手机商务应用用户年增长分别为63.5%、73.2%和69.2%，高于其他手机应用增长幅度，如表1–2所示。①

表1–2　2004年12月至2014年12月网民数量统计表

年　月	网民数量（万）
2014.12	64900
2013.12	61800
2012.12	56400
2011.12	51300
2010.12	45700
2009.12	38400
2008.12	29800
2007.12	21000
2006.12	13700
2005.12	11100
2004.12	9400

（资料来源：据中国互联网络信息中心数据绘制②）

　　我国手机用户的数量增长更加迅猛，根据工业和信息化部2014年12月通信业主要指标完成情况，我国手机用户已达到128609.3万户，比上年末净增5698.0万户。随着手机用户的快速发展和增加，手机网民的数量也快速增加，使信息的传递更加方便快捷，更加呈现网络化。如今我们可以看到，很多信息和舆情都是率先从网络发布和传播开来的，随着手机上网的普及，微博用户也越来越多，对于重大事件和爆炸性的新闻，网民通常用手机上网，通过微博转发，几分钟便可转发数万次，可以说革命性地改变了信息传播的

①　中国互联网络信息中心.第35次中国互联网络发展状况统计报告［R/OL］.http://news.xinhuanet.com/politics/2015–02/03/c_127453226.htm.
②　中国互联网络信息中心.中国互联网络发展状况统计报告［R/OL］.http://www.cnnic.cn/research/bgxz/tjbg/.

路径和特征，网络舆情的研判、引导与管理对各级政府相关部门来说显得尤为重要（见表 1–3、图 1–1、图 1–2）。

表 1–3　2004 年 12 月至 2014 年 12 月中国手机用户数量统计表

年　　月	移动电话用户（万户）
2014.12	128609.3
2013.12	122911.3
2012.12	111215.5
2011.12	98625.3
2010.12	85900.3
2009.12	74738.4
2008.12	64123.0
2007.12	54728.6
2006.12	46108.2
2005.12	39342.8
2004.12	33482.4

（资料来源：据中华人民共和国工业和信息化部数据绘制）

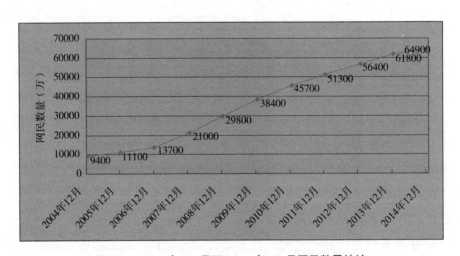

图 1–1　2004 年 12 月至 2014 年 12 月网民数量统计

（资料来源：据中国互联网络信息中心数据绘制[①]）

① 中国互联网络信息中心 . 中国互联网络发展状况统计报告 ［R/OL］. http：//www.cnnic.cn/research/bgxz/tjbg/.

6

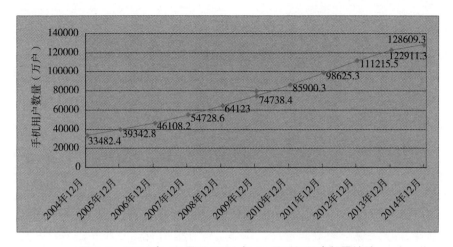

图 1-2　2004 年 12 月至 2014 年 12 月手机用户数量统计

（资料来源：据中华人民共和国工业和信息化部数据绘制）

从上述两项数据可以看出，中国网络得到了快速发展，逐渐成为人们进行信息交流和沟通的主要渠道，为此，新的信息传播渠道也给各级政府提出了新的挑战，可以预见各级政府也将越来越重视和关注网络信息的传播以及网络舆情的引导。

3. 网络时代

迄今为止，人类经历了旧石器时代、新石器时代、青铜器时代、铁器时代、蒸汽时代、电子信息时代、网络时代等不同历史时期。从上述关于网络的认识我们可以看出，网络以信息技术和通信技术为基础、不断地为人们的生产生活提供方便快捷的服务，它总是存在于一定的时空内，这一时空，我们习惯性地称为网络时代。关于网络时代，目前学术界并未有清晰明确、统一的界定，也有人称其为信息时代、网络社会、信息社会、数字化时代等。概言之，网络时代是以信息技术为基础，革命性改变和重塑了人类社会生活的某一时空，而（这一时空的时间界限要明确地划分）是很难的，一如我们讲旧石器时代一样，是无须刻意划分明确的界限的，也正因为如此，有的人说我们已经进入网络时代，有的人说我们正在进入网络时代，也有的人说网络时代正在来临，等等。但是，无论怎么说，信息技术和通信技术已经彻底地、革命性地改变了人们的生活和生活方式，已经影响到了人们的日常生活，这是不争的事实，具有划时代的意义。正是从这个意义上讲，我们说人类已经进入了网络时代。

案例分析：微博全面参与动车事故报道

"7·23"动车追尾事故 腾讯微博全方位报道显优势①

"7·23"动车追尾事故救援工作稳步推进，互联网平台继续发挥传播优势。事故发生后，以微博为代表的互动平台凸显了全方位报道的优势，腾讯微博通过"记者直击""网友直播"等不同角度第一时间报道了事故现场的最新情况，浙江省部分官员也通过微博通报救援进展，他们与普通网友一道，成为该事故新闻传播的核心力量。

财新传媒记者周凯莉通过腾讯微博第一时间发布了现场情况，针对部分网友关注现场掩埋车体的细节，她及时发布了自己的观察结果，声明在现场"很少有随意掩埋的现象"；有网友发布消息称警察以安全为由不允许记者靠近现场，周凯莉发微博回应，证实记者可以靠近现场，并且"只要出示证件，不妨碍公务，基本都可以进入封锁区"。

除了记者的现场报道，传统媒体也利用微博平台发布即时消息。《都市快报》通过微博直播了事故发布会记者提问实录；《钱江晚报》、浙江在线等媒体则打通了传统媒体和微博，并借助"爱心帮助热线"提供了截至目前最为完整的微博寻亲联系方式。

浙江部分官员也参与到网络互动中来。活跃在微博上的高层级官员、微博听众443万的浙江省组织部长蔡奇，直至事故发生当天深夜2时18分，连发36条微博，报告浙江省组织救援的情况，赞扬温州"的哥的姐"免费送客人到医院献血。负责卫生工作的浙江省副省长郑继伟及浙江省卫生厅官方也利用微博平台发布医疗救援的进展，浙江省卫生厅官方微博提供的最新消息是，心理危机干预方面的专家正开展心理援助方面的工作。

此外，普通网友为事故报道提供了更为详尽的细节，网友"村

---

① http://news.163.com/11/0725/13/79QHBD0N00014JB6.html.

民山叔"发布了大量事故现场的图片，网友"李振"自称"虽不是记者，却有记者一样顽强战斗的精神"。他利用微博发布了即时的寻人信息，沟通病人家属，另外，针对大量温州市民踊跃献血，他通过微博发布消息称"受伤的人员之中没有特殊血型，基本用血现已足够"，并提供了现场献血的注意事项。

据记者观察，腾讯微博上有关此事故的微博数将近 20 万条，微博平台为事件传播提供了一个便捷快速的渠道。

案例评析

随着科技的进步，通信技术和网络技术革命性地改变了我们的生活和传统的生活习惯，给党政机关管理社会公共事务带来了诸多便利。同时，也对党政军机关的管理方式、行为方式形成了巨大的冲击，而身处技术变革浪潮中的各级党政机关公务员，理应积极主动地面对这种冲击，适应这种变化，像浙江省部分官员一样，充分利用新媒体为政务活动服务。

第二节　网络时代信息传播特征

阅读材料

李彦宏：移动互联网七论 [①]

1.现在很多从业者有个误区，认为只要拥有大量用户，就算成功。

2.互联网变现主要有三种途径：广告、游戏、电商。

3.手机作为广告载体的优势是，它能知道受众何时、在哪儿、做什么。

4.游戏注重图形性能，以客户端为主，在目前的手机屏幕上也没有看到好的盈利模式；移动电子商务也暂时没看到大发展的标志。

---

① 详见网易财经：http://money.163.com/12/0601/12/82TQOMVG00253B0H.html.

5. 现在移动互联网的气氛，有点像酒后驾车：豪车，美女，180迈，非常刺激。

6. 几年前我曾说过云计算是新瓶装旧酒，但现在不一样了。因为随着智能手机的发展，云计算有了现实的用途：手机的计算能力、存储能力终究有限，它们需要云计算来帮助完成丰富的功能。

7. 对移动互联网热潮，建议从业者"拥抱并拓展"。要积极探索现有业务与移动、云的结合可能性，这是"拥抱"；但也要充分认识移动化和云计算化与以前环境的不同，要根据这些不同去制定自己新的策略，不要固守成规，这是"拓展"。

马化腾：互联网未来的 7 个思考 [①]

2013 年 11 月 10 日，腾讯公司主办的"WE 大会"在深圳举行。腾讯董事会主席兼 CEO 马化腾在会上发表演讲，在演讲中，他提出了自己对互联网未来的思考：

1. 连接一切

马化腾称，近两年，手机成为人的一个电子器官的延伸这个特征越来越明显，它有摄像头、有感应器，而且通过互联网连在一起了。"不仅是人和人之间连接，我们现在也看到人和设备、设备和设备之间，甚至人和服务之间都有可能产生连接。"

"PC 互联网、移动互联网，甚至是物联网，都是不同阶段、不同侧面的看法，最终的走向是一个很大、很全、可以全面联系的网络实体，而这也是未来谈论一切变化的基础。"

2."互联网 +"创新涌现

互联网可以"+ 通信""+ 媒体""+ 娱乐"等，越来越多的传统企业不敢轻视互联网了。但马化腾认为，传统行业在每一个细分领域的力量仍然是无比强大的，互联网仍然是一个工具，所有的传统行业不用怕，就跟过去没有电一样，只不过是有电可以电子化，有互联网也"会衍生出很多新的机会。"

---

① 详见腾讯科技：http://tech.qq.com/a/20131110/005189.htm.

3. 开放的协作

马化腾表示，现在大公司一定要转型，要聚焦在核心模块，让其他的模块和社会上更有效率的中小企业分享合作。

4. 消费者参与决策

这个趋势反映出"互联网把传统渠道不必要的环节拿掉了"，让服务商和消费者、让生产制造商和消费者直接对接，让厂商和服务商近距离接触消费者。

5. 数据成为资源

数据成为企业竞争力和社会发展的重要资源。以电商为例，为什么电商的数据可以转向金融？这些都是大数据在背后起作用。

6. 顺应潮流的勇气

马化腾以诺基亚和黑莓为例："一年半前你想象不到诺基亚为什么倒得这么快，但这就是发生在我们身边血淋淋的案例。我们很怕，稍微没有跟上形势就可能会倒下。"

企业一定要深思这个行业怎么发展，尽管现在拿到所谓的船票、门票，能不能走到终点？还是要多多思考。

7. 连接一切的风险

互联网很强大，但也被坏人利用。此外，经常用手机、移动互联网，对健康有影响，人际关系冷漠了等。

马云论互联网

马云对未来的判断是：电子商务刚刚开始，互联网刚刚开始，搜索刚刚开始，"我们都是刚刚开始，腾讯百度阿里巴巴有机会，其他创业者同样有机会。互联网不是消灭谁，而是完善谁。"马云认为，十年以后小公司他们当中一定会诞生比腾讯更腾讯、比阿里巴巴更阿里巴巴、比百度更百度的互联网公司，"只有这样中国的互联网才有希望，这是互联网的精神，互联网的精神就是更加开放，更加透明，更加分享，更加承担责任，更加全球化。"[1]

---

[1] 参见中国企业家网：http://www.iceo.com.cn/renwu/34/2010/1208/205017.shtml.

改变自己还需要外来动力，可能互联网就是外来动力。我们这些人非常庆幸活在今天的时代，尽管我们不断抱怨这种危机、这种麻烦、这种痛苦，但是我觉得我们还是很幸运，我们是非常幸运的一代，互联网不仅仅是一种技术，不仅仅是一种产业，还是一种思想，是一种价值观。①

10 年之后，互联网会从根本上改变社会、经济和政治。今天我们看到互联网产生很多问题，人们会对此有所抱怨，但是我想这不是互联网带来的。互联网本身需要提升，提升到满足这一代人、下一代人的生活。我想，10 年之后，超过 50% 的企业都会使用电子商务，从全球来讲我们会有一套标准，也会有一个全球的互联网文化。②

在 20 世纪工业时代，所有的企业都讲究规模、大和标准。当人类真正进入互联网信息时代，企业开始讲究小、特色和附加值，讲究小而美。随着互联网的快速发展，带来的变化也越来越快，有创新力的小企业未来一定会影响中国经济。③

从信息传播学的角度来说，不同的时代在信息传播方面必然具有不同于其他时代的特征，否则就不能与其他时代区分开，也就不能单独地划分为一个历史阶段。我们认为网络时代在信息传播方面主要具有以下特征。

1. 传播内容方面的特点

在网络时代，网络媒体所传播的信息内容具有以下特征：

（1）丰富多样

从现实来看，网络媒体所传播的信息极为丰富、范围极广，社会生活发生的任何事件，大千世界千奇百怪的事物，其相关信息都可以通过网络进行传播。网络媒体所传播的信息几乎涵盖了人类涉足的所有领域，并随着人类社会生活不断地扩展，具有无限性。

---

① 参见腾讯科技：http://tech.qq.com/a/20100328/000044.htm.
② 参见阿里巴巴商圈网：http://club.1688.com/threadview/27808973.html.
③ 参见：http://www.donews.com/net/201303/1428529.shtm.

（2）可存储性

网络媒体所传播的信息都是数字化的，可以在计算机终端轻松方便地用多种方式进行保存，以备日后查用。

（3）易检索性

对网络媒体所发布和传播的信息，人们可以通过各种搜索引擎较为容易地检索、查找、筛选。同时，人们也可以根据自己的需要，通过搜索引擎查找自己所需要的信息。

（4）易复制性

人们可以根据自己的需要将网络媒体所传播的信息，随时随地地复制保存，或者复制进行修改、编辑、整理、再传播。

（5）多形态性

指信息传播的跨媒体性，网络媒体中的信息可以是文字、图片、声音、图像等。当媒体报道同一新闻事件时，报纸用文字、图片，广播用声音，电视主要用图像信号，而网络媒体则可以兼容报纸、广播、电视等传统媒体之长，不仅有报纸的文字、图片，也有广播媒体的声音，还有电视媒体的图像，甚至融合了计算机、电视机、电话机、传真机、录像机、录音机、打印机等各种现代技术的优点，使之成为人类历史迄今为止最优秀、最具发展潜力的媒体，使人们在网上同时拥有读报纸、听广播、看电视的诸般乐趣，图文声情并茂。

2. 信息传播方式的特点

从传播方式看，具有以下特征：迅捷性，即传播速度快捷并表现出实时传播特征；全球性；交互性，指传播者与受传者双向的互动式传播。受传者可以实时把自己的意见反馈给传播者，即向传播者的传播。从网络媒体的传播方式看，主要具有以下特征：

（1）即时性

即时性主要是说信息传播速度快，并可以根据需要实时更新。可以说，对于现今世界任何一个地方发生的重大事件，全球任何一个角落的人在一分钟之内便可知晓了解事件的相关信息，同时，可以借助网络视频会议等形式，实时向全球同步直播，可以让关心事件的受传者了解事件的最新进展，获取相关信息。

（2）交互性

交互性是指信息发送者和信息接受者可以进行双向互动交流，都可以成为信息发送者，也都是信息接受者。例如各种论坛、BBS中的人都可以进行交流，发表评论，可以对信息进行增删、修改、转发，也就是说每个人在网络媒体中都可以是信息制造者、信息加工者，以至成为信息源，而对于传统的广播、电视、报纸，受众很难与信息发送者进行互动。

（3）综合性

指多种信息与媒体的综合，正如上文所述，网络媒体所传播的信息综合了广播、电视、报纸等多种传统媒体的信息。同时，网络媒体也综合了各种传统媒体的形式，具有跨媒体性，时下，电台、电视台、报纸、杂志几乎都设有自己的网站，网站内容集合了各种形态的信息，因其图文、声情并茂，便于人们浏览阅读，人们普遍认为网络有取代传统媒体，成为"第四媒体"的趋势。

（4）便捷性

人们通过网络获取信息更加方便快捷，通过传统的报纸获取信息，人们需要订阅报纸；通过电台获取信息，需要配备收音机；通过电视台获取信息，人们需要购买电视机，而这些都受时空的限制。对于网络而言，人们只要拥有联网的计算机，便可不受时空限制地获取需要的资讯，特别是随着便携式计算机的快速发展、手机和手机上网的普及，人们无论是在高山、河流，还是在地铁隧道，无论是在工作间隙时，还是在休闲散步时，都可以通过网络方便地获取信息。

（5）成本低

由于网络媒体对信息加工、制作和传播所需要的设备要求不高，制作与发布过程十分简单，因此，相对于报刊、广播、电视等需要昂贵的加工与制作设备和复杂的处理过程而言，网络媒体的信息传播成本是比较低廉的。

3.信息传播主体的特点

（1）虚拟性

虚拟性即非现实性，指人的实践活动转移到以网络为基础的虚拟的电子空间，网络信息传播技术把真实世界和虚拟世界变得界限模糊了，它把实体的现实和虚构的现实连接起来，这就从根本上改变了人们认识世界的方式。在网络中人们可以用匿名或虚拟身份传播信息，从聊天室到论坛，从 QQ 到 MSN，从泡泡到雅虎通，每个人都用的是马甲、昵称、化名，每个人的面孔都遮掩在一块面纱下，谁也不知道他和她究竟是什么人，年龄几何？是男是女？也不知道同一个名字是否就代表同一个人。正因为此，人们不必考虑自己发表言论、传播信息而造成的实际后果，人们可以谩骂，可以泄愤，可以群起而攻之，以至于有时因为人们在网上的讨论，使事件更加恶化或者受到关注。

（2）多元化

传播主体多元化是指网络信息传播者可以是大众传播机构、社会团体、企事业单位、独立个体。网络是个极其广阔、自由的空间，其传播方式是完全开放的，任何人都可以在网上找到发布自己信息的空间。传统的传播者有着固定的地点和活动空间，受到一定的法律和规则的约束，具有公开性和可管理性，但网络信息传播者则不同，它可以是群体，也可以是个体，可以公开合法地存在，也可以隐蔽、游动式地存在，可以是负责任的，也可以是不负责任的，可以是专业的，也可以是非专业的。这种开放性和传播者的多元化在打破新闻垄断的同时，也给新闻信息的真实性和舆论的管理、控制带来了新的问题。

（3）主体性

主体性或曰主导性，在网络信息的传播过程中，信息传播主体处于主体地位或主导地位。在网络中，人们都可以成为信息的制造者、发布者，当然，他们同时也是信息传播的接受者，而在传统媒体中，人们大部分时间是被动地接受信息。现在，人们可以随时通过博客、拍客、播客、微博、BBS 发布和传播信息，

（4）自由性

网络信息传播是在一种相对自由、平等、随意的氛围中进行的交流方式。网

络信息收发无特别的时间、空间限制，使得人们的思想感情交流更自由，更适时轻松。网络信息写作有时可能源于内心的冲动，追求信息和情感的瞬间释放。传播信息的人率性而为，发送一个游戏、恶作剧、玩笑，是一种随意思想和即时情绪的表达。

（5）自主性

自主性首先是信息选择的自主化，由于网络媒体是集数据、文本、声音以及各种图像于一体的数字化媒介，人们可以借助技术自主地选择信息内容、信息形式、信息的发送时间和排列顺序，这种个性化的服务使得人们的选择权得到提升，他可以按照自己的价值观，遵循"选择性心理"，有效而主动地建立起个性化的信息传播环境。其次，这种自主性还体现在信息发送者对发送对象、发送时间、发送内容、发送方式都可以自主选择，人人都能成为信息的发布者和接收者。

4.信息传播受众的特点

（1）群体性

网络媒体的信息传播受众群体性是指网络信息的传播并非是一对一的，而是一对多的，针对一个群体进行传播。博客、拍客、播客、微博、BBS都会有很多人来观看、浏览，甚至引起人们的争论。一个网页也会有很多的人来浏览，所以一般网站都会有浏览次数的统计。对于网络聊天室，在公开频道上发布的信息，其受众就是整个聊天室的人群。对电子邮件人们可以选择群发，对手机短信人们也可以选择群发，大部分即时聊天工具也具有群发功能。当然，这也是造成垃圾信息、垃圾邮件、信息泛滥的重要原因。

（2）个体性

个体性，指网络媒介的传播是一种真正个性化的服务，如很多为个体需要设置的个人电子信箱以及个人商务办公区域，人们可以定制更有针对性、更具个性化的信息服务。就信息接受者而言，人们不再是简单地被动接收，或者等待媒体将信息推到自己面前，而是可以随时随地进行信息点播，可以按需从新闻数据库中索取信息，可以定制个性化服务，自主性更强。对个体而言，无论是信息的选择和消费还是信息的制作与传播，都展现出浓厚的个性色彩。对垃圾邮件，人们也可以选择不接受，对聊天室、论坛和即时聊天工具的一些信息也可以选择屏蔽。

（3）自由性

自由性，是指人们接受信息不受时空限制，可以随时随地接受，可以以后查阅，也可以选择不接受。当然，目前，对于一些垃圾邮件和垃圾手机短信，人们还很难完全选择不接受。

网络时代信息传播的特征决定了它与传统媒体截然不同，它继承了传统媒体的某些特质，也扩展出了一些崭新的功能。这样，不可避免地带来了一系列新的问题，如意识形态和文化渗透、假新闻、色情泛滥、隐私泄露、侵犯知识产权、信息安全、网络犯罪等。

案例分析：雷政富艳照门事件

（1）雷政富艳照门事件概况

2012 年 11 月 20 日，有微博发布疑似重庆市北碚区区委书记雷政富不雅视频截图。11 月 21 日，大量新闻媒体开始调查报道此事，有媒体记者电话采访了雷政富本人，他本人的回答是"那些是造假的，不要信"。同日，重庆市人民政府新闻办的官方微博发布一条消息，称已注意到相关内容，正在了解核实。11 月 22 日，有关部门确认相关视频并非 PS（图像处理），继续核实当事人身份。11 月 23 日上午 11 点左右，重庆市纪委确认不雅视频主角为雷政富本人，宣布免去其书记职务，并立案调查。从雷政富的不雅视频曝光到雷政富本人被免去职务，期间共 63 小时。如今，雷政富被判处有期徒刑 13 年，事件前因后果已大白于天下。

从后来媒体的报道中，可以了解到雷政富是被永煌实业集团有限公司的肖烨等人利用女色引诱、偷拍视频，并实施敲诈勒索的。从此，肖烨利用钱权交易，大举进军北碚，涉足各种工程项目。2013 年 1 月 25 日，媒体又曝光了多名重庆官员涉及此案，均被免职。而肖烨和事件女主角赵某也被批捕关押。

（2）雷政富艳照门事件的启示

雷政富艳照门事件真实地体现了网络时代信息传播内容的可存储性、易复制性，信息传播主体的虚拟性、自由性。其视频拍摄于几年前，而事件几年后才被曝光、发酵，事件表明党政机关公务人员的任何违法犯罪行为或腐败行为都难逃法律的制裁，提醒着党政机关公务人员不要抱有侥幸心理。从舆情引导和危机处理的角度来说，事件给各级党政机关及其公务员以下启示：

首先，作为手握人民赋予的公共权力的公务人员，应洁身自好。不仅在工作中，而且在日常生活中，也应有意识地检点自己的言行，否则不仅可能弄丢"乌纱帽"，而且还可能导致身败名裂，波及家人或朋友，近年来不胜枚举的官员桃色事件证明了这一点。

其次，公务人员应严格自律，做社会道德的表率。公务人员要时刻端正自己的工作作风和生活作风，面对诱惑，经受得住考验，否则可能被不法分子抓住把柄，拉下水，自毁前程，损害党和政府在人民心目中的形象。

再次，党政机关应敢于正视问题。从整个事件来看，有关部门存在包庇错误的问题。如果公务人员出现了错误、问题，有关部门应及时查处，介入调查，公开相关事实，这才是治病救人的良方。如果包庇、掩饰错误和问题，不仅不利于问题解决，相反是埋下了定时炸弹，当炸弹爆炸的时候，将炸掉党政机关的公信力，炸掉人民群众对党政机关的信任。包庇、掩饰错误一旦被公众或媒体发现，便会使舆论哗然，酿成丑闻。

最后，在自媒体时代，作为信息传播的主体和客体，网民应做一个负责任的网民。事件中，有个别网民调侃雷政富长相，甚至是挖苦讽刺，这种讨论便存在不理性的因素，偏离了正题。也有网民对事件女主角赵某进行人肉搜索，将其个人信息及家人信息公布于网络，这不仅伤害了无辜，还涉嫌违法，侵犯他人隐私。而从某种意义上说，也是受害者之一的赵某，其基本权利理应受到法律的保护。信息时代、自媒体时代，一句玩笑话可能会对别人造成巨大的伤害。

思考题

1. 依据你的亲身经验，说说网络对党政机关公务人员的工作和生活有什么影响？

2. 网络时代信息传播有什么特点？

3. 在网络时代，党政机关传递信息、进行公文处理，主要有哪些方式？其中哪些方式是传统社会没有的？

第二章 舆情与网络舆情的特点

第一节 舆情与网络舆情

据文献考证，"舆情"一词最早出现在《旧唐书》中，唐昭宗在乾宁四年（公元 897 年）的一封诏书中称："朕采于群议，询彼舆情，有冀小康，遂登大用。"① 此后，"舆情"一词在我国历史文献中出现的频率逐渐增加。在《四库全书》中，"舆情"一词共出现了一千一百余次，分散在经、史、子、集各部中。在我国古代，"舆"本谓车厢，因即指车。《说文解字·车部》："舆，车舆也"。"舆人"即为造车工人。《周礼·考工记·舆人》："舆人为车。"到春秋末期，"舆"逐渐演化为轿子，"舆人"也被赋予抬轿子的人的意思，并逐渐涵盖了车夫、差役、小官吏和随车士卒等下层的普通大众的意思。到了汉代，历史文献中的"舆人"，与"刍荛""庶人"一样，成为普通百姓的代名词。早期"舆人""舆情"这类词的出现和广泛使用，说明我国历史上的执政者已开始关注民意人心，并把"执政需要得民心"作为一条基本的治国理政经验。②

1.舆论、舆情与舆情引导

"舆论"一词在我国最早见于《三国志·魏书》，《三国志·魏志·钟繇华歆王朗传》："设其傲狠，殊无入志，惧彼舆论之未畅者，并怀伊邑。"其后，宋朝苏舜钦在《诣匦疏》中写道："朝廷已然之失，则听舆论而有闻焉。"明朝胡应

---

① ［后晋］刘昫，等.旧唐书［M］.北京：中华书局，1975：4585.
② 姜胜洪.网络舆情的内涵及主要特点［J］.媒体与传播，2010（3）.

麟在《诗薮·唐下》中写道:"老杜律仅七篇,而首录《张氏隐居》之作,既于舆论不合,又己调不同。"近现代诗人冰心在《寄小读者》十八中写道:"最可敬的是他们很关心于船上别国人对于中国学生的舆论。"但在古代,该词一直与统治阶级的愚民政策相联系,百姓的自由言论被压制。在国外,舆论一词最早见于卢梭的《社会契约论》,国内一般译为"公意",即全体人民的意志。此后,美国政论家李普曼在《公众舆论》一书中系统地评述了公众舆论,创造了舆论学。目前国内外对舆论的概念并无一致观点,但普遍认为舆论是多数人的共同意见。"舆情"一词在我国最早见于《旧唐书》"采于群议,询彼舆情"。国内普遍认为舆情与舆论存在一定的区别,即舆论是多数人形成的一致的共同意见,是单种意见的集合。而舆情是零散的,非体系的,也不需要得到多数人认同,是多种不同意见的简单集合。当舆情产生聚集时就可能向舆论转化,因而舆情是一个比舆论包含内容更为宽泛的概念。

舆情在《辞源》(修订本)中被解释为"民众的意愿";在《现代汉语词典》(第5版)中则被解释为"公众的意见和态度"。据此可见,"舆情"的基本含义应为民众的情绪、意愿、态度和意见等,因此网络舆情的基本含义就是网民的情绪。

所谓舆情,根据美国报业巨子、舆情学奠基人沃尔特·李普曼在其著作《舆情学》中写到的"舆情基本上就是对一些事实从道义上加以解释和经过整理的一种看法"。网络舆情是互联网发展到一定阶段的产物,有学者对网络舆情的概念已做如下归结,即是通过互联网表达和传播的,公众对自己关心或与自身利益紧密相关的各种公共事务所持有的多种情绪、态度和意见交错的总和。[①]

对于舆情的内涵,国内的研究者们有着不同的认识。有学者指出:"所谓'舆情',实际上就是大众密切关心的热门话题或反映了某些社会心理的观点与看法,其较高层次是'思潮',基本层次是'情绪'。大众传媒对此应有足够的敏感,并以恰当的方式进行舆论引导,减少社会震荡。"[②]另有学者认为:"舆情即民意情况,涉及公众对社会生活中各个方面的问题尤其是热点问题的公开意见(外露的部分)或情绪反应(既可能外露又可能不外露的部分)。"[③]更多的学者

---

① 卢山.网络舆情的影响力及应对策略的研究[J].电子商务,2011(1).
② 丁柏铨.略论舆情——兼及它与舆论、新闻的关系[J],新闻记者,2007(6).
③ 吴绍忠,李淑华.互联网络舆情预警机制研究[J].中国人民公安大学学报(自然科学版),2008(3).

对舆情概念的认识，有狭义和广义之分。在狭义上，舆情是指作为主体的民众对作为客体的国家管理者产生和持有的社会政治态度。而网络舆情，则主要指使用网络者或俗称"网民"的社会政治态度。① 在广义上，舆情通俗地讲就是社情民意，是指社会各阶层民众对社会存在和发展所持有的情绪、态度、看法、意见和行为倾向。②

舆情引导是指舆情爆发后，根据舆情的性质、趋势和走向判断，相关部门为了化解矛盾冲突、避免事态扩大，针对舆情所采取的措施和策略，例如信息公开、事实澄清、舆论引导，查处舆情所反映的社会问题等。

2. 网络舆情

南开大学徐晓日认为，网络舆情是社会舆情的一种表现形式，是公众在互联网上公开表达的对某种社会现象或社会问题具有一定影响力和倾向性的共同意见。③ 天津社会科学院刘毅认为，网络舆情是由各种社会群体构成的公众，在一定的社会空间内，对自己关心或与自身利益紧密相关的各种公共事务所持有的多种情绪、态度和意见交错的总和。④ 中山大学周如俊等认为，网络舆情从书面上理解，就是在互联网上传播的公众对某一"焦点""热点"问题所表现的有一定影响力、带有倾向性的意见或言论的情况。⑤ 华中科技大学纪红等认为，网络舆情就是指在网络空间内，围绕舆情因变事项的发生、发展和变化，网民对执政者及其政治取向所持有的态度。⑥ 上述王来华教授是较早研究网络舆情的学者，可以看出，他认为网络舆情即是指网民的社会政治态度。

结合上述学者的观点，我们倾向于这么来界定网络舆情，即网络舆情是社会公众（网民）在网络这一公共空间对公共事务，社会热点、焦点问题，某些组织或个人带有公共性的问题，政治问题等方面的具体事件而产生或发表的情绪、意见、看法、态度、诉求的交汇与综合。我们的界定主要想强调或表达以下几层含义：

① 王来华主编.舆情研究概论——理论、方法和现实热点［M］.天津：天津社会科学出版社，2003：32.

② 中共中央宣传部舆情信息局编著.舆情信息工作概论［M］.北京：学习出版社，2006：6.

③ 徐晓日.网络舆情事件的应急处理研究［J］.华北电力大学学报（社会科学版），2007（1）.

④ 刘毅.网络舆情研究概论［M］.天津：天津人民出版社，2007：53

⑤ 周如俊、王天琪.网络舆情：现代思想政治教育的新领域［J］.思想理论教育，2005（11）

⑥ 纪红、马小洁.论网络舆情的搜集、分析和引导［J］.华中科技大学学报（社会科学版），2007（6）

一是网络舆情针对的事件是比较广泛的，但始终是带有公共性的，或者涉及公共事务，针对单个人的私人事务很难引起大家的注意或讨论，举个简单的例子来讲，"郭美美事件"起因在于其在网络炫富，而引起网络广泛关注还在于其涉及中国红十字会，而中国红十字会这种非盈利组织是很重要的公共事务管理主体之一，显然网民质疑的不是其个人年轻而有极其奢华的生活，而是质疑其奢侈是否与中国红十字会有关，触动的是公众的慈善和公益之心，最终，我们也看到事件给中国红十字会造成了极大的负面影响。

二是针对的是具体、特定的事件。例如我们在网络上讨论交通拥挤问题，这是较为普遍的，这属于网络舆论，就像茶余饭后的谈论一样。而 2011 年 10 月 13 日发生在广东佛山的女童遭两车碾压事件，引发的网民关于社会良知与冷漠、孩子的呵护与监管、社会的法治与道德等各个方面的讨论，即属于网络舆情。

三是网民与网络也是比较宽泛的。网民主要指上网的公众个人，但政府、企事业单位、其他组织也可以是网民的一部分，例如政府组织通过微博参与讨论，也就成为网络舆情的参与者了，而现在很多组织包括政府、非盈利组织等公共组织以及企业等都开通了相应的微博或博客。但是政府等公共组织更多的是承担引导作用，引导网络舆情向正面、理性的方向发展。

网络既包括通过计算机连入网络，也包括手机入网用户；既包括通过有线接入网络，也包括通过无线网络接入网络的用户；既包括了网络信息，也包括手机短信。同时我们强调网络舆情产生于"网络这一公共空间"是为了与社会舆情相区别，而现代社会生活中，社会上的舆论、谣言几乎是不可能完全与网络隔离的，所以讨论网络舆情必然会涉及社会舆情，简而言之，网络舆情是舆情的一种。

四是这一界定的外延没有绝对的界限。随着传统媒体和现代媒体的融合，网络舆情既可以指最开始通过网络而引发讨论的事件，也指最开始通过非网络进行传播，而最后通过网络进行发酵使事件讨论扩大升级的情况。

五是网络舆情必然涉及情绪、意见、看法、态度、诉求的交汇与综合，这里强调"交汇与综合"，也就是说网民之间的观点看法会相互碰撞，相互影响，产生新的观点，这是由网络的交互性决定的，尤其体现在新闻与事件的评论、跟帖、聊天室、QQ 等即时聊天软件的群内多人讨论等，部分网民的情绪甚至会被左右，产生"群情激愤"的情况或者所谓的"网络暴民"，也正因为如此，在涉及政治方面的问题、群体事件或暴力事件的时候，境外敌对势力会利用网络来达到不可告人的目的，而从公共管理的角度来说，这是需要政府及时、有效加以研判，采取有效措施进行应对的。可以看出，这种"交汇与综合"效应是传统媒体所不具备的，这正是网络舆情研判和应对的复杂性之所在。

最后，要说明一点的是，我们在大多数情况下，讨论和研究网络舆情有一个预设前提：即该网络舆情涉及的具体事件，对政府、企业或某个组织造成了极大的负面影响，对政府、企业或组织的形象或实质利益造成威胁。这一方面是由事件的公共性决定的，另一方面的原因在于，如果事件产生了巨大的正面影响，其主要的评价大部分是正面的，则无须政府或事件主体进行太多甄别或引导。

3.社会舆情

社会舆情与网络舆情都是舆情的一种，都是对公共事务、社会热点问题所表达的意见和看法。网络舆情和社会舆情会相互影响，相互交织，难以截然分开，二者的区别主要表现在以下几个方面：①

第一，二者传播方式与载体不同。社会舆情往往是通过人们的街谈巷议、口传心授或传统媒体，如报纸等，并以一定的意见、情绪、态度甚至行动倾向表现出来，而网络舆情的产生、形成、发酵的载体是网络，即网民的情绪、意见、看法、态度、诉求等都是在网络这一公共空间中进行表达。

第二，二者主体不同。社会舆情的传播主体是广大社会公众，作为网络舆情主体的网民只是社会人群的一部分，因此，网络舆情不能等同于社会整体的意见与看法，它只是反映以网民为主的某些社会群体或阶层的意愿与诉求。但二者会相互影响，网民在网络中的意见可能会受到社会言论的影响，社会公众在社会现实生活中的意见也可能主动到网络中寻求表达的渠道或扩大影响。

第三，二者存在形式不同。社会舆情主要通过人们的街谈巷议、白纸黑字或行为举动等方式表现出来，网络舆情则是通过新闻跟帖、论坛、博客、播客、即时通信工具、搜索聚合等途径表达出来，网络留言、音频等形式表现出来的网络舆情声形具备，具有可视性、直观性、可读性，其视觉冲击力是社会舆情无法比拟的。

---

① 中共中央宣传部舆情信息局编著.网络舆情信息工作理论与实务 [M].北京：学习出版社，2009：6-9.

第二节　网络舆情的产生与发展规律

1.网络舆情的产生原因

网络舆情是社会发展到一定阶段的必然产物。从宏观方面来说，网络舆情产生的根源，有社会、政治、经济、文化、法律、制度、技术等各个方面的原因。从实践来看，网络舆情的"导火索"和直接触发因素，主要在于表2-1所示的几个方面，下面进行简要论述。

（1）突发事件引发网络舆情

一般将突发事件分为自然灾害、事故灾难、公共卫生事件、社会安全事件四大类。一旦发生突发事件，媒体会进行大量报道，必然引发社会各界广泛关注，各个门户网站也会竞相进行报道或转载，由于网络的方便快捷性，网民会通过网络了解突发事件相关信息，并进行转发、评论、跟帖等，从而引发网络舆情。同时突发事件处置不当也会引发网络舆情。突发事件引发网络舆情是最常见也是最重要的因素之一。这方面的案例如汶川地震、青岛市中石化东黄输油管道泄漏爆炸、西非国家埃博拉疫情、成都市公交车燃烧事件等。

表 2-1　引发网络舆情的因素

引发网络舆情的因素	案例
突发事件	汶川地震、青岛市中石化东黄输油管道泄漏爆炸、西非国家埃博拉疫情、成都市公交车燃烧事件
负面报道	厦门大学博导诱奸女生、海南部分救灾面包发霉
不当言论	"我爸是李刚"
不当举止	陕西省延安市一车祸后官员微笑、汉中市房管副局长被曝笑对业主下跪求助
视听材料	雷政富艳照门事件
反常理事件	佛山小悦悦事件、红十字会三伏天向琼粤桂台风灾区送棉被
传闻、谣言	"蛆橘事件""皮革奶粉"、山西地震谣言
政府丑闻	武汉经适房六连号事件

引发网络舆情的因素	案例
人为因素	纸馅包子事件、"秦火火"等制造谣言
不（当）作为	警察未及时制止歹徒、城管围殴花店夫妇

（资料来源：作者自绘）

（2）负面报道引发网络舆情

广播电台、电视台、报纸、网络媒体等媒体针对政府或有关组织所进行的负面报道，往往是引发网络舆情较为普遍的原因，是目前引发网络舆情最主要的因素之一。这方面的案例如厦门大学博导诱奸女生、海南部分救灾面包发霉等。海南部分救灾面包发霉被媒体进行图文报道，引发广泛关注，面对舆论的压力，有关部门不得不立即吊销经销商的工商营业执照，对民政厅救灾处处长做出停职检查，并将其调离工作岗位的决定。

（3）不当言论引发网络舆情

党政机关公务人员的不当言论往往是引发网络舆情的重要因素之一。这些言论包括针对下属的，也包括针对人民群众的，或者针对社会不特定对象的，也包括不是公务人员说的但与党政机关或公务人员有关的，例如轰动全国的"我爸是李刚"事件。不当言论被媒体称为雷人雷语，语不惊人死不休，必然直接引发网民的关注，甚至是攻击，触发网络舆情。例如（2009年6月）郑州市城市规划局副局长逯军质问采访的中央人民广播电台记者"你是准备替党说话，还是准备替老百姓说话"引发广泛关注，触发网络舆情。其中有网友评论"历史会记住这个人，他的名字叫：逯军。"①

（4）不当举止引发网络舆情

举止、手势等可能包含一定的文化内涵。行为举止也能真实地表达人的内心想法和感受。行为举止必须符合一定场合，否则可能引发言论攻击，甚至冲突。篮球场、足球场都严格禁止"竖中指"，原因即在于此。党政机关公务人员尤其要注意自己在公共场合的行为举止，不仅要符合行政礼仪的基本要求，而且要符合现场的氛围，否则极易引发网络舆情，这方面的案例主要有陕西省延安市车祸

---

① 参见：http://news.hsw.cn/system/2009/06/20/050215043.shtml.

后官员微笑引发网络舆情、汉中市房管副局长被曝笑对业主下跪求助引发网络舆情等。

（5）视听材料引发网络舆情

随着技术的发展，人们对各种言行、事件等可以全程录音、拍照、摄像，可以长久保存，还可以复制、传播，而且录音、摄像可以在毫不知情的情况进行，可以录拍到极为真实的场景，也可以录拍到极为私密的场景，正因为这些视听资料的真实和私密性，一旦被曝光，就会使舆论哗然，引发网络舆情。近年来爆出了多起录音门、艳照门事件，就是典型案例，如雷政富艳照门事件。

（6）反常理事件引发网络舆情

违反常理的事件往往成为触发网络舆情的重要因素。这里的反常理是指违反了人们的正常思维逻辑，违反既定社会规范，挑战了传统道德伦理底线的事件，如殴打辱骂老师违背了尊师重教的传统道德规范，情节严重就可能引发网络舆情。例如佛山小悦悦事件引发网络舆情在于见死不救的冷漠背离了人们认可的救死扶伤的道德底线，红十字会三伏天向琼粤桂台风灾区送棉被引发网络舆情，在于违反了人们的常识性认识：棉被是冬天的急需物品。

（7）传闻或谣言引发网络舆情

随着网络的普及，近年来谣言时有发生。有时，谣言、传闻、小道消息不胫而走，成为触发网络舆情的重要因素。突发事件爆发后，往往谣言四起，反过来，谣言的传播往往引发群体性事件等突发事件。因此，近年来如何应对谣言成为网络舆情工作的重要内容之一。"蛆橘事件""皮革奶粉"对整个行业产生了负面影响，2010年2月山西关于地震的谣言导致百万人露宿街头，都是典型的案例。

（8）政府丑闻引发网络舆情

政府丑闻是指涉及党政机关及其公务人员的不道德、不合法、不光彩的行为或事件。政府丑闻势必成为媒体和公众关注的焦点，是近年来引发网络舆情的重要因素之一。例如武汉经适房六连号事件，在2009年下半年一直是人们关注和热议的话题，引发网民广泛讨论。

（9）人为因素引发网络舆情

某些人主观、人为、故意制造新闻，从而引发网络舆情，主要包括一些网站炮制新闻、网络大V制造谣言等，从而引发网络舆情。例如"秦火火"等在网络制造谣言从而引发舆情，2007年的纸馅包子事件（人为制造的虚假新闻）不仅刺激了食品安全脆弱的神经，也引发了网民广泛议论和关注。

（10）不当作为、不作为引发网络舆情

政府部门不作为或不当作为，往往引发舆情，成为媒体和公众言论攻击的焦点。2013年8月18日（周日）下午，安徽省蚌埠市两名警察面对歹徒持刀捅少女，没有及时出面制止，导致少女身亡，引发了广泛的质疑。2014年10月13日媒体报道江西城管收缴鲜花引冲突，十余人围殴花店夫妇，在很短时间内，其网络评论就达到了14万多条，就是一个典型的案例。

在此论述了网络舆情的主要触发因素，引发网络舆情的因素是复杂多样的，并不仅仅限于上述因素。正是网络舆情产生原因的复杂多样性，促使各级政府部门越来越重视网络舆情工作，也警示公务人员要注意自己的日常言行举止。

2.网络舆情的发展规律

对于网民舆情发展，从不同的角度可以总结出不同的规律和特点。如有定量统计分析认为：70%以上的重大新闻事件在报道后的第2天至第4天网络关注度最大；约80%的重大新闻事件中，网民意见对网络媒体增加报道量有推动作用；网民对较重大新闻事件的网络舆情的贡献率为60%；网络主帖、博文回复与浏览比在8%以下。从上述统计可以得出以下结论：重大新闻事件报道后应及时进行舆情引导；网民意见对重大新闻事件的网络舆情影响较大；网民对重要新闻的关注主要是点击浏览，回复不多。

从有助于认识网络舆情和开展舆情工作的角度来看，网络舆情的发展主要具有以下几个特点：

（1）网络舆情发展具有一定的阶段性

对网络舆情的发展阶段，不同的学者做了不同的划分，有的划分为萌发期、

激发期和消退转化期 3 个阶段。[①] 有的划分为散播、集聚、升华、延续和终结 5 个阶段。[②] 有的划分为散播—集聚—热议—流行 4 个阶段。[③] 有的划分为触发—集聚—热议—升华 4 个阶段。[④] 上述观点，各自具有一定的合理性，但是并非所有的网络舆情都会经历上述阶段，例如初始阶段、萌发或散播阶段，例如突发事件或重大负面报道引发的网络舆情，事件一旦被报道，立即引发网民关注，爆发网络舆情，短短数分钟内即会达到成千上万的浏览量或评论次数。

这里将网络舆情大致分为隐藏—触发—发展—爆发—消退几个阶段。这样划分，也主要是为了开展舆情引导工作。对于网络舆情隐藏阶段，是舆情监测的重点工作，例如谣言会在这一时期逐渐出现苗头。网络舆情一旦被触发，就应及时做好舆情上报、引导、实时监测等工作。而对于网络舆情发展阶段，应做好舆情引导的动态工作。网络舆情爆发阶段，也就是网络关注度最高的时间，重点做好舆情引导工作，这时可能需要与网民见面，或者召开新闻发布会，而这时事件也可能处于最难处理的阶段，例如可能出现人群聚集等。在网络舆情消退阶段也应做好舆情引导工作，防止舆情"死灰复燃"。这方面的典型案例可以参阅四川省成都市公交车燃烧事件舆情发展的脉络。

（2）网络舆情发展具有较强的突变性

这是指网络舆情发展具有一定突然性，以及网络舆情方向和走势也可能突然发生改变。这就要求各级党政机关建立常态化舆情工作机制，以应对突然爆发的网络舆情或突然转向的网络舆情。

这方面案例有北京市老外撞人事件，因为事件的错误报道，网民开始主要以攻击李阿姨为主，谩骂其碰瓷，而在相关人员发布公开信澄清道歉后，网民又转而力挺李阿姨，舆情走势变化较快。在陕西省延安市车祸中，舆情开始主要关注这起死亡 36 人的事故，而在关于官员在事故现场微笑的报道出现后，舆情方向急转直下，进而出现了对官员的人肉搜索，关注其戴过的不同的手表以及其工资收入，再到关注其是否存在腐败问题等，最后导致了对相关人员的查处。

---

① 田丽憬，郭跃军.浅谈网络舆情的发展演化机制及其对策研究［J］.特区经济，2014（1）.

② 刘洋.突发事件网络舆情的传播规律［J］.图书情报工作网刊，2011（12）.

③ 曹劲松.网络舆情的发展规律［J］.新闻与写作，2010（5）.

④ 易臣何，何振.突发事件网络舆情的生成演化规律研究［J］.湘潭大学学报（哲学社会科学版），2014（3）.

（3）网络舆情发展具有极强的聚焦性

网络舆情的发展将公众和媒体的关注集中到一个特定的问题或特定的点上，这个问题可能是一个人，可能是事件的原因，可能是一句话，也可能是一个物体。在聚焦后，媒体和网民又会将这个聚焦点放大，甚至是无限放大，继续"深挖"下去。网络舆情发展的聚集性，提醒舆情工作人员应及时回答或回应网民、媒体最关心的焦点问题，否则事件的发展或舆情的走势可能是难以把控的。

小悦悦事件的聚焦点就在于：为什么那么多人见死不救？进而引发人们对基本伦理道德的讨论。"我爸是李刚"事件的聚焦点在于：李刚是一个具有什么背景的人？他的儿子竟然如此蛮横。此事件甚至引起国外媒体关注，"我爸是李刚"一词荣获 2010 网络十大流行语之一，2011 年出现了各种版本的歌曲《我爸是李刚》。陕西省延安市车祸后官员微笑的网络舆情焦点在于：官员为何戴那么多名表？是否与其收入匹配？发展到后来，三峡大学学生刘艳峰要求陕西省财政厅和陕西省安监局公布杨达才的工资，遭到拒绝后，刘艳峰又到北京聘请代理律师，状告上述两个政府机关。网络舆情发展的聚焦性最后表现就是对某人或有关人员的情况进行人肉搜索，这同时也是网民愤怒情绪的极端表现形式。

（4）网络舆情发展具有明显的叠加性

网络舆情发展的叠加性是指网络舆情是各个方面、多个因素共同作用的结果，形成了共振、叠加效应。在物理学上，当发生共振时，便会产出更大的振动和振幅。因此，随着网络舆情的发展，多种因素的共振叠加，网民的观点和情绪可能产生共鸣，将会使网络舆情恶化或升级，爆发出更大的能量，甚至引发群体性事件。我们从石首事件等群体事件看到了网络舆情共振产生的巨大威力。网络舆情的叠加性，警示各级地方政府公务人员，要尽早化解舆情、解决群众难题，不要等到各种因素叠加到一起，事件更加错综复杂的时候再去处理，那样可能为时已晚。

网络舆情涉及网民、政府、网络、媒体多个方面，如果其中混杂违法犯罪分子、境外敌对势力等别有用心的人，不仅舆情难以把控，事件本身也难以控制。例如邓玉娇案涉及女服务员、官员、异性服务、弱势群体等多种因素。而贵州瓮安"6·28"事件，在死者死后的7天里，事件没有得到及时处理，而期间多种因素的共振叠加，最终引发了群体性事件，是值得我们深思的。

（5）网络舆情发展具有极大的盲从性

个人在群体行为中会产生从众心理，即群体决策往往倾向于一致，而在虚拟网络空间，这种现象会被强化。例如在仇官、仇富思想的影响下，当某人在网络攻击、谩骂另外一人时，网民就可能一致攻击、谩骂。这种一致言行，可以将正确的说成错误的，将错误的说成正确的，如果有人煽动，危害更大，会出现所谓的网络暴力现象，正所谓众口铄金、积毁销骨，唾液能淹死人。加之网民的非理性，往往会伤害到某些无辜的人。网络舆情发展的盲从性，提醒各级党政机关及其公务人员应及时开展舆情引导工作，正确引导舆论，及时澄清错误、公开事实，以正视听，避免被错误的舆论所左右。

这方面的典型案例有北京市老外撞人事件，开始因为有记者发表"老外街头扶摔倒大妈遭讹 1800 元"的图文报道，引起网民一致攻击事件中的李阿姨。后来北京警方根据录像及核实的情况查明，该当事外籍男子存在未取得机动车驾驶证驾驶二轮轻便摩托车、车辆无号牌、二轮轻便摩托车载人、逆向行驶等交通违法行为。依据《道路交通安全法》及相关法律法规，已合并给予其行政拘留 7 日并处罚款 1500 元。后来，据查该外籍男子还存在非法就业的问题，将被遣送出境。该事件也被评为 2013 年十大逆转新闻第一条。

第三节　网络舆情的特点及其对机关工作的影响

1. 网络舆情的特点

网络时代的舆情主要是网络舆情，从某种意义上说，前面所述的网络时代的信息传播特征，网络舆情都具备。总体来看，当前的网络舆情主要呈现以下趋势和特点。

（1）网络舆情发展的时间进程特点

第一，突发性。网络舆情可以在瞬间形成，大部分都是在事前毫无征兆的情况下突然发生的，形成和传播的速度快得出奇，一个普通的事件在网络的介入之后，会在几天甚至更短时间内炒得沸沸扬扬，家喻户晓。当某一新闻事件引发网民关注时，网民会纷纷自发转帖、跟帖，发表评议，致使该新闻事件以几何级的速度在网上传播，防不胜防。与传统媒体的舆情传播线性路径不同，网络舆情传播呈现的是非线性的散播路径，相关信息会在网络空间经历由点到面、由散到聚、由冷到热的过程。热点事件加上情绪化的意见，就可以点燃舆情的导火索。当一个事件发生时，网民可以立即在网络中进行意见表达，发表相关信息，网民个体意见可以迅速汇聚形成公共意见，各种渠道的意见迅速进行互动，网上与网下相互影响，从而迅速形成强大的舆论声势，持续升温，使舆情传播的影响力大大增强。①

第二，直接性。网络是完全开放的，它拓展了公众个人的公共空间，给了所有人发表意见和参议政事的便利，每个人都有机会成为网络信息的发布者，每个人都有选择网络信息的自由，网民可以通过 BBS、新闻点评、博客、网站等平台及时发表意见，下情直接上达，民意表达更加畅通。由于互联网的匿名特点，多数网民会自然地、不加掩饰地表达自己的真实观点，或者反映出自己的真实情绪。因此，网络舆情比较客观地反映了现实社会的矛盾，比较真实地体现了不同群体的价值观念和情绪心态。②网民的舆情呼声已经成为影响社会舆论和公共政策的重要力量。

第三，互动性。与传统媒体单向的信息传播相比，网络是一种互动的信息传播方式。网络的重要价值，不在于其信息的海量和传播的实时性，而在于其交互性上。网民可以进行跨越时空的互动交往，是网络舆情传播方式的本质特征。网络舆情的互动性体现在网民与政府、网络媒体以及网民、网民与网民之间的互动。某一事件爆发后，许多网民常参与讨论，相互探讨、争论，相互交汇、碰撞，甚至就不同观点出现激烈交锋。网民之间的互动实时交流，各类观点意见能够得到快速深入表达，并形成主流，网络舆情能够得到更加集中的反映。

第四，即时性。传统的大众传播媒介，无论是报纸杂志还是广播电视，在信息发布前都要经过排版、印刷或者录制、剪辑的制作过程，这无疑大大迟缓了发布时间。网络作为信息传播媒介，发布信息流程简单，信息传播速度快。网络信息的排版制作过程相对简单，从源头上确保了信息传播的即时性。网络信息可以实时刷新，不受出版周期、版面大小、播出时段限制，可提供最新动态信息。

---

① 匡乃安，何正华．涉检网络舆情危机应对中存在的问题及对策［J］．法治论坛，2010（1）．

② 廖言．慎防网络舆论卷起"媒体审判"［J］．政府法制，2009（21）．

一些大型门户网站为了争夺网民，也乐于竞相发布最新、最快、最及时的重大事件。而现在越来越普及的手机网络和微博增强了网络信息的互动性，更增强了其即时性。这种即时性和互动性使网络舆情的形成速度更加快速。[①]

（2）网络舆情的内容特点

第一，丰富性。网络舆情所涉及的内容较为丰富，从网络舆情的传播形态来看，网络不仅可以传播大量的文字信息，而且可以传递音频、视频等多媒体信息，克服了传统媒体的局限性。从网民的分布看，网民来自不同国家和地区的社会各阶层、各行业和各个领域。从网络舆情所涉及的内容来看，包括政治、经济、文化、军事、外交以及社会生活的方方面面。从网络舆情中所涉及的意识形态来看，不同意识形态的言论都会汇集于网络。最后，网络舆情的信息量可谓是海量，每个国家的网络舆情信息只是互联网信息中的一部分。

第二，非理性。我国社会处于转型时期，社会变化节奏加快，社会矛盾激增，价值冲突激烈。公众对现实生活的种种不满往往缺乏合适的排解渠道，而网络为公众宣泄情绪提供了最佳的渠道。一些网民言论缺乏理性，甚至有些人把网络作为发泄情绪的场所。而相同的情绪的宣泄会相互感染，有过同样遭遇的网民会形成共鸣，并压制住理性客观的言论。目前来看，关于公务员和富裕阶层的网络舆情及言论往往能引起网民的共鸣，其中部分并不是很客观理性的。

第三，偏差性。因为部分网络言论的情绪化和非理性，因此，它有时并非网民真实意见和想法的反映，有时会与网民真实想法不一致甚至相反，受其他网民言论影响，也可能与原有的意见产生一定程度的偏离或矛盾。

第四，广泛性。网络的出现使得地球村成为现实，一个舆情消息可以在瞬间传遍全世界任何一个角落，可以在短时间内让世界各地的人们知晓。与传统舆情相比，网络舆情具有广泛性的特点，突破了信息传播的时空限制。网民数量也决定了网络舆情信息传播范围的大小，而中国具有世界上最大的网民数量，其传播范围较为广泛。另外，网络舆情的内容具有广泛性，可以涉及社会生活的方方面面，随着网络技术的发展，现实中的事务都可以上传到网络。

第五，负面性。前面已提及了网络舆情的负面影响，当网络舆情爆发并吸引网民关注时，相关负面舆论铺天盖地而来，引起广大社会大众观点甚至行动上的

---

① 顾明.论涉检网络舆情危机的应对［J］.法制与社会，2010（6）.

剧烈冲突，引发公众的质疑和不满，导致公众对政府等组织的信任危机，对政府等相关组织形象造成负面影响。这也是网络舆情需及时研判和有效应对的原因之所在。

（3）网络舆情的形态特点

第一，隐匿性。在网络的虚拟世界，网民隐匿真实的身份，诸如性别、年龄、相貌、种族、宗教信仰等都可以隐匿，因此在网络交流中，网民无须像在现实生活中那样顾忌太多，可以撕去伪装，无须像现实生活中有意无意掩饰自己的真实想法，展示的是最深层面的"本我"。这样一来，在现实中往往内隐在人们心中的舆情也就很容易被表达出来。这种隐匿性可以使人们摆脱现实生活中的种种压力，得到自由释放，当然也会出现一些负面影响。

第二，渗透性。随着互联网的发展，境外敌对势力和民族分裂分子常常利用网络进行舆论渗透或颠覆活动，在网上传播虚假信息，散布反动言论，对突发群体性事件、社会热点难点等敏感问题进行炒作，歪曲事实、误导视听、蓄意制造社会矛盾，企图争夺网络舆论高地，这在近年来的战争中也表现突出。网络舆论的渗透性是政府研判和应对网络舆情的重点工作内容。

第三，难控性。网络对整个社会的政治、经济、文化的方方面面的影响范围之广、力度之强前所未见，可以说是革命性的。政府机关的一言一行、一举一动都在网民的监督之下。我国网民队伍规模庞大，加之网络信息发布方式的多样性，发布范围的广泛性，发布主体的自主性和发布时间的不确定性，使网络舆情难以有效控制，难以为政府所掌控。2008年12月，山西省太原市杏花岭区检察院派员进京抓捕涉嫌受贿的央视女政法记者李某，部分网络和媒体利用话语权优势，对该事件做倾向性报道，引发大量网民对检察机关的负面评价，致使检察机关难以对舆情传播进行有效控制。涉及政治方面的问题或群体性事件的时候，境外敌对势力会利用网络媒体进行破坏活动，使舆情更难以控制。

第四，情绪化。由于受各种因素的影响，一些网上发言缺乏理性，比较感性化和情绪化，很多公众的意见较为盲目。值得注意的是，情绪化言论很容易得到众人的响应，从而引发有害舆论，具有很强的煽动性和破坏性。公众情绪走向一旦失控，容易引发现实的冲突，甚至是群体性事件。

（4）网络舆情的主体特征

第一，自由性。从网络舆情的传播来看，信息传播的主体具有自由性与可控性，其可以选择不同的时间地点，选择各种网络渠道发表自己的观点、看法和意见，表达自己的情绪和诉求，成本较低，程序简单，其言行较少受到约束或控制。传统媒体与之相比，公众要发表相应的意见或看法的成本相对较高，程序也较为复杂，并不能完全由网民自己操控。

第二，无限性。网络舆情的传播，传播者与受众不受身份限制，相互之间身份较为模糊，既可以是受众也可以是传播者，传播者和受众者的双重身份加速了网络舆情传播，使其传播范围更广、速度更快、影响更大。网络舆情的传播不受时空限制，晚上、白天，室内室外，国内国外，只要有网络的地方都可以进行舆情信息传播。

2.网络舆情对机关工作的影响

网络的发展及网络舆情的特点，对各行各业都带来了有利的影响，也带来冲击。同样，网络舆情也对各级党政机关及其公务人员的工作方式方法、工作习惯等各个方面带来影响，主要在于以下几个方面：

（1）要求党政机关公务人员要了解网络舆情的相关知识

网络及网络舆情改变了人类社会舆论传播格局，改变舆情发生、发展演变的机制，重塑了社会的舆论生态。这一系列改变对政治、经济、社会等各个方面形成了巨大的冲击和影响。这就迫使和要求各级党政机关公务人员要学习和了解网络及网络舆情的相关知识，掌握网络舆情引导的方法，提升网络舆情引导的能力，从而减少网络和网络舆情带来的负面影响，扩大其正面影响。

公务人员应树立一种观点，即网络舆情是伴随着网络发展而必然出现的现象，并不可能消除，人们对一些问题发表观点、看法，进行议论、探讨是极其正常的事情，各级党政机关应积极去面对，去正确地引导，而不能压制。历史告诉我们，禁止讨论和压制舆论是极其危险的。因此，各级党政机关公务人员应不断地学习，提升自己的舆情引导工作能力。

（2）党政机关舆情引导工作是全天候、无缝隙的

网络舆情具有突发性、直接性、互动性、即时性等特点，决定了各级党委政府和公务人员时时、事事、处处要重视舆情引导工作，随时可能涉及舆情工作。突发事件可能引发舆情，公务人员的一言一行也可能引发舆情。从下面的案例中可以了解到，党政机关公务员日常生活中的事件也可能引发网络舆情。

案例分析：安徽两警察目睹少女被捅十刀 近在咫尺不制止

2013 年 8 月 18 日下午，安徽省蚌埠市禹会区马城镇发生一起命案：一名 17 岁的超市女收银员被歹徒连捅 10 多刀后遇害。

一份案发时的监控显示：女孩被歹徒勒住脖子、用刀捅死时，两位民警就在面前，却不敢挺身而出上前制止。直到歹徒自残倒地后，两位民警才上前将其控制。两位民警的行为引起了死者家属的强烈愤怒。

8 月 21 日，蚌埠市公安局禹会区分局鲍局长回应称，两位民警在处置此事时，反应有些迟钝，但不存在胆小怕死。

监控：歹徒行凶时，民警在一旁看着

8 月 18 日下午，17 岁的蚌埠少女小胡离开了这个世界。据当地警方事后的通报，杀死小胡的是她的网恋男友沈某。小胡遇害的地方是蚌埠马城镇一家超市，这是她工作的地方，离她的家也只有 200 多米。

8 月 20 日，人民网安徽频道记者独家获得了小胡遇害时超市的监控录像，这份一分多钟的录像清晰地记录了小胡遇害的经过。

视频一开始，身穿白色 T 恤的歹徒勒住穿着红色工作服的小胡，不停地往旁边拽，小胡在拼命地挣扎。而此时，两位身着警服的民警距离歹徒只有两三米，却没有采取任何行动。

约 5 秒后，歹徒将小胡摔倒在地，随后拿出刀子疯狂地刺向小胡，小胡躺在地上仍然在挣扎。此时，两名民警在一旁，仍然没有采取有效措施制止歹徒。

视频到 20 秒时，小胡已经被捅得不能动弹，没有丝毫的反抗力。一位民警才拿购物篮与纸盒砸向歹徒，但这对歹徒没有丝毫阻拦的作

用，他继续一刀刀地刺向小胡。

约几秒后，歹徒拿刀捅了自己几刀，自残后，受伤倒地。此刻，民警却没有乘机上去制服歹徒，只是向歹徒喷射辣椒水。残忍的歹徒在这时又爬了起来，向小胡再次补上几刀。

30多秒后，再次自残的歹徒倒地，民警才跨过小胡的身体，上去摁住歹徒。而此时，小胡已经没有了生命气息。

后来，两位民警将倒地后的歹徒拉开，超市的其他人员将小胡紧急送到医院，但为时已晚。

家属质疑：民警为何不及时制止歹徒行凶？

17岁的小胡在事发超市上班两个月了，她的父母在江苏打工，家里只剩她与年迈的奶奶。

事发后，她的父母从江苏赶回家，但见到的只是女儿冰冷的遗体。目前，因为悲伤过度，小胡的奶奶已病倒在床。

小胡的家属看到监控是在案发后的第二天（8月19日）。"两位警察就在两三米外，他们怎么能忍心看着孩子倒在地上被人用刀捅，为什么不挺身而出。"小胡的亲属向记者质疑两位民警当时的行为："他们两个上前，肯定能制止歹徒，这样孩子可能就不会死了。"

这几天，小胡的母亲一直在哭，嘴里不停地念叨着："可怜的孩子，你们为什么不去救，为什么不？"

小胡的家属希望有关部门追究两位警察责任，并就此事给他们一个交代。

目击者：拽着警察去救人，但警察没有

8月21日，记者来到了案发现场——马城镇淮海购物广场，这个超市已经关门，附近的居民说，案发后，超市就停业了。

几经周折，记者找到了超市的工作人员胡女士。8月18日下午，胡女士亲眼目睹了小胡遇害的整个经过。

据胡女士回忆，当日下午，有工作人员向她反映，有个可疑男子在超市转悠了很久，而且还从超市购买了一把菜刀和一把水果刀。"我当时以为这个人是要抢劫，便让收银员小胡把营业款收起来。"胡女士说，她也向马城镇派出所报了警，希望民警赶紧过来调查。

很快，两位民警赶到了超市，但是可疑男子已经走出了超市。"民警后来就出去找了。没有找到。"胡女士说，过了半个小时，男子再次出现，她再次报警。就在两位民警进入超市后，歹徒就掐住了小胡的脖子，开始行凶。

"看到他拿刀捅小胡，我吓死了。"胡女士说，受惊吓的她当时拽着一旁民警的衣服，大声重复喊着："快去救人！快去救人！"但是民警没有，只是呵斥歹徒。在超市监控中，记者看到胡女士确实在推一名警察，试图催促地上前制止歹徒，但警察并未上前。

胡女士这时想伸手去拿警棍，但吓得四肢无力，没有拿到。"警察手上有警棍，离得也很近，如果上前制止，说不定能制止歹徒行凶。"胡女士对小胡的死感到十分遗憾与痛惜。

警方回应：现场民警反应有点迟钝

8月21日下午，蚌埠市公安局禹会区分局鲍局长向人民网安徽频道记者回应了此事。

据鲍局长介绍，8月18日下午，接到超市报警后，马城派出所民警崔某、宋某便赶到现场，但是可疑人员已经不在，所以两位民警就在周围查找，没有找到。后来，再次接到超市报警称，人出现了，崔某、宋某再次来到超市。

"两位民警到超市后，歹徒就开始行凶了。"鲍局长说，民警朝歹徒大喊"不许乱来"，但是歹徒仍然拿刀刺向小胡。

对于小胡被刺时，两位民警为何没有上前制止？鲍局长解释称，两位民警在处置这件事时，反应有点慢，有些迟钝。"如果打分的话，这次处置是得不了高分。但民警不存在不作为、胆小怕死。"

据记者了解，现场处置的两名民警，一位40多岁，另一位20多岁，其中一人是马城派出所指导员。

（资料来源：周然，常国水.安徽两警察目睹少女被捅十刀 近在咫尺不制止［N］.人民网，2013-08-21）

舆情简评与启示

该报道引发网民关注和讨论，截至 2014 年 6 月初，该报道有 3.2 万余条帖子，23 万余人参与。这次事件和舆情，给各级党政机关公务人员以下启示（见图 2-1）：

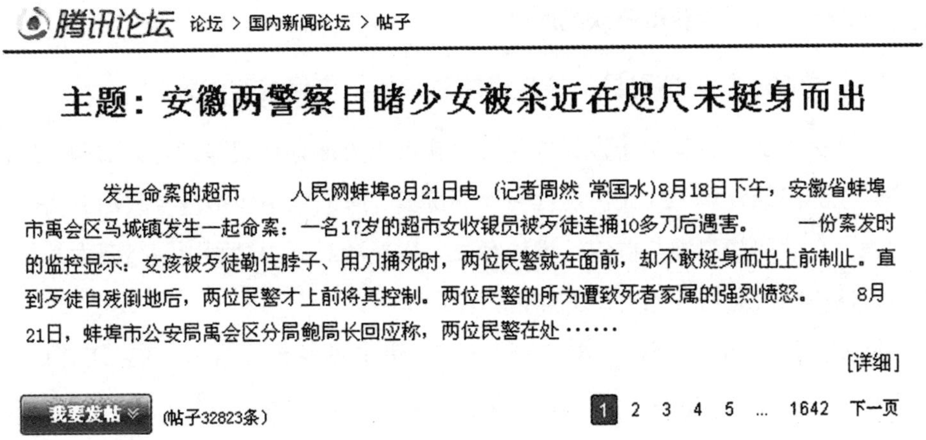

主题：安徽两警察目睹少女被杀近在咫尺未挺身而出

发生命案的超市　　人民网蚌埠8月21日电（记者周然 常国水）8月18日下午，安徽省蚌埠市禹会区马城镇发生一起命案：一名17岁的超市女收银员被歹徒连捅10多刀后遇害。　　一份案发时的监控显示：女孩被歹徒勒住脖子、用刀捅死时，两位民警就在面前，却不敢挺身而出上前制止。直到歹徒自残倒地后，两位民警才上前将其控制。两位民警的所为遭致死者家属的强烈愤怒。　　8月21日，蚌埠市公安局禹会区分局鲍局长回应称，两位民警在处……

[详细]

我要发帖 ∨　（帖子32823条）　　1 2 3 4 5 … 1642 下一页

图 2-1　新闻报道截图

1）公务人员意味着应承担更多的责任和义务。公务员身份和公务制服意味着权威，更意味着责任和义务。尽管 2013 年 8 月 18 日为星期日，两名当事警察可能也非公务执勤在岗，但是在面对歹徒伤害人民群众生命和财产安全的时候，相对于普通公民，更有责任站出来去保护人民的生命和财产安全，否则就会被认为是不作为，从而可能会引发人民群众和网民的非议，引发舆情。

2）舆情工作与危机处理没有时空限制。网络时代，要求政府及其公务员应为人民群众提供全天候、无缝隙的服务，服务是没有时空限制的，同样处理危机、引导舆情也是没有时空限制的。时时刻刻都会有网民在线，危机随时都可能发生，如果不重视非工作时间的危机处理和舆情引导，将留下巨大的管理"真空"。但这并不意味着公务人员必须在生活中时时处处谨小慎微，而是说公务人员应意识到自身承担更多的责任，自己的言行会引起很多人的关注。

3）掩饰是信息时代舆情工作的大忌。在信息时代，信息具有可视性与可复制性，现代社会，各种视频监控遍布大街小巷及建筑物的各个角落。随着社会发展，视频监控必将会越来越普及，会逐步覆盖一些"真空地带"。案例中歹徒行凶有详细的监控记录，面对这种详细的记录，事件处理、信息发布过程中，如果相关人员说谎，可能会引发新的舆情，使自身处于不利地位。

4）危机处理和舆情引导中应敢于承担责任、承认错误。面对实时记录的监控，任何辩解、借口或托辞都是没有意义的，会被公众认为是害怕或不愿承担责任，而主动地承认错误并承担责任，并就某些言行进行道歉，而不是简单地说反应有点迟钝，可能会获得公众或网民的谅解，有助于舆情引导。

（3）党政机关舆情引导工作是错综复杂的，应保持客观理性

网络舆情的内容极为丰富，同时舆论观点也可能存在偏差，有失偏颇，这使网络时代的舆论宣传工作比传统社会复杂得多。有的网络舆情涉及政治方面的敏感问题，有的网络舆情与群体性事件有关，境外敌对势力会利用网络夸大其负面效应，这使政府舆情工作变得更加错综复杂。

同时，网民可能存在非理性的观点，思想也可能相互激荡，也可能相互攻击、谩骂，但是党政机关舆情工作人员，必须始终保持客观理性，否则，党政机关工作人员非理性的言行，可能直接引发网络舆情。

案例分析：用短信平台辱骂信访工作人员

日前，某地工作人员在接待大厅窗口接听到来自一位信访人吴某的电话，在电话上信访人吴某质问为什么她们的信访件镇政府不再受理。工作人员向她解释，你们已经向县人民政府反映的信访件，镇政府已经受理，根据《信访条例》有关规定，对已受理的信访件，在办理过程中，对同一诉求的信访件，将不再受理。信访人吴某无法理解，在电话上言辞不友善。工作人员听了后很气愤，承受不了对方的辱骂，并把对方辱骂的言辞编辑成短信在平台上发送给对方。信访人将短信截屏发送至微博上，被媒体报道后，引发广泛议论。①

舆情评析

这是一起不当言论引发的舆情，舆情的大致发展路径是：不当言论—微博转发—媒体报道—网民议论—引发关注。该事件在传统社会是难以快速传播，难以

引发舆情的。案例将网络舆情的特点和发展路径淋漓尽致地表现了出来。案例警示公务人员应注意自己的言行，应尽量克制自己，保持理性。

信访工作涉及人民群众的诉求，本身是一项极其复杂的工作，也是矛盾最多的工作，极易引发舆情。从案例描述来看，可能是信访人员感觉问题未得到有效及时处理，先辱骂了工作人员。但是作为一名公务人员，应懂得一个道理：群众可以骂我们，但是我们不能骂群众（这不是鼓励群众辱骂公务人员），就像人们在餐厅吃饭，顾客可以骂服务员（公务人员是群众的服务员——人民公仆）两句，但服务人员不能以此还击顾客，这也是对电话销售人员和客服人员的要求。公务人员更不能用手中掌握的公共资源来辱骂或报复公众。同时，作为公务人员，人们会要求其道德水平高于普通社会公众。基于这些原因，事件刚刚被报道便引发了广泛关注。

同时，我们提请公众不要过于放大事件的影响，事件的实质就是两人争吵了几句，相互争吵几句在日常生活中是极其常见的。

舆情引导建议

调查事件缘由；批评事件责任人；事件责任人向信访人赔礼道歉，承认错误，取得谅解，相互沟通；发布公开致歉信；公布事件处理结果；批评教育责任人，两人握手言和，取得圆满效果（取得俗话"不打不相识"的效果，会获得群众赞赏，淡化群众对事件的关注）；对信访人反应的问题，及时公正处理，并向社会公布。

（4）党政机关舆情引导工作必须具有预警性和前瞻性

网络舆情往往是隐匿的，网上舆论还可能涉及敌对势力的渗透活动，网络舆情一旦爆发就难以把控，网民观点情绪化等。这些决定了网络舆情工作应具有一定的前瞻性，提前发现隐匿的舆情及舆论动向，提前化解网民情绪化的言行，避免各种群体性突发事件。在引导舆情、处理各种突发事件时，也应提前做好防范工作，做好"最坏的打算"，以应对可能的突发事件。

案例分析：宁阳县"裸体烟"事件

被网友发现"裸体烟"照片的山东宁阳县委组织部网站——宁阳

党建网，在本报报道见报当天，于7月1日悄然关闭。网络中的"裸体烟"事件，在现实中似乎也变得微妙和敏感。

尽管当地政府此前接受本报记者采访时表示，用碟子摆放香烟的做法很早以前就在当地存在，但明显的迹象是，来自网络的人肉搜索和评判，让当地政府感受到了舆论的压力。

香烟，或许是官场里最常见的招待品。但从周久耕被天价烟拉下马，再到如今的"裸体烟"让宁阳政府备感压力，这个看似最普通的物品，成了网络公共监督的切入点。

网站直接转到政府网

昨天，本报报道了山东宁阳县委组织部长王骞的会议照片被网友曝光，网友将会议桌上没有烟盒的香烟称为"裸体烟"，猜测当地官员可能是为了避免被网友搜索曝光成为"周久耕"第二，所以不用烟盒。当时，王骞本人和当地宣传部门都接受了记者的采访，否认了"裸体烟"这个概念，称与周久耕天价烟事件完全无关。

记者昨天晚上再次登录被网友发现"裸体烟"照片的宁阳党建网发现，原来的页面乃至整个网站都已经不复存在，而是自动转到了宁阳人民政府网。而就在前天晚上，记者还曾查看该网，网站一切正常。宁阳党建网是宁阳组织部的网站，一直以来和宁阳政府网都是相互独立的两个站点。

会议不该招待烟？

虽然，陷入"裸体烟"的当事人和政府在接受媒体采访时均暗示，将香烟拆开放在碟子里并非刻意防止网民识别牌子，更与周久耕事件无关，但从网民的反馈来看，这样的解释也并不能让他们感到满意。

"当官的应该带好头禁烟，开会还公开抽烟，影响了别人的健康，也败坏了政府形象。"昨天凤凰网的一位网民评论称。显然，纵使并非天价烟，摆在领导面前几根香烟也并不妥当。

对此，新华网的一位网民甚至援引有关规定称：早在1993年，财政部、国务院机关事务管理局就发出了关于印发《中央国家机关会议费管理办法》的通知，明确规定"会议期间不得组织游览及与会议无关的参观活动，不得招待烟、酒、糖、果等"，地方上也陆续有类似的规定出台。"那些官员如果够聪明的话，就不该让会场出现会议用烟"。

信息公开打折应对人肉搜索

昨晚，记者始终未能打通宁阳组织部长王骞的手机，因此无法得知将宁阳党建网关闭的具体原因，也无法证实这种做法是临时性措施还是永久性的。

有网民解读认为，这是一种回避。类似的现象并非首次，此前，曾有网民曝光多个政府网站的副职领导人数远远超编，而部分网站最后选择只列举正职领导的方式，提供"打了折扣的信息公开"，以应对网民的人肉搜索。

而从网民的反馈来看，部分人反思认为，这正是人肉搜索的"负效应"。在他们看来，疯狂的人肉搜索，限制了政府发布信息的主动性和范围，反而可能损害了公众的知情权。

专家：关闭网站不正常

但在国内知名学者秋风看来，导致这种局限，不能归咎于人肉搜索，并且从政府的角度来看，这些做法并不妥当，"不是一个正常的反应"。

"任何监督都会（对政府）提出某种约束性的要求"，秋风先生昨天接受本报记者采访时表示，（关闭网站的）这样一个反应，不是一种正常的做法，不仅是从政府与监督者互动的角度来说如此，而且也违反了政府信息公开的相关法律，因此，如果当地政府认为网民存在误解，那么应该提供更多的证据，公开更多正确的信息，而不是选择回避。

（资料来源：被爆"裸体烟"照 组织部网站昨关闭①）

舆情简评与启示

吸烟，对于抽烟的人来说，是私人事情，是再普通不过的生活问题。但是，从周久耕天价烟到裸体烟，用碟子摆放香烟的做法能引起网民的质疑，引发舆

---

① 张东锋、陈万如.被爆"裸体烟"照 组织部网站昨关闭［N］.南方都市报，2009-07-02.

情，进而引发人肉搜索，是值得党政机关公务员深思的。

（1）网络舆情可能会非理性化、情绪化，难于把控

在这次事件中，部分网民是非理性的，尤其是缺乏常识和认真调查而妄加指责，伤害了宁阳县委组织部及相关人员。但作为党政机关，宁阳县委组织部应敞开宽阔的胸怀，接受网民的监督。民意不理性，而党政机关应理性。

荆楚网评论指出："宁阳党建网关闭，很显然是宁阳方面在消极面对舆论，甚至想逃避舆论监督。这种行为是不理性的，不仅不能自证清白，还会让事件变得更加扑朔迷离，甚至会有人铁定认为宁阳方面做了亏心事害怕鬼敲门。如此一来，宁阳方面不仅再次陷入舆论旋涡，甚至有理也说不清了。"[①]

（2）网络舆情具有隐匿性，网民的看法可能存在偏差

可能我们对公务接待有香烟已经习以为常，也可能我们多少年来都是用碟子摆放香烟，在这不经意间，却隐藏着汹涌的舆情，这是党政机关始料未及的，也使相关人员显得措手不及。本案例说明党政机关的公务人员应反思自己的公务习惯。

本案例中，部分网民存在不理性的言论，部分观点也有失偏颇。但党政机关公务人员应用平和的心态、理性的行为去对待有失偏颇的观点。法律规定党政机关及其公务人员应接受媒体和人民群众的监督，这是一种责任，也是一种义务。

（3）及时与网民互动，提供证据自证清白

遇到危机和问题，党政机关不能逃避问题、回避现实，要及时查找问题原因，提供翔实的证据自证清白，让自身的言行更加透明、阳光、正确、合理，而非不理性的关闭网站，不闻不问，一副高高在上的姿态。

（4）本案例舆情引导与危机处理办法

一、尽快恢复、开放宁阳党建网，恢复网站上关于"用碟子摆放香烟"的图片；二、找到当时开会时的原始照片，将碟子里的香烟局部放大，让网友和公众看到开会用香烟的牌子，以证实会议用烟是否为高价香烟；三、邀请媒体与记者到当地调查、采访，公开事件真相，让会议当天的接待部门或会议承办单位的当

---

① 王文武. "裸体烟"网民不理性，党政机关"撂挑子"更不理性［N］. 荆楚网，2009-07-03.

事人说明情况；四、做好信息公开工作，公开会议当天的详细账单，公布会议当天的各种招待费（包括香烟使用数量和价格）。

（5）党政机关舆情引导工作具有对象的广泛性和非针对性

网民具有广泛的自由，无拘无束，传播者和受众不受限制，谁都可以浏览、接触、传阅网页、帖子及网上的各种观点、信息。这就决定了网络舆情引导工作缺乏明确的工作对象，针对的人群是不确定的、很广泛的，例如针对网络谣言，政府有关部门所做的解释澄清工作就没有特定的对象。

案例分析：麦当劳肯德基供应商使用变质过期肉

2014年7月20日，东方卫视披露，记者卧底两个多月发现，麦当劳、肯德基、必胜客等国际知名快餐连锁店的肉类供应商——上海福喜食品有限公司存在大量采用过期变质肉类原料的行为。20日晚间，上海市食药监部门表示，已经连夜行动查封该企业，要求上海所有肯德基、麦当劳的问题产品全部下架。

舆情简评

这是一起由食品安全事件引发的舆情案例，舆情应对主体包括食品药品监督管理局、地方政府、涉事企业等，相关消息由传统媒体——电视最先爆出，在网络、社会引发广泛议论和关注。而舆情工作对象是不确定的，不仅仅局限于今日吃过相关快餐的食客，几乎可以说所有的公众都关注相关消息和事件的发展态势。

相关部门初步采取的危机处理办法和舆情引导的策略：连夜查封涉事企业；封存并停用相关食品；食品药品监督管理总局表示彻查涉事企业全部工厂等。

（6）使党政机关舆情引导工作具有更特殊的地位和重要性

网络舆情事关网络安全，网络安全事关国家安全。习近平指出"没有网络安全就没有国家安全，没有信息化就没有现代化"。网络安全包含网络设备安全、网络信息安全、网络软件安全。从广义来说，凡是涉及网络上信息的保密性、完整性、可用性、真实性和可控性的相关技术和理论都是网络安全的研究领域。简单来说，网络安全事关信息安全、金融安全、国家安全。而舆情工作就是信息工作，因此舆情工作必然涉及网络安全问题。

案例分析：斯诺登事件

（1）事件概况

斯诺登事件也称棱镜门。棱镜计划（PRISM）是一项由美国国家安全局（NSA）自 2007 年小布什执政时期起开始实施的绝密电子监听计划，该计划的正式名号为"US-984XN"。美国情报机构一直在九家美国互联网公司中进行数据挖掘工作，从音频、视频、图片、邮件、文档以及连接信息中分析个人的联系方式与行动。监控的类型主要有 10 类：信息电邮、即时消息、视频、照片、存储数据、语音聊天、文件传输、视频会议、登录时间、社交网络资料的细节。其中包括两个秘密监视项目：一是监视、监听民众电话的通话记录；二是监视民众的网络活动。

2013 年 6 月，前中情局（CIA）职员爱德华·斯诺登将两份绝密资料交给英国《卫报》和美国《华盛顿邮报》，并告之媒体何时发表。2013 年 6 月 6 日，英国《卫报》和美国《华盛顿邮报》披露称，过去 6 年间，美国国家安全局和联邦调查局通过进入微软、谷歌、苹果、雅虎等九大网络巨头的服务器，监控美国公民的电子邮件、聊天记录、视频及照片等秘密资料。事件在美各界及国际社会掀起轩然大波，舆论为之哗然。这是一起美国有史以来最大的监控事件，其侵犯的人群之广、程度之深令人难以想象。

事件持续发酵，引起了包括美国盟友的国际社会的众怒，2013 年 10 月 23 日，德国政府发言人赛伯特称，德国政府已得到情报，德国总理默克尔的手机可能被美国情报机关监听。德方已向美方紧急质询，要求美方立即全面地给予澄清，并警告美国此举会损害两国互信。同一天，意大利总理莱塔在会晤正在欧洲访问的美国国务卿克里时，也向克里当面要求解释美国监控意大利公民的问题。而此前一天，墨西哥外长表示，美国情报部门对墨西哥总统潘尼亚尼托和前总统卡德隆进行了监听，这种间谍行为违反了基本原则，践踏了双边伙伴国家间的互信，墨西哥外交部将召见美国驻墨西哥大使；法国外交部在10月21日就有关美国国家安全局在法国境内进行监听的报道紧急召见了美国驻法大使里弗津。

（2）危机应对与启示

斯诺登事件是一起政治丑闻，也是一起危机事件。美国是一个崇尚自由，尊重个人隐私的国家。美国也有完备的法律如《信息自由法》（*Freedom of Information Act*）等。针对这么一起已成为不争事实的丑闻，美国自感有些"理屈"，除了默认、公开，并没有采取更多策略进行应对。

默认

美国总统奥巴马和国务卿克里分别就有关监控事件做了辩解，称对"盟国"进行监控在国际关系领域"并没有什么不寻常"。奥巴马辩称，情报机构的工作是"为了更好地认识世界"；克里则辩称，监控是出于国家利益考虑，"各种各样的情报对维护国家安全都有好处"。奥巴马和克里的上述表态，似乎是在默认美国对欧盟的监控，并继续维护监控行为的正当性。

公开

随着事件的持续发酵以及美国国内对监控计划出现越来越多质疑声之际，美国政府于2013年7月31日被迫主动解密了与斯诺登泄露的"棱镜"网络监控计划及电话监听计划这两大秘密情报监控项目相关的三份文件。

启示

事件使我国不得不重新审视和评估国家的网络策略，同时，该事件对我国各级党政机关公务人员最大的启示是：网络安全是事关国家安全和国家发展、事关广大人民群众工作生活的重大战略问题。我国的网络安全面临严峻的挑战，我们应有意识地做好网络安全、信息安全工作，保守国家秘密，维护国家信息安全。

（3）延伸阅读：我国近期网络安全和信息化的重大举措

2013年8月8日，国务院以国发〔2013〕32号印发《关于促进信息消费扩大内需的若干意见》（以下简称《意见》）。该《意见》分总体要求、加快信息基础设施演进升级、增强信息产品供给能力、培育信息消费需求、提升公共服务信息化水平、加强信息消费环境建设、完善支持政策七部分25条。

2013 年 8 月 19 日至 20 日，全国宣传思想工作会议在北京召开，习近平出席会议并发表重要讲话。他强调，宣传思想工作一定要把围绕中心、服务大局作为基本职责，胸怀大局、把握大势、着眼大事，找准工作切入点和着力点，做到因势而谋、应势而动、顺势而为。

2014 年 2 月 27 日，中央网络安全和信息化领导小组成立并召开第一次会议，会议审议通过了《中央网络安全和信息化领导小组工作规则》《中央网络安全和信息化领导小组办公室工作细则》《中央网络安全和信息化领导小组 2014 年重点工作》。该领导小组将着眼国家安全和长远发展，统筹协调涉及经济、政治、文化、社会及军事等各个领域的网络安全和信息化重大问题，研究制定网络安全和信息化发展战略、宏观规划和重大政策，推动国家网络安全和信息化法制建设，不断增强安全保障能力。

2014 年 4 月 15 日，习近平主持召开中央国家安全委员会第一次会议。（2013 年 11 月 12 日通过的《中国共产党第十八届中央委员会第三次全体会议公报》，宣布将设立中央国家安全委员会。2014 年 1 月 24 日中共中央政治局召开会议，研究决定中央国家安全委员会设置。）

2014 年 5 月 16 日，中央政府采购网发布了《中央国家机关政府采购中心重要通知》。其中规定："所有计算机类产品不允许安装 Windows 8 操作系统。"

2014 年 5 月 22 日，国家互联网信息办公室宣布，为维护国家网络安全、保障中国用户合法利益，我国即将推出网络安全审查制度。

知识链接

1. 什么是 Wiki？

Wiki 一词来源于夏威夷语的 "wee kee wee kee"，发音 wiki，原本是 "快点快点" 的意思，被译为 "维基" 或 "维客"。Wiki 系统属于一种人类知识网格系统，可以在 Web 的基础上对 Wiki 文本进行浏览、创建、更改，而且创建、更改、发布的代价远比 HTML 文本小；同时 Wiki 系统还支持面向社群的协作式写作，为协作式写作提供必要帮助；最后，Wiki 的作者自然构成了一个社群，Wiki 系统为这个社群提供简单的交流工具。与其他超文本系统相比，Wiki 有使用方便、开放的特点，所以 Wiki 系统可以帮助我们在一个社群内共享某领域的知识。由于 Wiki 可以调动最广大的网民的群体智慧参与网络创造和互动，它是 Web2.0 的一种典型应用。它是一种多人协作的写作工具，Wiki 站点可以有多人（甚至任何访问者）来维护，每个人都可以发表自己的意见，或者对共同的主题进行扩展或者探讨。Wiki 也指一种超文本系统。这种超文本系统支持面向社群的协作式写作，同时也包括一组支持这种写作的辅助工具。Wiki 发明者是一位 Smalltalk 程序员沃德·坎宁安（Ward Cunningham）。

2. 什么是博客?

博客最初的名称是 Weblog，由 Web 和 log 两个单词组成，字面意思就为网络日记，后来喜欢新名词的人把这个词的发音故意改了一下，读成 we blog，由此，blog 这个词被创造出来。"博客"一词是从英文单词 Blog 音译而来，Blog 是 Weblog 的简称。Blogger 指写作或是拥有（Blog 或 Weblog）的人，即博主。

Blog 中文意思即网志或网络日志，不过，中国往往将 Blog 本身和 Blogger（博客作者）均音译为"博客"。"博客"有较深的含义："博"为"广博"；"客"不单是"blogger"更有"好客"之意。看 Blog 的人都是"客"。而在中国台湾地区，则分别音译成"部落格"（或"部落阁"）及"部落客"，认为 Blog 本身有社群、群组的含义，借由 Blog 可以将网络上网友集结成一个大博客，成为另一个具有影响力的自由媒体。

概而言之，博客是一种通常由个人管理、不定期张贴新的文章的网站。博客上的文章通常根据张贴时间，以倒序方式由新到旧排列。许多博客专注在特定的课题上提供评论或新闻，其他则被作为比较个人的日记。一个典型的博客结合了文字、图像、其他博客或网站的链接，以及其他与主题相关的媒体。许多博客让读者以互动的方式留下意见，与博主交流；也有的博客拒绝读者评论。大部分的博客内容以文字为主，仍有一些博客专注在艺术、摄影、视频、音乐、播客（制作音频、视频的有声博客）等各种主题。博客是网络媒体的一部分。

3. 什么是拍客?

在网络时代，利用各类相机、手机或 DV 摄像机等数码设备拍摄图像或视频，然后通过计算机编辑处理后，上传至网上并分享、传播影像的人群。一般来说"拍客"应能够拍摄热点原创的视频，并能传播、分享、推广视频。他们大多是一群富有社会责任感、爱心和公信力的主流网络群体，他们眼界宽广，善于思考，习惯用视频影像表达和记录心情，表达他们对世界和人文的真实感受。

2008年12月20日，点石拍客在西单地下通道，拍摄下了西单女孩——任月丽演唱《天使的翅膀》后，于2008年12月25日将视频上传于网上，之后该视频开始在网上广为流传，这个视频打动了许多人，而迅速成为点击率攀升最快的视频之一，西单女孩也由此登上了电视媒介，并最终登上了中央电视台春节联欢晚会的舞台。

4. 什么是微博？

微博，即微博客（MicroBlog）的简称，是一个基于用户关系的信息分享、传播以及获取平台，用户可以通过WEB、WAP以及各种客户端组建个人社区，以140字左右的文字更新信息，并实现即时分享。最早最著名的微博是美国的Twitter，据相关公开统计数据，截至2010年1月，该产品在全球已经拥有7500万注册用户。2009年8月中国最大的门户网站新浪网推出"新浪微博"内测版，成为国内门户网站中第一家提供微博服务的网站，微博正式进入中文上网主流人群视野。

因为谐音，网民也将微博称为"围脖"，其象征意义是给人以温暖。很多明星发微博，同时很多粉丝都关注自己喜欢的明星的微博，关心和支持他们的偶像，像围脖一样温暖着明星。

2006年3月，博客技术先驱者埃文·威廉姆斯（Evan Williams）创建的新兴公司Obvious推出了大微博服务。在最初阶段，这项服务只是用于向好友的手机发送文本信息。Twitter英文原意为小鸟的叽叽喳喳声，取其像一群小鸟相互交流的意思。Twitter的出现把世人的眼光引入了"微博"的小小世界里。Twitter是一个社交网络及微博客服务。用户可以经由SMS、即时通信、电邮、Twitter网站或Twitter客户端软件（如Twitterrific）输入最多140字的文字更新，Twitter被Alexa网页流量统计评定为最受欢迎的50个网络应用之一。

微博的草根性更强，且广泛分布在桌面、浏览器、移动终端等多个平台上，有多种商业模式并存，或形成多个垂直细分领域的可能，但无论哪种商业模式，都离不开用户体验的特性和基本功能。

北京时间 2010 年 12 月 10 日 20 时 53 分，刘翔的腾讯微博听众人数突破 800 万，超过 Twitter 网站的第一名 LadyGaga 近 700 万人，成为当之无愧的全球第一微博。

中国互联网络信息中心（CNNIC），2011 年 7 月 19 日在京发布的《第 28 次中国互联网络发展状况统计报告》显示，2011 年上半年，中国微博用户数量从 6311 万快速增长到 1.95 亿，半年增幅高达 208.9%，在网民中的使用率从 13.8% 提升到 40.2%。在微博用户暴涨过程中，手机微博的表现可圈可点，手机网民使用微博的比例从 2010 年末的 15.5% 上升至 34%。① 目前国内的主要门户网站，新浪、搜狐、网易、腾讯等都开设了微博网站。

5. 什么是微信？

微信（WeChat）是腾讯公司于 2011 年初推出的一款快速发送文字和图片、支持多人语音对讲的手机聊天软件，是一款为智能手机提供即时通信服务的免费应用程序。微信用户可以通过手机或平板电脑快速发送语音、视频、图片和文字。微信提供公众平台、朋友圈、消息推送等功能，用户可以通过"摇一摇""搜索号码""附近的人"及扫二维码方式添加好友和关注公众平台，同时微信将内容分享给好友以及将用户看到的精彩内容分享到微信朋友圈。

微信图像

---

① 中国互联网络信息中心. 第 28 次中国互联网络发展状况统计报告［R/OL］. http：//www.cnnic.cn/research/bgxz/tjbg/201107/t20110719_22120.html.

微信支持跨通信运营商、跨操作系统平台，通过网络快速发送免费（需消耗少量网络流量）语音短信、视频、图片和文字。同时，用户也可以共享主流媒体的资料，使用基于位置的社交插件"摇一摇""漂流瓶""朋友圈"公众平台"语音记事本"等服务插件。其他功能包括添加好友、实时对讲机、朋友圈、语音提醒、通信录安全助手、QQ邮箱提醒、私信助手、漂流瓶、查看附近的人、语音记事本、微信摇一摇、群发助手、微博阅读、流量查询、游戏中心、微信公众平台、账号保护等。

　　微信商业交易平台的开发也逐渐兴起，微信商城是基于微信而研发的一款社会化电子商务系统，消费者只要通过微信平台，就可以实现商品查询、选购、体验、互动、订购以及支付的线上、线下一体化服务。

　　微信公众平台是在微信的基础上新增的功能模块，通过这一平台，个人和企业都可以申请一个微信的公众号，群发文字、图片、语音、视频、图文消息等内容。目前微信公众平台支持PC，移动互联网网页登录，并可以绑定私人账号群发信息。微信公众号主要面向政府、企业、媒体、公益组织、名人等推出合作推广业务。在这里可以通过微信渠道将品牌推广给上亿的微信用户，减少宣传成本，提高品牌知名度，打造更具影响力的品牌形象。微信公众平台是一个自媒体平台，是腾讯公司布局电商网络的重要一步。

　　截至2013年11月，微信注册用户已突破6亿。2014年1月28日，全新改版的微信5.2上市。微信既是一个社交信息平台，也是移动终端的一大入口，既在成为一大商业交易平台，也在成为一种生活方式。

思考题

1.什么是舆情、网络舆情？网络舆情与社会舆情有何区别？

2.当前，我国网络舆情有什么特点？网络舆情呈现什么发展趋势？

3.你在日常生活中，是否使用微博、微信等网络通信方式，这些信息交流方式与传统的信息交流方式有何区别？

4.你所在的党政机关是否开通了政务微博？管理政务微博应注意哪些问题？如何更有效地发挥政务微博的作用？

5.网络安全事关国家安全，为了维护网络安全，作为公务人员在日常工作中应注意哪些问题？

第三章　网络舆情监测

舆情工作主要包括舆情监测、舆情预警及研判、舆情引导及应对三个环节。这里主要介绍舆情监测的内容。

舆情监测是指对舆情进行监控、监视和预测的行为。主要的舆情监测手段是软件监测，其次也可以通过事件性质和主要网站进行人工监测。

第一节　舆情的软件监测

1.舆情软件监测内涵

舆情软件监测是指利用互联网信息采集技术及信息智能处理技术，通过对互联网海量信息自动抓取、自动分类聚类、主题检测、专题聚焦，对舆情进行监控、监视和预测的行为。通过信息技术对舆情进行监测是舆情监测的主要方式，当然人工监测也是不可或缺的。目前，市场上有大量舆情软件除了具有舆情监测、新闻专题追踪等基本功能外，还具有自动形成简报、报告、图表等分析结果的功能。舆情监测是进行舆情研判预警、掌握舆情动态、进行舆情分析、开展舆情引导等工作的基础。舆情监测主要有舆情软件监测、事件监测、网站监测等方式。

对于舆情的软件监测来说，一些关键技术如网络舆情采集与提取技术、网络舆情话题发现与追踪技术、网络舆情倾向性分析技术、多文档自动文摘技术等基本上都解决了，例如可以从技术上设置关键词或敏感词，按词汇出现频率进行监测和统计，就技术而言是较为简单的问题。目前国内已有较多从事网络舆情监测服务的机构（如表3-1所示），可提供网络舆情监测软件或网络舆情监测系统产品。这些软件或系统具有网络舆情预测、监测、预警、报警、倾向分析、趋势分析等功能，目前基本实现了自动分类、自动摘要、关键词提取、自动生成舆情报告等诸多强大的功能。因此计算机技术和网络技术完全能满足网络舆情监测的要求，各级政府、企业、政府专业管理部门可使用相关的软件或产品，无需做人工的定量研判，但是其缺点是机械化、模式化，对自动生成的舆情研判结果还需要做出进一步研判。这里简单介绍两款舆情软件产品。

表3-1 网络舆情监测服务机构

序号	机构名称	机构类型
1	北京拓尔思（TRS）信息技术股份有限公司	技术型网络舆情服务机构
2	北大方正（智思舆情分析系统）	
3	广州邦富软件有限公司	
4	北京阳光安吉互联网科技有限公司	
5	中科点击（北京）科技有限公司	
6	北京西盈信息技术有限公司	
7	北京杰诺在线科技有限公司	
8	中国南京绿色科技研究院	
9	北京中科院软件中心有限公司	
10	长沙美音网络传播研究中心	
11	北京中科天玑信息技术有限公司	
12	北京一飞科达软件有限公司	
13	北京本果信息技术有限公司	
14	任子行网络技术股份有限公司	
15	人民日报社网络中心舆情监测室	媒体型网络舆情服务机构
16	新华网舆情在线	
17	天涯舆情	
18	中国舆情网（新华通讯社新闻信息中心数据加工中心）	
19	中国舆情网（PubTopic.org）	
20	中国舆情新闻网	
21	中国国际舆情网	
22	中国网和平论坛舆情观察	

续表

序号	机构名称	机构类型
23	天津市社会科学院舆情研究所	
24	北京交通大学网络舆情安全研究中心	
25	新传媒网络舆情技术实验室	研究型网络舆情服务机构
26	北京理工大学网络与分布式计算实验室	
27	华中科技大学舆情信息研究中心	
28	中国传媒大学网络舆情（口碑）研究所	

（资料来源：作者整理）

2. 任子行互联网舆情综合管理系统

任子行互联网舆情综合管理系统是由任子行网络技术股份有限公司开发设计的。如图 3-1 所示，整个系统设计分为数据采集子系统、舆情信息数据仓库、舆情研判分析子系统几个主要部分。数据采集子系统对信息源头采集，采集子系统主要实现多线程、集群采集模式。舆情信息数据仓库按照系统制定的数据规范支持外围系统数据接入，数据仓库设计分布式架构，通过集群方式扩展项目的规模。入库后的数据加工处理包括自动摘要、实体抽取、内容分类等操作为后续研判提供标准数据。舆情研判分析子系统根据各项指标综合计算舆情热点、负面信息、专题分析等。

该系统的主要功能包括：数据采集、监控站点增加、采集监控、业务信息智能推送、事件布控及分析、领导人舆情信息推送及分析、帖文收藏与统计、舆情（界面、短信、邮件报警）报警、专题分析、舆情报告（日报、本周、自定义时间简报）、重点网民发现与监控、权限管理（至少 6 级单位树）、首页信息展示定制。图 3-2 是登录系统后的截图。

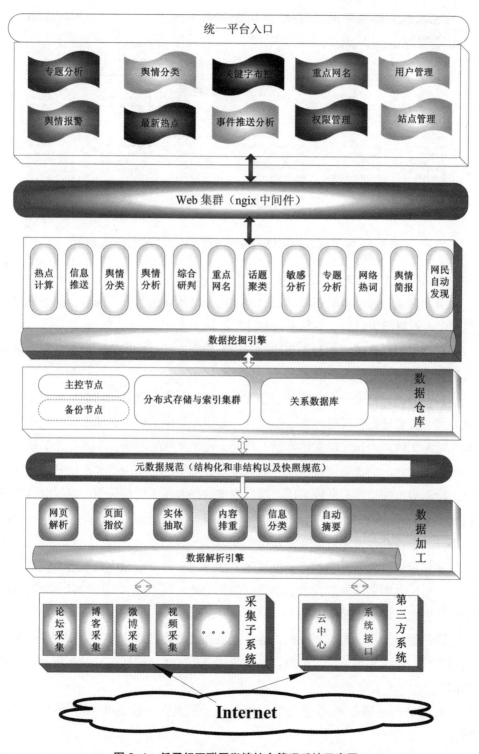

图 3-1　任子行互联网舆情综合管理系统示意图

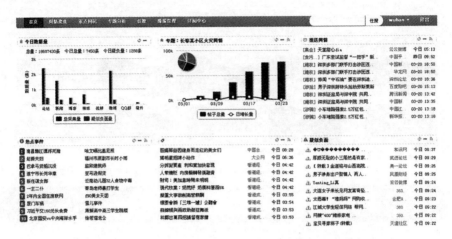

图 3-2 2014 年 3 月 23 日任子行互联网舆情综合管理系统截图

该系统的主要技术功能包括：

自动摘要。通过自动摘要，简明、确切地描述话题的中心内容，摘要是以提供文献内容概括为目的，不加评论和补充解释。

自动聚类。系统定期对采集回的互联网数据进行自动聚类，形成近期互联网上最新、最热、敏感等话题。

自动分类。自动分类技术是根据文献内容进行类别划分的功能，可以用于地域分类、涉警分类、维稳分类、治安分类等诸多应用。可以自动地对文档进行分类，赋予文档一个预先定义的类别主题词，便于文档的组织，不需人工干预。

数据推送。为正确引导互联网的发展，必须第一时间内将关心的各类舆情信息，检测与预警出来，系统采用数据自动推送技术在舆情事件第一爆发时点以短信或邮件形式通知工作人员，以便进行正确引导。数据推送分析是综合研判中的一部分，主要综合考虑数据来源和相关度。

实体抽取。为帮助监控人员能快速、准确地从网页信息中获取有价值的线索信息，系统采用实体抽取技术，将页网信息中的人名、地名、机构名、专有名词等提取出来存入数据库中。

情感倾向分析。根据不同的内容，把负面的内容进行划分，负面词典分为二层词典：主体词和负面行为词典。通过两层分析，然后进行汇总分析得到内容的负面性。

相似分析。即分析两个文本的相似性、重复性，据此也可以删除重复的数据。

分布式存储。对大量的数据进行高效查询需要用全文检索技术，该系统采用基于 sphinx 内核算法优化的全文检索技术，支持分布式的海量数据应用，且支持分布式的应用部署。

3. 拓尔思互联网舆情管理系统

北京拓尔思信息技术股份有限公司（以下简称 TRS）在 2002 年就推出了 TRS 互联网舆情管理系统，并在多个国家部委、大型新闻媒体单位得到广泛应用。TRS 互联网舆情管理系统通过互联网信息采集和文本挖掘技术，可以快速发现和收集所需的社会网络舆情信息，通过自动采集、自动分类、智能过滤、自动聚类、主题检测和统计分析，实现社会热点话题、突发事件、重大案情的快速识别和定向追踪，可以为政府、企业决策提供信息依据。

如图 3-3 所示，TRS 互联网舆情管理系统是"一个平台，四个系统"的整体架构。该平台的核心技术功能如下：

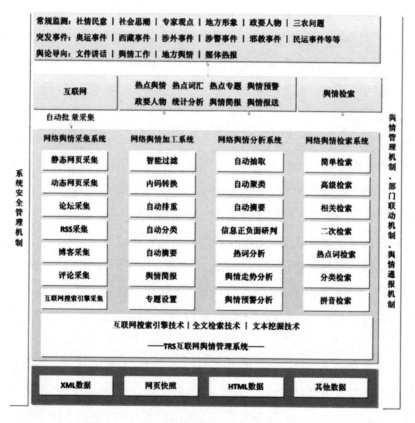

图 3-3　拓尔思互联网舆情管理系统示意图

智能检索：提供近义词、同音词、文本相似性检索、拼音检索、相关短语检索等智能舆情信息检索手段。

　　自动分类：提供基于学习的信息自动分类与基于规则的信息自动分类。

　　自动聚类：采用TRS自动聚类技术，可以直接产生热点类和热点词等内容。

　　自动摘要：提供对舆情信息的自动摘要。

　　自动提取关键词：对文本信息进行智能分词处理，自动提取文本信息关键词。

　　自动文本信息抽取：自动地对文档进行重要信息的抽取，抽取的信息包括命名实体、术语等信息，无须进行人工干预。其中命名实体包括：领导人名、组织机构名、地点、时间、电话号码、身份证信息、银行账号、护照信息、案件名称、QQ、MSN、E-mail、车牌号等。

　　拓尔思互联网舆情管理系统的主要功能如下：

　　实时监测网络舆情。自动采集网络媒体发布的网络新闻，用户只需输入一个待采集的目标网址即可实现图文结合采集到本地。网页采集模块在互联网上不断采集新闻信息，并对这些信息统一加工过滤、自动分类，保存新闻的标题、出处、发布时间、正文、新闻相关图片等信息，经过手工配置还可以获得本条新闻的点击次数。

　　TRS互联网舆情管理系统支持采集指定论坛帖子的主题，记录回帖数量和内容。并根据论坛页面表现形式配置获取发帖人的相关信息和发贴人的计算机网络地址。还支持多媒体数据采集，支持RSS解析，可自动解析RSS的XML文件，抽取网页的链接、标题、时间等信息。支持网页快照功能等。

　　自动发现网络舆情热点。TRS互联网舆情管理系统会根据新闻文章数及文章在各大网站和社区的传播链进行自动跟踪统计，提供不同时间段（1天、3天、7天、10天）的热点新闻。对每条热点新闻还可以查看新闻相关传播链，了解在某一时间段该热点新闻在那些站点的传播数量。同样也提供热点帖子、热点专题等功能。

　　按需自动预警网络舆情。TRS互联网舆情管理系统可对监控的信息类别提供预警功能。预警等级可根据用户需求分为高级、中级、低级、安全等级别。用户可查看预警的各类信息，如在预警总分布图中可查看到每类信息的预警文章条数及百分比。还可以查看每类预警信息某一时间段的传播趋势、传播站点统计、正负面信息统计、信息类别统计、新闻帖子统计等。

多维度关联的舆情展示。TRS 互联网舆情管理系统自动对每天采集的海量的、无类别的舆情进行归类，把内容相近的文档归为一类，并自动为该类生成主题词。支持自动生成新闻专题、重大新闻事件追踪、情报的可视化分析等。

舆情自动分析和统计。TRS 互联网舆情管理系统提供各类有效信息的统计，如下：

热点专题统计：热点专题总体分布、重点预警事件总分布、各类重点预警事件分布。

站点统计：可统计各采集站点的采集文章数、统计各论坛站点的采集文章数。

热点人名：系统自动抽取文章中的人名，并按该人名出现的文章次数进行统计，可查看热点人名的传播趋势。可按日期查询热点词语。

热点地名：系统自动抽取文章中的地名，并按该地名出现的文章次数进行统计，可查看热点地名的传播趋势。可按日期查询热点地名。

热点机构：系统自动抽取文章中的机构名，并按该机构名出现的文章次数进行统计，可查看热点机构的传播趋势。可按日期查询热点机构。

热点词语：系统自动抽取文章中的热点词语，并按该词语出现的文章次数进行统计，可查看热点词语的传播趋势。可按日期查询热点词语。

系统对采集的信息可自动抽取关键词、自动摘要、多维度自动分类（地区分类、舆情分类、内容分类）、按文章关键词自动关联相关报道。系统提供按简报类别自动生成舆情简报的功能。用户可在舆情库中选择简报制作所需的文章组成简报。

舆情全文检索。系统提供舆情新闻检索和论坛检索功能，可凭近义词、同音词、拼音检索、热点检索词等进行智能检索。舆情信息检索结果可按不同维度展现，包括按内容分类，舆情分类，相关人物、相关机构、相关地区、正负面分类等。每个维度下把搜索结果进行自动分类统计，展示信息，使用户用最短的时间搜索到最精确的信息。

第二节　舆情的事件监测

1. 舆情事件监测内涵

舆情事件监测是指依据重大突发事件的性质，对舆情进行直观判断，对现实社会舆情或主要网站的网络舆情进行监控、监视和预测的行为。因此，前文所论及的自然灾害、事故灾难、公共卫生事件、社会安全事件一旦发生，相关部门就应对事件相关的舆情包括社会舆情和网络舆情进行监测，并对舆情的影响、走势做出判断。

2. 舆情事件监测方法

第一，确定事件的性质和类型，该事件属于哪一类突发事件，属于哪一行业的事件，事件主管部门是谁等。

第二，通过对舆情所涉及事件的性质的判断，决定是否开展舆情监测、舆情引导等舆情工作，做出较为直观的定性判断，有别于软件的定量监测。

第三，对事件的影响、走势做出判断，决定是否上报有关领导或上级部门等。

第四，了解和掌握社会现实中和网络中（实时监测）与事件相关的舆情，如谣言等。

第五，政府部门及企事业单位可以建立本部门和单位舆情监测的事件库。列出哪些事件类型需要进行舆情监测，对已发生的典型案例进行梳理，以已往典型事件的舆情发展趋势和走向作为舆情监测、预警的参考，便于开展舆情工作。事件库还可以定期进行更新或增减。

3. 舆情事件监测范围

我们认为，对自然灾害、事故灾难、公共卫生事件、社会安全事件四大类突发事件都应立即进行舆情监测。具体来说，对违背传统伦理道德的事件、重大治安刑事案件、突发公共事件、激进言论、集体上访、集体罢工、游行示威、群体斗殴事件、恶性社会事件、政治集会、民族冲突、宗教冲突、动乱等，相关部门及舆情工作人员都应及时开展舆情监测工作。

第三节　舆情事件监测案例分析

1. 自然灾害舆情监测案例分析

（1）最高台风预警——"威马逊" ①

　　中央气象台 2014 年 7 月 17 日 18 时发布台风红色预警：今年第 9 号台风"威马逊"于今天下午 5 点钟加强为强台风级，下午 5 点钟其中心位于海南省文昌市东偏南方大约 490 公里的南海中部海面上，就是北纬 17.2 度、东经 114.7 度，中心附近最大风力有 14 级（42 米 / 秒），中心最低气压为 955 百帕。

　　预计，"威马逊"将以每小时 20 公里左右的速度向西北方向移动，强度继续加强，并向海南东部到广东西部一带沿海靠近，将于 18 日中午到傍晚在海南陵水到广东阳江一带沿海登陆，预计登陆强度可达 14~15 级（42~48 米 / 秒）。

　　17 日 20 时至 18 日 20 时，南海大部、黄岩岛及中沙群岛附近海域、琼州海峡、北部湾以及海南沿海、广东沿海、广西沿海将有 7~8 级大风，其中南海中部和西北部海域、西沙群岛附近海域、琼州海峡、北部湾中东部海域、海南东部和北部沿海、广东西部沿海、广西沿海的部分海域或地区将有 9~11 级大风，台风中心经过的附近海域或地区的风力有 12~15 级，阵风可达 16~17 级；海南大部、广东沿海、广西沿海等地有暴雨，其中，海南中北部和三沙市、广东中西部沿海的部分地

---

① 我国发布最高台风预警"威马逊"明日登陆琼粤，中国天气网，2014-07-17，参见：http://www.weather.com.cn/news/2014/07/2157437.shtml。

区有大暴雨，局部有特大暴雨（250～300毫米）。

防御指南：

1. 政府及相关部门按照职责做好防台风抢险应急工作；

2. 相关水域水上作业和过往船舶采取积极的应对措施，加固港口设施，防止船舶走锚、搁浅和碰撞；

3. 停止室内外大型集会和高空等户外危险作业；

4. 加固或者拆除易被风吹动的搭建物，人员切勿随意外出，确保老人小孩留在家中最安全的地方，危房人员及时转移。

5. 相关地区应当注意防范强降水可能引发的山洪、地质灾害。

（2）舆情监测

第一，该预警信息是针对较为确定的自然灾害所开展舆情引导、信息发布工作，自然灾害——台风"威马逊"可能导致大量伤亡，主管部门主要是气象部门、民政部门和广东、海南等台风所及的地方政府，应立即做好信息发布等舆情引导工作，同时监测灾害导致的伤亡和灾情等舆情信息。

第二，灾害可能导致大量伤亡，灾害情况和伤亡情况应立即上报上级主管部门和领导。

第三，台风可能导致大量损失和伤亡，对相关舆情信息应进行动态实时监测和跟踪。

第四，灾害后如果救援不力，可能引发公众和媒体质疑，相关部门应密切监测媒体和网络的相关报道。灾害后，可能出现谣言，相关部门应密切监测、跟踪门户网站、论坛及BBS等。

第五，通过事件库进行监测，5·12汶川地震、北京市7·21特大暴雨洪涝灾害、哈尔滨水污染事件等突发事件的舆情走向和趋势可以作为参考，其经验教训可以借鉴。

中央气象台7月17日10时、7月18日06时继续发布台风红色预警，7月19日07时10分发布台风登陆消息。海南省政府在台风"威马逊"灾情通报会上发布称，截至19日凌晨3点，"威马逊"已造成海南文昌市1人死亡，昌江县两名干部在救灾中失踪，五指山市有两人失踪。上述做法是实时的舆情引导和信息发布工作，对应对台风灾害和做好相关舆情工作具有重要意义。预警信息中的

"防御指南"是舆情引导工作的重要内容。

乙. 事故灾难舆情监测案例分析

（1）湖南高速货车与大巴相撞爆炸（见图3-4）[①]

2014年7月19日凌晨3点左右，沪昆高速邵怀段1309千米处由东往西方向，一辆装载可燃液体的小货车与一辆福建开往贵州的大客车发生追尾后爆炸燃烧。据初步调查，大客车核载53人，有4名乘客逃出（严重烧伤）。此次事故或造成重大伤亡，但具体人数不明。

截至19日上午8时，火灾扑灭，现场有刺鼻气味，清理工作正在进行。

央视新闻：客车是从福建赶往贵州，与货车追尾后爆炸燃烧，核载53人，4名乘客逃出，但严重烧伤。明火到上午8点钟已经扑灭，现场有刺鼻气味，救援正在进行。其他40多名乘客可能已经遇难，但仍在核实。

央视新闻：现场救援指挥部通报，事故共造成5车烧毁，被烧毁的5台车辆分别为闽BY2508大客车（所有人为福建省莆田汽车运输股份有限公司城厢分公司员工，核载53人）、粤F08030号三菱小客车（驾驶人和乘客共2人，估计已遇难）、湘A3Z746号厢式货车（装载疑似酒精易燃品，装载物品已经烧尽，驾驶人和乘客共2人，已遇难）、湘A98206号大货车和赣E38950号大货车。

经初步勘查，沪昆高速邵怀段"7·19"交通事故共造成5辆车辆烧毁，已确认38人遇难，5人受伤，作者已送往当地医院救治。具体遇难人数仍在进一步核查中。

---

① 参见：http://news.qq.com/a/20140719/010138.htm?pgv_ref=aio2012&ptlang=2052。

图 3-4　2014 年 7 月 19 日湖南沪昆高速邵怀段事故现场

（资料来源：腾讯网）

（2）舆情监测

第一，该突发事件属于事故灾难，主管部门主要是交管部门、高速路管理部门、路政管理部门以及地方政府（根据属地管理原则），事故可能导致大量伤亡，主管部门和地方政府应立即做好信息发布等舆情引导工作，同时监测相关舆情。

第二，事故可能导致大量伤亡，应立即上报上级主管部门和领导。

第三，事故可能引发质疑，如高速路管理部门是否检查过装载可疑可燃液体的小货车，小货车是否有运输相关物品的许可等，事故原因应及时向社会公开。

第四，关于事故原因可能引发死亡乘客家属质疑，应及时了解家属的相关言论，密切监测舆情状况，安抚家属；现场聚集人员较多，应了解和把握事故现场舆论；监测媒体报道动向，掌握舆情走势。

第五，通过事件库进行监测，2012 年 8 月 26 日延安市车祸、2009 年成都市
"6·5"公交车燃烧事件的舆情走向和趋势可作为监测预判的参考。根据上述两
个事件的经验，应注意做好事故善后处理和舆情引导工作。

3. 公共卫生事件舆情监测案例分析

（1）公共卫生事件——甘肃玉门发现鼠疫病例 [①]

甘肃酒泉市政府办公室 2014 年 7 月 17 日对外发布消息披露，7 月
16 日，甘肃省玉门市发现一例鼠疫病例致 1 人死亡，目前死者遗体已
按有关规范进行妥善处理。

据称，7 月 16 日 5 时许，甘肃省卫生计生委接酒泉市卫生局报告
一例疑似鼠疫病例，甘肃省、酒泉市、玉门市三级专家根据该患者临
床症状、流行病学史和省级专家组实验室检测结果，于 7 月 17 日确诊
为肺鼠疫。该患者已于 7 月 16 日死亡，遗体已按有关规范进行妥善
处理。

截至 17 日下午，排查出与患者密切接触者共计 151 人，已全部采
取隔离、流行病学调查、预防性服药等措施，目前尚未发现异常症状。

为严防疫情扩散，酒泉市分别在玉门市老市区、赤金镇、赤金镇
西湖村、疫点牧场设置疫情隔离区。

疫情发生后，甘肃官方领导高度重视，要求省市各级高度重视，
组织得力应急小组，深入实地指导防控工作。

17 日下午，国家卫生计生委派出专家到玉门现场指导疫情处置。
甘肃省卫生计生委成立应急小组指导疫情处置，并派现场工作组和专
家组一行 6 人于 7 月 16 日到达疫区指导当地开展疫情防控工作。

酒泉市迅速启动鼠疫防控应急预案Ⅲ级响应，酒泉市、玉门市成
立疫情应急指挥部，组织开展疫情防控工作。

目前，各项防控措施正在科学、有序、有效进行中。

---

① 冯志军.甘肃玉门发现鼠疫病例已致 1 人死亡 151 人被隔离［N］.中国新闻网，2014-07-17.

（2）舆情监测

第一，该事件属于突发公共卫生事件，其主管部门是各级传染病疫情、公共卫生主管部门和地方政府。疫情属于重大传染病疫情，主管部门和地方政府应立即监测相关舆情。

第二，疫情可能大面积、快速传播，疫情相关信息和舆情应立即上报上级主管部门和领导。

第三，事件可能引发社会恐慌，应及时向社会公开相关信息，包括密切接触人员的隔离救治状况、疑似病例状况等。

第四，关于传染源和发生疫情的原因可能引发谣言，应及时了解当地社会舆论和主要门户网站、论坛及 BBS 等的相关言论。

第五，鼠疫俗称黑死病，历史上多次发生，公元 6 世纪，地中海地区及欧洲的鼠疫导致近 1 亿人死亡，容易引发社会恐慌。通过事件库进行监测，非典危机、禽流感等公共卫生事件的舆情走向和趋势可作为监测预判的参考。根据非典危机、禽流感等公共卫生事件的经验教训，公共卫生及传染病疫情主管部门应做好舆情监测及信息发布等舆情引导工作。

4. 社会安全事件舆情监测案例分析

（1）杭州公交纵火案（见图 3-5）[①]

2014 年 7 月 5 日傍晚，杭州西湖附近一辆公交车突然起火燃烧，据了解，已有 32 名乘客受伤被送往医院治疗，其中至少 24 人为重症伤者。

据杭州日报消息，公交初步勘察的结论是疑似人为纵火。检查车辆的底盘发动机都没有发现着火的痕迹，车辆烧毁不是十分严重。

杭州警方当晚通报称，下午 5 时 03 分，杭州市公安局 110 报警台接群众报警：一辆 7 路公交车途经东坡路与庆春路交叉口时车内起火燃烧。接警后，杭州市公安局迅速调集消防、公安民警赶赴现场，第一时间扑灭火势，抢救伤员。据初步核实，截至目前送医院就诊的受

---

① 参见：http://news.qq.com/a/20140705/029681.htm。

伤乘客32人，无人员死亡。该车起火时车上有乘客80余人。对受伤人员，省、市卫生部门及相关医院正在全力救治。

图3-5　杭州公交纵火案现场

（资料来源：腾讯网）

（2）广州公交纵火案（见图3-6）①

2014年7月15日7时40分许，广州市海珠区广州大道南敦和公交站，一辆301路公交车进站时突然起火。

据广州公安官方微博15日晚11时50分通报，警方于19时46分接群众110报警，20时03分现场明火被扑灭，公交车后部受损较为严重。截至22时30分，事件共造成2人死亡，32人受伤。广州警方正组织力量对起火原因开展全面调查。

事发后，广州公安通报称，15日19时46分，广州警方110接群众报警，称海珠区广州大道南敦和路口（往番禺方向）有一台公交车着火。警方立即指令交警、消防、派出所等警力到场处置。目前，现场火情已被控制，经初步勘查，现场发现2具烧焦的尸体，另有多名伤者。起火的公交车是301路公交车。警方抓紧对事件展开调查。

广州消防官方微博称，15日19时46分，广州119指挥中心接到

① 杨锋.广州市区一公交车着火致2死32伤［N］.新京报，2014-07-16。

报警，海珠区广州大道南敦和公交车站一辆公交车起火，立即调派两个中队、6 台消防车、1 台指挥车、35 名指战员赶赴现场处置，于 20 时 03 分将现场明火扑灭。

据南方都市报报道，目前，解放军第四二一医院收治伤员 8 人，均为大面积烧伤；新海医院收治 6~7 人，属自行前往医院伤者。广东省第二医院收治伤者 4 人，其中 1 名 60% 深度烧伤，1 名 40% 烧伤，一人 10% 烧伤，另有一名孕妇还在诊疗中。

图 3-6 广州公交纵火案现场

（资料来源：新京报）

广州警方经过 16 小时的连续奋战、缜密侦查，于 7 月 16 日 11 时 47 分在白云区抓获犯罪嫌疑人欧 × 生（男，25 岁，湖南省衡南县人）。至 13 时 51 分，欧 × 生亦供述纵火事实。

（3）舆情监测

第一，两起公交纵火案属于社会治安事件，其主管部门是公安、交警、消防等部门。事件的起因容易引发谣言，主管部门应及时监测相关舆情，密切注意舆论动向、网络相关讨论及媒体报道内容。

第二，因为事件发生于人群集中的公共场所，容易导致大量伤亡，相关信息应立即上报相关主管部门。

第三，事件可能引发社会恐慌，因事件容易引起公众驻足观看，进而引发人群聚集或发生其他群体性事件，相关部门在事件现场的人员应了解现场公众议论的主要观点、言论，注意是否有异常。

第四，关于事件的起因，可能引发谣言，主管部门应监测社会舆论和主要门户网站、论坛及 BBS 的主要观点。事件也可能引发公众质疑相关部门的管理是否存在漏洞，例如杭州公交纵火案，嫌犯上车时携带 10 升塑料桶，为何没能及时发现和制止。同时，作为舆情引导的策略，应尽快破案，查清事件原因并及时向社会公布。

对善后事宜处置，受害者家属可能存在不满，主管部门应及时了解家属的主要诉求，掌握舆情动向和苗头。

第五，通过事件库进行监测，类似的成都公交车燃烧事件的舆情走向和趋势可作为监测预判的参考，该事件的舆情引导的经验可借鉴，做好信息发布等舆情引导工作。

针对一个月内连续发生两起公交纵火案，公安部于 2014 年 7 月 16 日下午召开全国公安机关紧急视频会议，对严打严防地铁公交严重暴力犯罪做出了部署和要求。这对震慑犯罪分子有一定作用，也是舆论宣传工作的要求。

第四节 舆情的网站监测

1.舆情网站监测内涵

舆情网站监测是指各级党委政府或企事业单位对各大主要门户网站或有关专业网站进行监控，及时监视、预测和发现相关舆情，这是一种日常的、无特定对象的舆情监测。一般来说，网站或网页具有流量统计功能，舆情工作人员可以通过了解以下数据，对相关舆情进行监测。主要包括：浏览次数、发帖数、回复数、转载率、回帖数、页面浏览数、回帖总数、总流量、日流量、点击率等。

2.舆情网站监测方法

网站监测主要可以通过对门户网站（如人民网、新华网、搜狐、新浪等）、网络论坛、BBS 进行监测，实时刷新，看是否有关于本地区或部门的负面新闻报道，这便于监测难于察觉的舆论。如果本部门、本地区发生突发事件，应定时打开、刷新主要门户网站，查看相关报道；

也可以点击查看某个报道或帖子有多少人回复、有多少人评论、有多少人参与，单位时间内点击数、参与评论人数增加了多少；

也可以通过 QQ、UC、MSN、网易泡泡（POPO）、ICQ、Skype、YY 语音、飞信等即时通信工具迷你弹出页面进行监测，早中晚或定时点开其迷你弹出页面，看是否有关于本部门、本单位的新闻报道，特别是负面新闻报道，监测难于察觉的舆论。如果本部门、本地区发生突发事件，可以定时刷新即时通信工具迷你弹出页面，查看相关报道；

目前 QQ 和飞信因为使用方便快捷和用户较多，可以重点监测，每天定时刷新。一般来说，世界范围内的重大突发事件和新闻事件，都会较快地出现在各大即时通信工具的迷你弹出页面。

在了解相关舆情信息后，要进一步掌握详细舆情信息，可以用舆情软件进行监测、分析，同时也可以用搜索引擎以关键词进行搜索，了解相关信息。目前的搜索引擎主要有百度搜索、谷歌搜索、新浪爱问搜索、搜狐搜狗搜索、雅虎一搜搜索、中搜搜索、SOSO（搜搜）搜索、中国搜索等，一般使用百度搜索即可，打开相关网页了解信息。在搜索页底会显示"百度为您找到相关结果约多少个"，可以判断该信息的热度和关注度。具体操作较为简单，不详细叙述。

以浙江省各级党委政府为例来说，还可以及时监测以下主要门户网站（见表 3–2），进行舆情监测，看相关网站是否有关于本部门、本单位的相关新闻报道，及时掌握相关舆情。

另外，各级党委政府和企事业单位应注意通过电视和电台等传统媒体进行舆情监测，密切关注中央电视台（尤其是新闻联播和焦点访谈）、中央人民广播电台、本省市新闻联播等重要电视、电台节目关于本地区或本部门有关事件和新闻的报道。如果有相关负面报道，应立即通过舆情软件进行相关舆情监测，了解舆情状况。同时，上述传统媒体一旦报道某新闻（尤其是负面新闻），一般在其网站如央视网、中广网也会同步出现相关网络报道，了解相关媒体报道后，可以进入相关网站了解详细信息。

表 3-2　浙江省主要门户网站

新闻	浙江在线	杭州网	浙江卫视	浙江都市网
	钱江晚报	都市快报	浙江日报	华数在线
论坛	19 楼论坛	浙江在线论坛	新金华论坛	嘉兴人论坛
	奉化论坛	余姚论坛	天一论坛	南太湖论坛
	三衢论坛	北干听风	东方热线论坛	平湖在线
	温州 bbs	义乌天互论坛	绍兴 E 网论坛	703 温州论坛
	义乌稠州论坛	新北仑	上虞论坛	桐乡论坛
	瑞安论坛	慈溪论坛	千岛论坛	舟山论坛
	海宁论坛	乐清上班族	富春论坛	海盐论坛
	宁海论坛	嘉善论坛	茶语清心	台州论坛
	富阳论坛	玉环 e 网	平湖论坛	兰江论坛
	天姥论坛	虎山论坛	桐庐论坛	武川论坛
	浙江热门论坛	象山港论坛	平阳第一社区	塘下论坛
	桐乡生活论坛	浦江论坛	大金华论坛	
各地市	嵊州信息港	上虞信息港	宁海热线	新昌信息港
	温州热线	台州信息港	浙北信息港	嘉善在线
	诸暨在线	金华热线	丽水信息港	绍兴 E 网
	宁波东方热线	慈溪热线	绍兴信息港	华数在线
	义乌新闻网	金华新闻网	宁波网	温州网
	湖州在线	嘉兴在线	北仑之窗	萧山网
	绍兴网	杭州下沙网	舟山网	余姚生活网
	义乌热线	虹桥门户网		
交通	杭州市民卡	百度地图杭州	宁波电子地图	杭州公交
	温州交警网	杭州 e 都市		
通信	浙江移动	浙江联通	浙江电信	
教育	浙江大学	宁波大学	浙江师范大学	浙江工业大学
	浙江图书馆	义乌教育网	宁波考试网	浙江教育网
政府	浙江省政府	浙江省卫生厅	温州市	浙江省财政厅
	绍兴市	衢州市	丽水市	义乌市
	杭州市	宁波市		
休闲	快抱网	千人购		
其他	宁波海关	四季青服装网	好易购	温州台风网
	横店影视城	点我吧	杭州市房产管理局	浙江旅游网
	乌镇	大杭州	西塘古镇	

（资料来源：作者整理）

3.移动网络舆情监测

随着移动通信网络的快速发展，党政部门和企事业单位还应重视移动网络的舆情监测问题，重大突发事件舆情或其他各种谣言会通过短信、微信、微博等方式快速传播，有关部门应与移动通信运营商协调，及时了解相关舆情。例如关于某谣言的短信发送量较大时，移动通信运营商可以监测到，应及时告知有关主管部门。

第五节　舆情网站监测案例分析

1.抢盐风波的起源及网站监测

2011 年 3 月 15 日上午 10 时左右，浙江省杭州市某数码市场的一名员工，用"渔翁"的网名在几个 QQ 群上发布了一条"据可靠信息，日本核电站爆炸对山东海域有影响，并不断地污染，请转告周边的家人朋友储备些盐、干海带，在一年内不要吃海产品"的消息。此后，这条消息被广泛转发。

舆情监测简评

因为 QQ 群具有一定的封闭性，舆情工作人员难以监测到。另外，即使知道了这是一起谣言，也很难做出预判：该谣言会引发抢购风潮。同时，对该谣言的判断需要舆情工作人员具有相关的科学知识。

但是当该谣言从 QQ 群扩散到各大网站、论坛，半天之内转发、点击次数达到几千上万次的时候，舆情工作人员就应做出合理的预判，并上报相关领导或主管部门，当公众开始抢购食盐的时候，就应及时提出舆情引导策略，例如在各大商场利用高音喇叭对公众进行宣传、张贴告示等。

2.湖南高速货车与大巴相撞爆炸事件的网站监测

相关报道在 2014 年 7 月 19 日 QQ 迷你弹出页面头条出现，表明是当天的重大新闻，点击和参与的数量也较大，因此，相关主管部门应及时对该事故的相关舆情及时跟踪、监测，如果本单位有舆情软件，应及时进行软件监测，并做出相应分析，重点监测是否有谣言、失实报道出现。

当天QQ迷你弹出页面头条的标题在上午和下午有所不同。上午标题为：湖南易燃品与大巴相撞爆炸；下午标题为：湖南高速爆燃事故致38人遇难。这表明事故相关信息和调查有所进展，应及时跟踪、监测。同时该报道的腾讯QQ网友评论在约十分钟内增加了242人次，如图3-7所示。可以直接点击该新闻标题，了解详细报道、网友评论等。

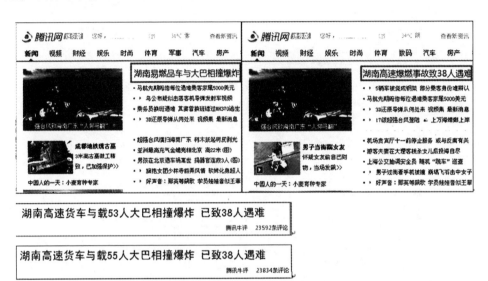

图3-7　关于湖南高速货车与大巴相撞爆炸的相关报道及评论截图

（资料来源：截图自腾讯网）

同时，在该新闻评论的右边列出了本日、本周、本月的前十大热门新闻排行，其依据便是网友评论的次数。据此，舆情工作人员还可以了解网友本日、本周、本月关注的焦点，也可以了解是否有关于本部门、本单位的热点事件。如图3-8、图3-9所示。

图 3-8　2014 年 7 月 19 日腾讯网所列本日热门新闻

（资料来源：截图自腾讯网）

热门新闻	本日	本周	本月
1	组图：马航MH17客机坠毁现场图(共111343条评论)		
2	警方初步认定有人携带违禁品乘车(共72373条评论)		
3	村民打死恶霸村长获刑8年 96人联名上书要求释放(共57084条评论)		
4	警方刚抓获一名广州公交爆燃事件嫌疑人(共49083条评论)		
5	我国南海981钻井平台顺利完成作业 将撤至海南(共38830条评论)		
6	官员笑对村民就诉 回应称跟人打招呼(共35322条评论)		
7	中国青年报社门口7人服用液体后倒地 原因不明(共32531条评论)		
8	7人在北京一报社门前服农药倒地(共32062条评论)		
9	昆明市委书记张田欣涉嫌违纪落马(共31400条评论)		
10	美参议院通过决议：要求中国将981平台撤离南海(共30562条评论)		

热门新闻	本日	本周	本月
1	组图：广西玉林狗贩虐狗逼爱狗人士高价买狗(共264710条评论)		
2	夫妇带4岁绝症孩子千里捐遗体 一家人蜗居小旅馆(共126368条评论)		
3	组图：马航MH17客机坠毁现场图(共111342条评论)		
4	江西回应官员怕还鞋让人背：同事主动提出背地(共95090条评论)		
5	北京首届"西红柿大战"年轻男女穿比基尼参战(共81254条评论)		
6	广西爱狗者与食客发生冲突引发民众聚集(图)(共76672条评论)		
7	警方初步认定有人携带违禁品乘车(共72373条评论)		
8	福建医生手术32小时累趴在地 刷新医院纪录(图)(共72127条评论)		
9	男子公交上欲性侵女乘客 司机停车求助无人帮忙(共72089条评论)		
10	玉林市民与爱狗人士当街激辩 一度导致交通拥堵(共71844条评论)		

图 3-9　2014 年 7 月 19 日腾讯网所列本周、本月热门新闻

（资料来源：截图自腾讯网）

3. 官员笑对村民跪诉报道（见图 3-10）

（2014 年 7 月）15 日，有网友微博爆料：浙江省义乌市工业园区张浒村村民 80 岁老人下跪向官员哭求反映问题，官员面对老人下跪无动于衷还笑容灿烂。记者了解到，在这之前，该村有几人被警方治安拘留，为求放人，约 50 名村民一齐来到园区管委会。这位官员则是义乌工业园区管理委员会的中层干部赵品茂。至于赵品茂被指面对村民苦苦哀求还"笑容灿烂"。义乌市工业园区管理委员会的官方微博中表示，这期间有村民跟他（赵品茂）打招呼，他礼节性地微笑回应。不仅是"笑容灿烂"，赵品茂被村民抱住大腿时"嘴叼香烟"的画面，也被人用手机拍摄下来放到了网上。不过，赵在接受义乌本地媒体采访时说，村民突然下跪，他伸手去扶，香烟还来不及丢掉。

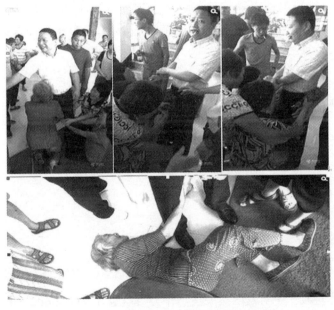

图 3-10　官员笑对村民跪诉报道现场图

（资料来源：截图自腾讯网）

整个过程持续了大约一小时。属地义乌市公安局苏溪派出所所长王理义表示，事发后，警方依法对 80 多岁的老太进行了教育，对另外两名中年妇女进行了依法传唤。属地义乌市公安局苏溪派出所所长王理义告诉中新网记者，在上周六，因堵住了当地一家正规生产经营的混凝土厂的大门，张浒村有村民被警方依法治安拘留。"张浒村约 50 名村民就来到了义乌市工业园区管委会，要求放人是他们的主要目的。"王理义说。记者查看了义乌市工业园区管理委员会的官方网站，在 2 月的新闻报道中，赵品茂的职务是管委会社会事业管理局局长。社会事业管理局的职责包括：信访、维稳、社会治安综合管理、社会矛盾纠纷的调节处理、平安建设等。①

2014 年 7 月 16 日，腾讯网以"官员笑对村民跪诉回应称跟人打招呼"进行了图文报道。② 尽管事实可能并不是笑对村民跪诉，但报道还是引发了网民的大量评论，成为舆论攻击的焦点。而相关图文报道在 7 月 16 日 QQ 迷你弹出页面也上榜了，相关部门和单位通过 QQ 迷你弹出页面和网站便可监测到相关舆情，并及时进行舆情引导、澄清相关事实。至 7 月 19 日下午，该图文报道有 3.5 万余条评论。了解相关舆情后，可以以舆情简报的形式向有关部门或领导上报（见图 3-11）。

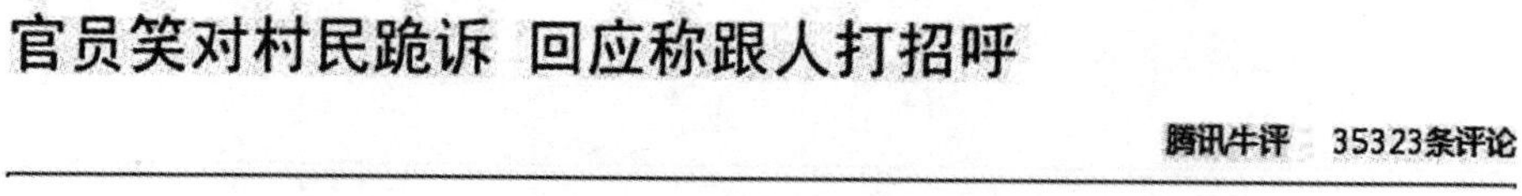

官员笑对村民跪诉 回应称跟人打招呼

腾讯牛评　35323条评论

图 3-11　官员笑对村民跪诉图文报道网友评论截图

（资料来源：截图自腾讯网）

舆情监测简评

舆情的发展路径大致是：人民网等媒体报道——网络同步报道——腾讯等各大网络媒体转载——引发广泛关注。作为当地地方政府及相关部门，应定期浏览、监测人民网、新华网、当地媒体的相关报道，舆情工作人员理应能及时监测到相关报道。

警醒与提示

---

① 参见：http://news.qq.com/a/20140716/011517.htm#p=1.

② 参见：http://news.qq.com/a/20140716/011517.htm#p=1 及 http://www.qh.xinhuanet.com/2014-07/16/c_1111641107.htm.

类似事件已发生多次，表明人民群众还具有"清官"思想，对政府和政府官员具有较大的期待。如果再遇到类似事件，首先应扶起下跪的群众，进行安抚。此时不应与其他人员说笑或干别的事情，不管是一起来访的群众还是旁边有其他朋友在与你打招呼，都应事后再与其沟通，先将下跪群众扶起来再说，否则可能会被认为无视下跪群众，没有体恤怜悯之情。在现场，即使你是在与其他人员说笑，也难以洗清"笑对下跪"的嫌疑，引来舆论攻击。

思考题

1.你所在的单位是否使用舆情监测软件？该软件主要有哪些功能？

2.你所在的单位是否有专职的舆情工作人员负责舆情工作？主要采用何种方式进行舆情监测？

3.请你结合实际工作，谈谈如何做好舆情监测工作？

4.你所在的单位是否建立了舆情监测机制，舆情监测应包括哪些内容？

第四章　网络舆情预警

第一节　网络舆情预警及其方法

1.舆情研判与预警

有学者指出："网络舆情研判是指通过对网络舆情信息进行系统收集、分析和归纳，提取并整理出具有指导性意义的预警性、线索性和资料性的信息或报告的过程。其目的在于从基础的、散乱无序的内容中提取专门而有序的综合信息。"[①] 这一定义指出了网络舆情研判工作的主要内容。

我们认为舆情研判与预警是通过对舆情信息进行挖掘、收集、分析、归纳、整理，对舆情的性质和未来走向做出判断，并对舆情是否需要采取有效的引导措施做出判断，提前进行预测、预警的行为。舆情研判重在研究和做出判断，其目的在于预判和预警，对采取什么策略做出提前判断。

2.舆情研判与预警的方法

（1）定性研判与预警

舆情研判与预警的方法可以是定量的，也可以是定性的，在实际工作中更多的是主观的、定性的、经验性的研判和预警，因此关键在于舆情工作人员的敏锐意识和判断能力，可以通过案例研究和经验积累提升这种研判和预警能力。

（2）定量研判与预警

对舆情的定量研判和预警应通过舆情软件来进行，因为对大量的数据进行定

---

① 李昌祖.网络舆情研判的类型分析及其制度建设的途径思考［J］.上海党史与党建，2010（6）.

量统计分析时，如果采用人工，不仅工作量大，而且也是不可能实现的。舆情软件定量的统计分析结果最终需要舆情工作人员做出判断。因此定性研判和预警比定量研判和预警更为重要，更具有实际意义。舆情工作人员如果没有意识到某个定量分析结果的重要性，定量的分析结果也就失去意义了。

另外，在危急情况下，舆情研判不一定形成书面报告，只要给相关管理者或领导者提供预警信息或指导性建议即可。而对于前述四类突发事件的相关舆情来说，对其走向和趋势、舆情的风险，在事件爆发后，应立即进行研判与预警。而对于突发事件舆情引导来说，不需要做出研判和预警，突发事件发生后，应立即进行舆情引导。

第二节 舆情内容研判与预警

1.舆情内容研判与预警

舆情内容研判与预警是通过对舆情内容及其影响的判断，对舆情的性质和未来走向提前进行预测、预警。

对舆情内容主要从以下角度进行判断和预警，即该舆情是否对政府或某个政府部门有负面影响；舆情是否对政府或部门形象造成损害；舆情是否对公共利益造成威胁；舆情是否对公共安全造成威胁；舆情是否违背了传统伦理价值观或道德底线；舆情所涉及的舆论、言论是否有暴力倾向；舆情是否影响社会稳定；舆情是否引发冲突；舆情是否引发社会恐慌；网上相关言论是否会引发现实暴力冲突等。

2.舆情内容研判与预警案例分析

（1）案例：石景山区神秘巨响

1）2012年11月报道

"还以为地震了呢，感觉整个楼都在震颤！"昨天下午3点多，不少网友在微博上反映，石景山区出现一阵神秘巨响，很多人怀疑是地震。石景山区政府办公室表示，他们询问过地震局，否定了地震传闻。首钢集团也否认是"高炉爆破"。而警方和消防部门均未接到相关报警。昨晚，石景山区宣传部表示，经过询问区政府应急部门，未接到突发事件报告。

"轰隆隆"持续数分钟

"石景山这边刚才轰轰巨响，这是什么情况啊，我看楼下还有几个人跑出去了呢！"网友"黎大疯子"在微博上表示，自家地板、玻璃都在震颤。同一时间，网友"SONIC"也称："下午3点10分，石景山区政府上空轰隆巨响，求真相！"很多网友纷纷回应，都说自己听到了神秘巨响，要"一同求真相"。

听到巨响的还有家住老山附近的邢女士，"当时我没在家，在小区的健身广场上，一伙正在打扑克的邻居都听到了，声音不是特别刺耳，而是'轰隆隆'低沉的声响，响动也比较均匀。"邢女士称，该声音一共持续了两三分钟，"大伙儿还七嘴八舌猜了好一会儿呢，有说放鞭炮的，有说打雷的，但随后就被大家推翻了，因为都感觉不太像。"

邢女士说，为了求证，回到家后他特意给两家同住石景山区的亲戚打电话询问，得到的结果都一样，"都说听到巨响了，但也都不知是什么响。"

本市无任何地震异常

神秘巨响是否来自爆炸？记者从石景山消防部门获悉，昨天下午3点之后没有接到相关警情，但消防战士在中队也听到了那一阵巨响。

记者向石景山警方求证时，警方也表示，未接到相关报警。

对于巨响的来源，石景山区政府办公室工作人员也是一头雾水："其实下午我也听到了，但的确不知道是哪里传出来的。"工作人员称，事发之后，他们接到一位市民的热线电话，说巨响可能是地震或地震前兆。为此，"我们赶紧联系了地震局等部门，但得到的答复是目前本市没有任何地震异常。"

首钢否认"高炉爆破"

晚上7点，记者就神秘巨响问题致电12345市长热线，工作人员还没听完记者描述就打断说："您反映的问题已经早有市民反映过了，我们也已做了详细记录，接下来您只需等待关注就行。"记者询问目前是否有该声音的来源鉴定，工作人员称"不清楚"。

记者注意到，在网友发出巨响微博后，有网友称"石景山巨声是因为首钢3号高炉爆破拆除"。但记者联系这些网友，对方或者未回应，或者称未亲眼目睹爆破。傍晚时分，记者联系到首钢集团宣传处工作人员刘女士，刘女士称目前她未听说集团有任何高炉爆破拆迁的消息。

昨晚，石景山区委宣传部表示，经过询问区政府应急部门，未接到突发事件报告。截至记者发稿时，没有任何官方渠道发布该神秘巨响的来源。

（资料来源：北京晨报[①]）

2）2013年3月报道

昨天12时，石景山区再次出现一段长达12分钟的巨大闷响。多位市民表示，此响声与去年11月27日出现的"神秘巨响"十分类似。

昨日，石景山区委工作人员表示，区内未接到任何安全事故和突发事故的消息，闷响来源暂未查明。

市民误以为发生地震

"这是我经历的第二次巨响了。"在石景山区鲁谷大街上班的刘女士回忆，中午约12点，突然听到一阵沉闷的响声，从西边传过来的，虽然声音时大时小，但一直持续了约12分钟。

刘女士说，当时有人说可能是地震，她就和同事们下楼到院子里避险，但感觉地面并没有震动，院子里的狗也没有什么反应。

景阳东街的王先生被闷响声惊醒。他说去年11月27日下午也出现过这声音，只是持续时间稍短。

"第一次巨响，大家就猜测是地震或高炉爆破，网上还有报道说是某航空单位做试验"。王先生说，虽然大家对原因有种种猜测，但响声究竟从何而来，到现在也没有准确的说法。

---

① 岳亦雷.北京石景山神秘巨响持续数分钟　地板玻璃均震颤［N］.北京晨报，2012-11-28.

当地曾对响声排查无果

昨天下午，石景山区委工作人员表示，区内并未接到任何安全事故或突发事故的消息。他说，去年 11 月 27 日巨响首次出现后，曾对区内可能发生事故的单位进行排查，"排除了地震和高炉爆破，但具体原因并不了解。"

对于巨响原因系某航空单位在此做试验的传闻，该工作人员表示，石景山区无任何航空单位。

（资料来源：新京报[①]）

（2）舆情研判与预警简评

截至 2013 年 3 月 22 日 14 时左右，我们查阅关于 2012 年 11 月的报道，有 394 条评论，1900 多人参与。图 4-1 是部分评论截图。

图 4-1　网友关于神秘巨响的相关评论

（资料来源：腾讯网截图）

---

① 李禹潼.北京石景山现 12 分钟神秘巨响　多次发生排查无果［N］.新京报，2013-03-22.

（3）舆情研判与预警

该舆情可能会对公共安全造成威胁、引发社会恐慌、影响社会稳定、引发谣言等。

截至 2013 年 3 月 22 日，相关政府部门对巨响的原因和来源并没有做出权威、公开的说明。几声巨响本身并不可怕，可怕的是，如果对这种舆情及网上的议论、谣传不做出及时准确的回应，可能引发我们不希望看到的结果。我们不能忘记响水县"爆炸谣言"引发大的逃亡。

（4）舆情引导与应对

我们认为，石景山区委、宣传部门、应急管理部门、地震部门等舆情应对相关主体不能简单地认为几声巨响无所谓，不能以"具体原因并不了解"就此作结。

第一，相关部门或组织应责成有关人员调查巨响原因及来源，并及时向市民公布调查结果，以免引起恐慌。石景山区作为人口聚居区，社会恐慌是不容小觑的。

第二，相关部门应公开回应，站出来表示：巨响具体原因还不清楚，相关部门（说明具体哪几个部门）正在调查，请市民不要恐慌，不要以讹传讹，不要听信谣言。

第三，在原因未查明的情况下，相关部门应做一些紧急情况下的预案工作，尤其是在重点社区。

第三节　舆情风险研判与预警

1.舆情风险研判与预警

舆情风险研判与预警是舆情工作人员依据监测到的舆情数据和舆情状况，对舆情的风险高低或舆情风险级别做出主观性判断，据此采取相应舆情引导策略。

一般来说，我们可以将舆情的风险从低到高分为以下五个风险等级：常态，轻度风险（蓝色，四级），风险（黄色，三级），高度风险（橙色，二级），极度风险（红色，一级）。如果判断舆情处于风险（黄色，三级）状态的时候，就应采取有效的舆情引导策略或启动舆情应对预案。

根据公共危机管理的经验来说，重大突发事件的相关舆情一般都可以判断在风险（黄色，三级）或以上，同时，应采取一定的舆情引导策略。例如 MH370 失联事件、山东平度农民被烧死事件、昆明火车站"3·01"严重暴力恐怖案等突发事件或危机事件的相关舆情都应预判为较高的风险级别。

2.舆情风险研判与预警案例分析

（1）案例：河北故城交通局领导大骂客运代表 [①]

河北省故城县交通局为规范客运市场秩序，在今年初实行了一项新规定，要求所有营运客车一律到故城县新汽车站始发，中途在城区不得随意停车上下客。2013 年 3 月 5 日，因该项规定在客车运营及市民出行上尚有问题待商议解决，部分参与城乡客车运营的代表前往交通局上访反映问题，遭到交通局相关领导大骂，甚至要求"有意见去厕所提"。

官员接访大放厥词"有意见去厕所提，不愿走的下通知整顿车辆"

根据网友提供的会议录拍视频，记者发现整个会议视频中故城县交通局领导们几乎没给客车代表提供任何提出诉求和解释的机会，从头至尾都是交通局相关领导脏话连篇的谩骂声。

0：00：04 主管队长刘玉泉

历年来对你们的管理多么宽松多么优惠，你们 ×× 那个死孩子票价，你们该涨吗？你们真傻吗？你们吃国家补贴滴，让你挣钱，挣你爹那个 ××，该怎么就怎么办，给物价局弄好了，查你们个狗草滴去。看看票价对不对啊。

00：00：30

都有关系，你说在座滴轰隆（的）哪个跟领导没关系，你是人揍滴（的）吧。赶你娘哪个 × 找俺去。

00：01：45

---

① 容玉霞，李晓伟 . 河北故城交通局领导接访大骂：有意见去厕所提 [N]．中国日报，2013-06-06.

我不管了，我走了管他妈哪个 × 的。

00：01：13 宋科长

今天你们有什嘛（么）意见，有意见去厕所提去。没意见，该干什么干什么去。你们的车辆开走，你们待这里的……下通知整顿车辆。

0：02：00

有审批权没管理权，让在座几位维权者把在交通局门前的车开走。

00：03：25

你们有意见是留下，现在李局长在这里呢，我在通知你们车上既然规定立下了就得执行。

领导回应"下属素质差，处理不当；上面追查将予以处分"

随后，故城县交通局党委书记郭金玉在接受记者采访时回应：我下头的人有失误，显得我也不好，我就得熊（批评）下边的人。发稿对你们也没什么好处，对我呢，肯定是有坏处，对我个人来说也没什么大坏处，我才来这个单位，只能说对局里的个别同志有害处，给我找点麻烦，给我找点事，上面一追查，我就得给他们点处分吧，谁让我的伙计素质差了，在这事上处理不恰当了。

（2）舆情研判与预警

该案例是由不当言论引发的社会舆情和网络舆情，相关言论通过视频被报道传播，体现了网络时代信息传播及其舆情特点。该舆情会对本部门和当地政府形象造成负面影响，根据案例中言论的恶劣性和网民参与讨论、评论的状况，可以将该舆情的风险判断为：高度风险（橙色，二级），应采取一定舆情引导措施。该舆情可能引发网民质疑：压制言论和群众诉求表达（有意见去厕所提隐含着不让提意见的意思）。

（3）舆情引导与应对策略

我们认为，该县交管局或县委县政府等舆情引导主体应采取策略：

向当事人（城乡客车运营代表）当面赔礼道歉；向网民和公众，承认错误，发公开道歉信；回应城乡客车运营人员的诉求，解决市民出行问题，可以采取召开听证会的形式，让县委县政府、县交管局、城乡客车运营人员、市民以及有关专家就规范故城县客运市场秩序、县城管理等问题展开讨论，对案例中论及的问题寻求合理的解决方案。

同时，案例警示我们：各级党政机关公务人员，在网络时代，应时时刻刻注意自己的言行，保持理性，避免发表过激的言论，不能以辱骂等简单粗暴的方式解决问题。

第四节　舆情走向和趋势研判与预警

1.舆情走向和趋势研判与预警

舆情走向和趋势研判与预警是舆情工作人员依据监测到的舆情数据、舆情状况、突发事件性质等，对舆情的发展趋势和走向做出预判，为舆情引导或突发事件处置提供参考建议。

一般来说，舆情可能存在以下走向与趋势：导致争论激化、导致事件影响扩大、引发社会恐慌、导致舆情或事件无法控制、导致人身攻击、致使矛盾冲突升级、引发网络暴力、引发群体事件、引起外媒关注等。一线舆情工作人员可根据经验、舆情监测数据、突发事件或危机的性质等做出上述走向和趋势判断。

2.舆情走向和趋势研判与预警案例分析

（1）案例：海淀艺术学校辱师事件当事人遭网友围堵

2007 年 5 月 27 日，一段视频在猫扑等各大网站中迅速传播，半天之内，U－UME、YOUTUBE 等视频网站均进行了转载。留言者写明，该段视频转自一名就读于海淀艺术职业学校学生的 QQ 空间。

这段视频的内容是：坐在教室一侧第一排的戴着耳钉的男孩（以下简称"耳钉男"）先对着镜头。"这就是地理课。"画面中的一个声音说。随后"耳钉男"走上讲台，伸手要摘掉老师的帽子。老师像有所防备，迅速将帽子放在了衣兜里，"耳钉男"则回到了座位上。此过程中，老师讲课的话语没有停止。学生们不停地尖叫和骂着脏话。另一名坐在教室最后一排的学生拾起一个塑料瓶向老师掷去。视频中除了老师劝阻的声音外，还有学生们的笑骂声，在视频中，教室里有30个左右的学生。视频持续4分多钟。在猫扑网站上，不到两天时间回帖数达到了1700多条。

5月28日12点左右，约10名网友来到了海淀艺术职业学校的校门前，此时校门口已经围了约20人。学校铁门紧闭，传达室的工作人员表示，学校领导授意大门不开。直到当天下午4点多，耳钉男才被一辆金杯车接走。

（2）舆情研判与预警

这是一起典型的网络舆情，一般来说，我们可以对该舆情做出导致争论激化的研判和预警，会引发对教育、师德、青少年教育等问题的讨论。但一般可能难以预判到该舆情会引发网民在现实生活聚集，而因为言语的冲突，这种聚集又是极易引发群体性事件的。

从该网络舆情的内容来说，应第一时间做出该舆情所涉及的内容挑战了中国传统伦理道德底线（尊师重教）的判断，而引发了网民的关注和愤慨，进而到现实中聚集。而教育主管部门、当事学校、当事人应及时对该网络舆情进行引导，舆情应对和引导的策略主要包括：调查事件情况；发布公开致歉信；向老师道歉或承认错误；在学生中开展相关话题讨论，教育引导学生等。

第五节　舆情引导策略研判与预警

1.舆情引导策略研判与预警

舆情引导策略研判与预警是舆情工作人员根据监测到的舆情数据、舆情状况、突发事件性质等，对舆情的引导和应对工作做出预判，就舆情引导工作提出策略性、参考性建议，供管理者或决策者参考。

舆情引导的方法和策略主要有：召开新闻发布会、发公开信、发布公（通）告、信息疏导、公开事实、解释澄清、承认错误、领导直面公众或媒体等。舆情工作人员就是否采取上述引导策略提出建议或参考。具体的舆情引导方法与策略，后文将专章论述。

为了指导舆情研判与预警工作，加强网络舆情定性研判工作，我们设计了舆情研判与预警工作表（见表4-1），可作为研判与预警的工作手册，供宣传部门、信息部门、网监部门、新闻办等相关舆情部门参考。研判分析人员也可以根据实际工作和岗位需要，做修改和调整，供日常工作之需。政府部门、企业或其他社会组织可以根据当地和行业的实际情况，以经常爆发的网络舆情为基础，做适当调整和修改，作为工作手册，供实际工作之需。

表 4-1　舆情研判与预警工作表

指标	舆情内容			舆情风险等级				舆情走向与趋势	舆情引导策略措施
主题与内容	是否有负面影响	是否对形象或公共利益造成威胁	是否威胁公共安全、是否影响社会稳定、是否引发社会恐慌、是否引发暴力冲突……	常态	轻度风险（蓝色，四级）	风险（黄色，三级）	高度风险（橙色，二级）	极度风险（红色，一级）	争论激化、影响扩大、社会恐慌、难以控制、人身攻击、矛盾升级、网络暴力、群体事件、引起外媒关注等	疏导、公开、解释、澄清、查处责任人、召开新闻发布会、承认错误、领导直面、发公开信、发布公（通）告等
涉及反政府										
涉及反党										
涉及反社会										
宗教冲突与民族矛盾										
揭露社会阴暗面										
揭露政府问题										
谣言及毁谤										
公共安全										
涉及公务员										

续表

指标	舆情内容			舆情风险等级				舆情走向与趋势	舆情引导策略措施
主题与内容	是否有负面影响	是否对形象或公共利益造成威胁	是否威胁公共安全、是否影响社会稳定、是否引发社会恐慌、是否引发暴力冲突……	常态	轻度风险（蓝色，四级）	风险（黄色，三级）	高度风险（橙色，二级）	极度风险（红色，一级）	争论激化、影响扩大、社会恐慌、难以控制、人身攻击、矛盾升级、网络暴力、群体事件、引起外媒关注等	疏导、公开、解释、澄清、查处责任人、召开新闻发布会、承认错误、领导直面、发公开信、发公告（通）告等
腐败问题										
涉及"富人"										
冤假错案										
反动言论										
国家安全										
……										

（资料来源：作者设计绘制）

2. 舆情引导策略研判与预警案例分析

（1）案例：山东平度"3·21"火灾事件

2014年3月21日凌晨1时54分，山东省平度市凤台街道杜家疃村村民看守被征农田的帐篷起火，造成4名守地村民1人死亡、3人受伤，一时间舆论哗然。公安机关调查认定是一起人为纵火案。

3月22日，出现"200警察22日凌晨'抢走'死者耿付林遗体"的报道，将协助家属将死者遗体运走尸检火化的平度警方推上了舆论的风口浪尖。据平度发布微博称，平度"3·21"火灾事件网传的"抢尸"消息属不实报道。3月22日晨，死者家属自行将尸体从现场运走，现场执勤民警维持秩序，按照法定程序，公安机关对尸体检验后由亲属火化，网传的"抢尸"消息属不实报道。

3月23日，法制晚报报道，当地村民向记者表示，平度征地引发的纵火事件已向中纪委举报。记者随后联系中纪委监察部12388举报平台，工作人员经过查询向记者证实，确已接到村民举报并受理。当地政府称不存在非法征地。

3月24日，金羊网报道，平度"3·21"火灾事件诸多疑点待解，提出5大疑点：疑点一，征地是否合法、手续是否齐全？疑点二，每亩每年400元土地补偿金不低吗？疑点三，农民为什么得不到保护？疑点四，协议为什么要保密？疑点五，为什么害怕媒体监督？

3月25日，法制网报道，从青岛市公安局获悉，造成4名守地村民1人死亡、3人受伤的平度市"3·21"纵火案告破，4名施暴者受王月某及杜家疃村村委会主任杜群某和工地承建商崔连某指使实施了纵火暴行。平度市公安局已将此7人刑事拘留（见图4-2）。

图4-2 事件现场图

（资料来源：截图自相关报道）

（2）舆情研判与预警

该事件发生后，引起了全国的关注。事件部分原因可能在于某些人对生命的无视和法律的漠视。同时，平度当地村民已就征地引发的纵火事件向中纪委举报，中纪委已经受理此案。

一方面，相关当地政府和事件处置人员应做出如下预判：家属的激愤和公众的聚集，极易引发新的群体性事件。

另一方面，尽管案件还在审理中，鉴于事件的恶劣性和当地现实社会舆情状况，我们认为可以对舆情的引导策略做出以下研判和预警：进行信息疏导；领导直面公众或媒体；公开事实（案件审理可向公众开放旁听）；案件告破后，召开新闻发布会等。

思考题

1.舆情研判与预警工作的主要内容是什么？根据实际工作经验，你认为舆情研判与预警的日常工作应注意什么？

2.你所在的单位是否建立了舆情预警机制，舆情预警应包括哪些内容？

3.工作中你一般如何判断是否发生舆情风险？如何判断舆情走向？如何判断决定采取何种舆情引导策略？

第五章　舆情引导工作指导思想、原则与误区

舆情引导是指舆情爆发后或突发事件发生后，对舆情的性质、趋势和走向做出预判，相关部门或单位为了化解矛盾冲突、避免事态扩大，针对舆情所采取的措施和策略，例如公开信息、澄清事实、舆论引导，查处舆情所反映的社会问题等，舆情引导应坚持正确的指导思想和原则。

第一节　舆情引导工作指导思想

舆情引导工作应坚持四项基本原则，以党的方针、政策为指导，遵循党的思想宣传和舆论工作方针。同时，站在新的历史时期，网络已经成为重要的舆论宣传阵地，因此，各级党政机关尤其要加强和重视网络舆情工作。

1.坚持四项基市原则，弘扬社会主义核心价值观

开展舆情引导工作应坚持四项基本原则，坚持中国特色社会主义方向。在2013年8月19日至20日召开的全国宣传思想工作会议上，习近平同志强调："宣传思想工作就是要巩固马克思主义在意识形态领域的指导地位，巩固全党全国人民团结奋斗的共同思想基础。党员、干部要坚定马克思主义、共产主义信仰，脚踏实地为实现党在现阶段的基本纲领而不懈努力，扎扎实实做好每一项工作，取得'接力赛'中我们这一棒的优异成绩。领导干部特别是高级干部要把系统掌握马克思主义基本理论作为看家本领，老老实实、原原本本学习马克思列宁主义、毛泽东思想，特别是邓小平理论、'三个代表'重要思想、科学发展观。"该讲话明确提出了宣传思想工作的指导思想，也是对舆论引导工作的要求。在会议

上，习近平同志还强调宣传思想工作一定要把围绕中心、服务大局作为基本职责，胸怀大局、把握大势、着眼大事，找准工作切入点和着力点，做到因势而谋、应势而动、顺势而为。这正是舆情引导工作应坚持的指导思想。

简而言之，舆情工作及舆情引导工作就是思想宣传、舆论引导工作。众所周知，思想宣传、舆论引导工作应弘扬社会主义核心价值观。2013年12月中央办公厅印发《关于培育和践行社会主义核心价值观的意见》，将24字的社会主义核心价值观分成3个层面，即富强、民主、文明、和谐，是国家层面的价值目标；自由、平等、公正、法治，是社会层面的价值取向；爱国、敬业、诚信、友善，是公民个人层面的价值准则。

党的十八大报告指出："大力弘扬民族精神和时代精神，深入开展爱国主义、集体主义、社会主义教育，丰富人民精神世界，增强人民精神力量。倡导富强、民主、文明、和谐，倡导自由、平等、公正、法治，倡导爱国、敬业、诚信、友善，积极培育社会主义核心价值观。"[①] 报告中明确提出了思想宣传工作应弘扬社会主义核心价值观，也是对舆论引导工作的要求。

刘云山同志在2013年8月19日召开的全国宣传思想工作会议上指出："深入推进社会主义核心价值体系建设，不断培植我们的精神家园，增强全民族的凝聚力向心力；继续深化文化体制改革，加快文化发展步伐，着力培育文化优势，壮大文化力量，提升国家文化软实力。"这既是对思想宣传工作的要求，也是对舆论引导工作的基本要求。

2. 加强社会主义政治建设，促进社会主义文化建设

思想宣传和舆论引导工作既有政治建设的内容，也有文化建设的内容。促进舆论自由是民主政治建设的内容，政治建设又促进思想舆论自由，有助于开展舆情工作。思想宣传融于各种文化艺术形式之中，文化建设和文化繁荣又促进思想舆论宣传工作。政治建设和文化建设都必须坚持有中国特色社会主义方向。党的十八大报告指出"全面落实经济建设、政治建设、文化建设、社会建设、生态文明建设五位一体总体布局，促进现代化建设各方面相协调，促进生产关系与生产

---

① 党的十八大报告内容参见：坚定不移沿着中国特色社会主义道路前进为全面建成小康社会而奋斗——胡锦涛同志代表第十七届中央委员会向大会作的报告［R］.人民日报，2012-11-09.

力、上层建筑与经济基础相协调，不断开拓生产发展、生活富裕、生态良好的文明发展道路。"报告首次提出了"五位一体"的建设布局，对政治建设、文化建设等上层建筑内容要与经济基础协调发展做了明确论述，既是对政治文化建设的要求，也是舆论引导工作的基本要求。

党的十八大报告指出"牢牢掌握意识形态工作领导权和主导权，坚持正确导向，提高引导能力，壮大主流思想舆论"。报告同时强调"深入开展法制宣传教育，弘扬社会主义法治精神，树立社会主义法治理念，增强全社会学法守法用法意识。提高领导干部运用法治思维和法治方式深化改革、推动发展、化解矛盾、维护稳定能力。"报告在这里对思想舆论、法制宣传教育提出了明确的要求，也为我们开展舆情引导工作指明了方向。

3. 用科学理论武装人，以正确的舆论引导人

在全国宣传思想工作会议上，习近平指出："坚持团结稳定鼓劲、正面宣传为主，是宣传思想工作必须遵循的重要方针。""必须坚持巩固壮大主流思想舆论，弘扬主旋律，传播正能量，激发全社会团结奋进的强大力量。""关键是要提高质量和水平，把握好时、度、效，增强吸引力和感染力，让群众爱听爱看、产生共鸣，充分发挥正面宣传鼓舞人、激励人的作用。在事关大是大非和政治原则问题上，必须增强主动性、掌握主动权、打好主动仗，帮助干部群众划清是非界限、澄清模糊认识。"讲话内容明确了宣传思想工作应遵循的方针，也是舆情工作应遵循的方针。

党的十八大报告在第六部分（扎实推进社会主义文化强国建设）强调："必须推动社会主义文化大发展大繁荣，兴起社会主义文化建设新高潮，提高国家文化软实力，发挥文化引领风尚、教育人民、服务社会、推动发展的作用。""必须走中国特色社会主义文化发展道路，坚持为人民服务、为社会主义服务的方向，坚持百花齐放、百家争鸣的方针，坚持贴近实际、贴近生活、贴近群众的原则，推动社会主义精神文明和物质文明全面发展，建设面向现代化、面向世界、面向未来的，民族的科学的大众的社会主义文化。"其中关于"二为"方向、双百方针等内容的论述，是文化繁荣的基本要求，也是思想舆论工作的基本要求。

同时，党的十八大报告还指出"建设社会主义文化强国，关键是增强全民族

文化创造活力。要深化文化体制改革，解放和发展文化生产力，发扬学术民主、艺术民主，为人民提供广阔文化舞台，让一切文化创造源泉充分涌流，开创全民族文化创造活力持续迸发、社会文化生活更加丰富多彩、人民基本文化权益得到更好保障、人民思想道德素质和科学文化素质全面提高、中华文化国际影响力不断增强的新局面"。

4.重视网络舆情引导，以促进文化繁荣为导向

在全国宣传思想工作会议上，习近平指出："要树立以人民为中心的工作导向，把服务群众同教育引导群众结合起来，把满足需求同提高素养结合起来，多宣传报道人民群众的伟大奋斗和火热生活，多宣传报道人民群众中涌现出来的先进典型和感人事迹，丰富人民精神世界，增强人民精神力量，满足人民精神需求。"繁荣文化，满足人民精神文化需要，正是舆情引导工作的指导思想。

在全国宣传思想工作会议上，刘奇葆在总结讲话中指出要深入开展中国特色社会主义和中国梦宣传教育，加强意识形态的引导和管理，巩固发展健康向上的主流舆论，培育和践行社会主义核心价值观，积极稳妥推进文化改革发展，推动文化走出去、提高文化软实力，不断巩固马克思主义在意识形态领域的指导地位，巩固全党全国人民团结奋斗的共同思想基础。宣传思想文化战线要有守有为、敢于担当、改革创新、虚功实做、建强队伍，以奋发有为的精神状态开创工作新局面。上述讲话内容对繁荣文化提出了明确的要求。

党的十八大报告在第六部分（扎实推进社会主义文化强国建设）从加强社会主义核心价值体系建设、全面提高公民道德素质、丰富人民精神文化生活、增强文化整体实力和竞争力四个方面对繁荣文化进行了详细论述。

在丰富人民精神文化生活部分强调："要坚持以人民为中心的创作导向，提高文化产品质量，为人民提供更好更多的精神食粮。坚持面向基层、服务群众，加快推进重点文化惠民工程，加大对农村和欠发达地区文化建设的帮扶力度，继续推动公共文化服务设施向社会免费开放。建设优秀传统文化传承体系，弘扬中华优秀传统文化。推广和规范使用国家通用语言文字。繁荣发展少数民族文化事业。开展群众性文化活动，引导群众在文化建设中自我表现、自我教育、自我服务。开展全民阅读活动。加强和改进网络内容建设，唱响网上主旋律。加强网络

社会管理，推进网络规范有序运行。开展'扫黄打非'，抵制低俗现象。普及科学知识，弘扬科学精神，提高全民科学素养。广泛开展全民健身运动，促进群众体育和竞技体育全面发展。"这部分报告内容不仅对丰富人民精神文化生活提出了具体要求，还具体讲到了要加强网络社会管理，规范网络有序运行，这是对网络舆情引导工作的要求。

在增强文化整体实力和竞争力部分强调"要坚持把社会效益放在首位、社会效益和经济效益相统一，推动文化事业全面繁荣、文化产业快速发展。发展哲学、社会科学、新闻出版、广播影视、文学艺术事业。加强重大公共文化工程和文化项目建设，完善公共文化服务体系，提高服务效能。促进文化和科技融合，发展新型文化业态，提高文化产业规模化、集约化、专业化水平。构建和发展现代传播体系，提高传播能力。增强国有公益性文化单位活力，完善经营性文化单位法人治理结构，繁荣文化市场。扩大文化领域对外开放，积极吸收借鉴国外优秀文化成果。营造有利于高素质文化人才大量涌现、健康成长的良好环境，造就一批名家大师和民族文化代表人物，表彰有杰出贡献的文化工作者"。这里对提升文化实力的方方面面做出明确要求，成为开展文化工作、宣传思想工作、舆论工作的指南。

5.加强网络内容建设，以促进网络管理为导向

习近平在中央网络安全和信息化领导小组宣告成立会上指出："要抓紧制定立法规划，完善互联网信息内容管理、关键信息基础设施保护等法律法规，依法治理网络空间，维护公民合法权益。"这对网络建设的法制工作提出了明确的要求。

党的十八大报告第六部分（扎实推进社会主义文化强国建设）第三条（丰富人民精神文化生活）论及"加强和改进网络内容建设，唱响网上主旋律。加强网络社会管理，推进网络规范有序运行。开展'扫黄打非'，抵制低俗现象。普及科学知识，弘扬科学精神，提高全民科学素养。广泛开展全民健身运动，促进群众体育和竞技体育全面发展"。[①] 上述关于网络建设的论述是网络舆情引导的指

---

① 坚定不移沿着中国特色社会主义道路前进为全面建成小康社会而奋斗——在中国共产党第十八次全国代表大会上的报告［R］.新华社，2012-11-17.

导性方针。

6. 加强网上舆论工作，以促进网络安全为导向

2014 年 2 月 27 日，中央网络安全和信息化领导小组宣告成立，在北京召开了第一次会议。习近平在会上指出"做好网上舆论工作是一项长期任务，要创新改进网上宣传，运用网络传播规律，弘扬主旋律，激发正能量，大力培育和践行社会主义核心价值观，把握好网上舆论引导的时、度、效，使网络空间清朗起来"。这是对舆情特别是网络舆情工作的明确要求。

习近平在会上强调："没有网络安全就没有国家安全，没有信息化就没有现代化。""网络安全和信息化是事关国家安全和国家发展、事关广大人民群众工作生活的重大战略问题，要从国际国内大势出发，总体布局，统筹各方，创新发展，努力把我国建设成为网络强国。"习近平进一步指出："网络安全和信息化对一个国家很多领域都是牵一发而动全身的，要认清我们面临的形势和任务，充分认识做好工作的重要性和紧迫性，因势而谋，应势而动，顺势而为。网络安全和信息化是一体之两翼、驱动之双轮，必须统一谋划、统一部署、统一推进、统一实施。"上述论述说明保障网络安全、推动信息化发展的重要性，也表明了党和国家保障网络安全的决心，是网络舆情工作的重要指针。

总之，上述理论方针、党的十八大报告、中央领导同志在全国宣传思想工作会议上的讲话以及在中央网络安全和信息化领导小组成立会上的讲话等纲领性文件及相关会议精神都是舆情引导工作的基本指导思想，是舆情引导工作的行动指南。

第二节　舆情引导工作主要原则

舆情引导工作涉及面广，头绪繁多，局面复杂，在上述基本要求指导下，还应遵循一定的原则性要求。舆情引导工作的原则是舆情引导工作在没有先例可循或找不到明确可行的应对办法时应遵循的主要准则、规范和要求。我们认为舆情引导工作的原则应包括以下主要内容：

1. 以人为本、生命第一原则

以人为本是科学发展观的基本要求，坚持以人为本，就是要尊重人的特性和本质，把人民的利益作为一切工作的出发点和归宿；把人作为经济社会发展和现代化建设的动力和目的，一切为了人，一切依靠人，不断满足人民多方面的现实需要和实现人的全面发展。从本质上讲，以人为本就是一切从"中国最广大人民的根本利益"出发，促进人的全面发展，不断满足人民群众日益增长的物质文化、精神生活和政治民主的需求。以人为本，就是要求政府把关心人、尊重人、解放人、发展人作为社会经济发展的目的。这就要求在网络舆情应对过程中，要从人民的利益和需要出发，满足其物质、精神文化生活需求，而非简单地堵住舆论的"枪口"。

在全国宣传思想工作会议上，习近平指出："坚持人民性，就是要把实现好、维护好、发展好最广大人民根本利益作为出发点和落脚点，坚持以民为本、以人为本。"

在事关突发事件和重大安全事故的舆情引导过程中，应及时报告，第一时间出现在现场，第一时间报道现场；把人的生命健康权放在首位，生命第一；在信息发布过程中，多发布如何尽一切努力地抢救和挽救生命，先救人后救物的情况。这也是近年来，各国在重大安全事故后，停止部分娱乐电视节目，而及时播报事故、伤亡及救援情况的原因。

2. 依法引导、合乎情理原则

在舆情引导的过程中，要坚持以国家相关的法律法规为依据和准绳，符合宪法、法律、法规和其他规章制度的要求。宪法明确了公众的言论自由和舆论监督权，《宪法》第 27 条第 1 款规定："一切国家机关和国家工作人员必须倾听人民的意见和建议，接受人民的监督。"第 41 条进一步规定："中华人民共和国公民对任何国家机关和国家工作人员，有提出批评和建议的权利。"在依法保护公众知情权、监督权的同时，要依法规范公众及网民的监督行为，对那些恶意散布虚假信息、诬陷他人、危害国家利益以及对网络监督压制、打击、报复的，对违反有关网络管理或侵犯公民人身权、隐私权、名誉权的行为，有关主管机关要依据情节轻重和危害程度，应依法追究法律责任。我国出台了诸多关于互联网的规定和管理办法，也是网络舆情应对工作的法律依据，例如《互联网信息服务管理办法》等。

舆情引导还应做到合乎情理，不仅对待网民和公众要合情合理，公布的事实真相、事件细节也要合情合理，经得起推敲，否则必然引起网民的质疑，甚至攻击。

3. 及时引导、积极面对原则

舆情信息的最大特点就是传播迅速，网络舆情更是不受时空限制，可以在短时间内传播到世界各地。随着手机上网用户的增加，微博的普遍使用，突发事件、热点新闻、爆炸新闻等传播更是神速。因此网络舆情一旦爆发，相关部门应坚持"黄金一小时"原则，第一时间做出反应，及时应对。从近年来的经验看，凡是有关政府某部门的负面新闻一旦出现，该部门就应立即进入网络舆情引导状态。

网络舆情一旦发生，基层相关部门应第一时间做出快速反应，相关人员应通力合作，根据经验在自己的职责范围内开展舆情引导和先期处理工作，而不是消极地等待上级部门来引导，或是等上级过问才开展引导工作。或者消极抱怨，或者简单地"瞒""捂""堵"，在网络时代和信息时代，这种做法是极其危险、错误和愚蠢的。也不要抱有"息事宁人""大事化小小事化了"的心态，这将会使自身在网络舆情引导工作中处于不利和被动的地位。

案例分析：伪造国家机关公文——47号公告

2011年8月12日，有网站刊登《国家税务总局关于修订征收个人所得税若干问题的规定的公告》即所谓"国家税务总局2011年第47号公告"并做了解读，公告文中标记发布日期为2011年7月31日。由于涉及时下备受关注的"年终奖税收"计算方式，经国内多家媒体转载、放大，引起社会广泛关注和议论。

15日，国家税务总局发布声明称，近日，有人盗用税务总局名义，对外发布了"《国家税务总局关于修订个人所得税若干问题的规定的公告》（2011年47号）"并做解读，该文及解读内容在媒体刊登后，严重误导了纳税人。税务总局表示，税务总局从未发布过该文件及解读稿，此文件及解读稿系伪造。税务总局将依法行使追究伪造公文者法律责任的权利。

10 月 25 日，国家互联网信息办公室网络新闻宣传局通报，在网络上流传的"国家税务总局关于修订征收个人所得税问题的规定的 47 号公告"已查明属于编造的谣言，国家互联网信息办网络新闻宣传局、公安机关已责成属地管理部门依法依规对制造和传播这些谣言的责任人和网站予以惩处，经公安机关查明系上海励某杜撰而成。公安机关对在网上伪造国家相关文件并传播的励某依法做出行政拘留 15 天的处罚。

（资料来源：黄庆畅，张洋.网络谣言害人害己 社会公众勿信勿传——近年来在社会上产生严重后果的十起网络谣言案例〔N〕.人民日报，2012-04-16）

案例评述 舆情引导不及时

如果主管部门有相关的网络舆情监测或预警软件，应可以监测到于网络疯传的相关文件和信息，应于第二日或者更早获知了相关信息，及时给予辟谣，但国家税务总局于 8 月 15 日才发布相关声明。显然，这是会影响政府公信力的一个网络舆情。如果遇到更具危害性的网络谣言，恐怕后果不堪设想。

操作提示 有效监测舆情，准确研判，及时引导，快速反应，以应对谣言或虚假信息。

4. 把握时机、抢占先机原则

舆情一旦发生，相关部门应通过媒体，主动宣传、营造有利的主流舆论态势和社会氛围，例如主动准备新闻通稿等新闻稿件，主动联系有关媒体发布事件相关公告或信息，而不是以"主人"姿态坐等媒体调查事实真相和进行现场报道。尤其是对重大敏感事件、突发事件的新闻报道和舆论引导，要努力抢占先机，把握话语权，赢得主动权，为舆情引导和应对工作营造良好的舆论氛围。

在网络舆情形成初期，网民有实现话语权的欲望，有附和情绪和盲从心理。因此，在其形成初期，有效的主动引导可以防止网络群体性事件的发生，为网络舆情应对工作抢占先机，抢占"制高点"。网络舆情爆发后若没有官方的声音，没有官方的消息，各种猜测、曲解必将给事件的处理带来阻力，导致事件处置和应对工作的被动。主动发布权威信息，"在媒体还没来得及报道时"即发布相关信息，可避免公众盲目猜测、恶性炒作以及媒体虚假报道。

5. 公开透明、互动沟通原则

信息公开、透明是应对舆情的基本原则。从信息传播的角度来说，信息公开是对付小道消息和谣言的最好办法。事件发生或舆情爆发后，应公开事实真相、事情经过、伤亡情况、已采取的措施、已查明的事件原因（未确定原因的事件不要随意假想、臆断）等，让网民想知道、想了解的情况都能通过公开的渠道和信息找到，而不要让网民无从获取或查找，致使网民主观臆断或造谣。

在信息沟通和传递过程中，应重视平等、公平地与网民和媒体的互动交流、沟通，知道他们在想什么、想获取哪方面的信息，对媒体、公众一视同仁。舆情爆发，群情涌动，如果居高临下，自说自话，会激起公众的质疑和反感，形成对立。无数群体性事件的应对经验表明，对话胜于对峙。舆情引导者和应对者只有放下架子，积极与媒体沟通，平等地与公众交流，以信息公开消除谣传猜测，才能赢得信任支持，才能有效引导舆情，妥善处置事件。

案例分析：陕西省延安市车祸中的"微笑官员"

（1）事故概况

2012 年 8 月 26 日凌晨 2 时许，陕西省延安市境内的包茂高速公路化子坪服务区南出口 200 米处发生一起特大交通事故，一辆车牌号为蒙 AK1475 的双层卧铺客车和一辆车牌号为豫 RHD6962 的罐车（装有甲醇）追尾，并致两车起火。发生事故的客车核载 39 人，实载 39 人。事故发生后有 3 人逃生。车祸现场极为惨烈（见图 5-1）。

图 5-1　陕西省延安市车祸现场

（资料来源：新华网）

（2）官员事故现场微笑

2012 年 8 月 28 日相关媒体报道，陕西一官员在交通事故现场，因面含微笑被人拍照上传至网上，而招致网友不满。该官员随后卷入争议旋涡，网友关注点也转移到他在不同场合所戴的手表上。

尽管现场的官员面带微笑的照片只是现场一个片段，不能说明真实情况，但他还是遭到大量批评。网友关注的焦点也从微笑转移到了他的腕表上。有网友收集了有关该官员出席各种活动和会议的公开报道，将这些图片对比发现，其在出席不同的活动时，经常更换自己的手表，至少有 5 块不同的表。[①]文中同时配发了该名官员戴不同手表的三幅图。

腾讯网于 8 月 28 日上午以《陕西车祸现场"微笑官员"曾戴多块名表》为题，[②]进行图文报道，配发了该名官员 6 幅图片，其中 5 幅图片为其在不同场合戴的手表，并附有放大特写。还有网友请教专家，

---

① 王世宇，王银超.延安车祸现场微笑官员被指曾戴多块名表［N］.南方都市报，2012-08-28.

② http://news.qq.com/a/20120828/001020.htm#p=1.

分别对这 5 块手表进行了市场估价。关于官员事故现场微笑的相关报道成为当天各大网站头条（见图 5-2）。

图 5-2　网友收集的某官员不同场合所戴的手表

（资料来源：截图自腾讯网）

（3）相关部门及人员网络舆情应对

8 月 28 日下午晚些时候媒体报道，陕西省安监局工作人员认为车祸现场微笑表情被放大了[①]。有媒体记者上午致电陕西省安全生产监督管理局监察室，该室工作人员表示，虽然他们已经看到了网上的评论，但是他们并未收到群众或者工作人员的材料举报，因此对此事没有评论，具体情况要咨询办公室。

随后，记者再次拨打办公室电话，多次拨打后，对于官员在事故现场的笑脸，一位工作人员表示，是网友把该名官员在某个特定场合的表情给放大了说事。

对于网上流传的几块价值数万元甚至几十万元的手表，该工作人员表示："对此事，不好评论，具体事件我也不清楚，最好问本人。"

8 月 29 日媒体报道，该官员称工作忙，最快今日回应。[②]

8 月 30 日媒体报道，该官员称现场微笑是想让基层同志放松。29 日晚该官员在微博上与网友互动，公开回应质疑。对网友做出解释和回应，并多次向公众道歉。

网友对该名官员微博回应质疑的做法表示支持和肯定，认为通过微博互动是一种很好的沟通，"有诚意""有勇气面对质疑"，是一次不错的"危机公关"，更有网友呼吁这样的互动将来越多越好。但也

---

① 李洪鹏.陕西安监局回应局长在车祸现场笑：表情被放大［N］.法制晚报，2012-08-28.

② 刘刚.陕安监局长向组织报告车祸"微笑门"对于所戴手表问题最快今天上午回应［N］.新京报，2012-08-29.

有网友对此表示谨慎乐观，"杨局长说法是否属实？各方都请用证据说话"。①

新京报概括了这次微博互动的五大焦点："面带微笑"为让工作人员放松；10年用合法收入买5块表；微博访谈"来晚了，很抱歉"；"尽管批评我，不要牵连家人"；公务人员被监督合理正常。②

（4）网络舆情引导简评

该舆情本不是这次车祸事故舆情的关键性内容，我们反对对一个微笑表情刻意放大，事故应急救援中也无须整天哭丧着脸。当然，在如此惨烈的车祸中，对事故的处置和善后也应坚持以人为本，生命第一的原则，应有体恤怜悯之情。2012年12月某学者在做客央视一节目解读两起民工冻死事件时面带笑容，也遭到了网友的指责和猛烈攻击。上述事件表明：党政官员、公众人物，应随时注意自己在公众场合的言行，应时刻注意三思而后行，谨言慎行。

同时，另一方面，针对网络舆情本身，相关部门不能采取不问不闻，不做任何评论，或采取沉默，置之不理的做法，会使网民错误地认为相关部门和人员有高高在上、不屑一顾的心态，可能会激发网民的逆反心理。网民从一个微笑片段就"人肉"出了官员出席各种活动和会议的照片及其详细情况就是一个例证。我们更赞赏相关部门和官员站出来主动回应网民，说明当时情况，诚恳道歉或请求网民原谅，请网民继续监督部门做好工作。一个道歉对相关部门和官员来说并不损失什么，而置之不理的态度可能会使舆情升级。

当事人及时地与网民进行微博互动，应该说是成功的，得到了网民的肯定和谅解，算是一次较成功的媒体公关活动的尝试，网民也希望以后多进行这种互动。从这些事实来看，公开信息、主动回应、互动沟通在网络舆情应对中并没有坏处。我们认为当事人的回应还是稍显缓慢了一点，可以更加及时地引导舆情，工作繁忙并不能作为回应缓慢的借口。

当然，当事人后续的查处已经有了结果，我不便评论，但其及时的微博互动沟通，值得肯定。

① 刘刚．"微笑局长"：一不留神，表情有些放松［N］．新京报，2012-08-30．
② 刘刚．"微笑局长"：一不留神，表情有些放松［N］．新京报，2012-08-30．

6. 回应质疑、主动引导原则

现实社会一旦发生突发事件或探讨焦点问题，网络舆情便会逐渐形成。对于突发事件，网民会有各种疑问，会关心细节，对事件走势会表示关切，质疑事件的原因以及来龙去脉。因此，舆情一旦爆发，仅仅发布信息是不够的，还必须迅速了解和把握现实社会和网上的舆情信息，迅速回应公众疑问，如果对网民的疑问和质疑置之不理、漠不关心，很可能导致舆情升级。

在回应公众或网民疑问的同时，还应主动引导舆情及舆论方向，将网络的评论、跟帖、讨论引导到正确的方向上来，引导网民理性、客观地评价和看待事件，不能让非理性、偏激的观点占据主流。对涉及政治等敏感性问题，更是应向正面引导，避免舆情向反动的方向发展。也可以利用舆情专员或舆情评论员，监控、跟踪网络舆情，参与跟帖、评论、讨论，影响网络论坛，进而影响网络舆情走向，将不利舆情引导到主流舆情上来。

7. 信息准确、细节真实原则

真实准确是信息之本。准确真实的信息才不会误导公众，错误虚假的信息比没有信息危害更大，会给事件处理和舆情引导工作带来极大的危害。信息准确、细节真实，还原真相、还原全貌，尽量不让事件留下疑点，力争不给公众带来困惑，做到客观公正、取信于公众和网民，唯有如此才能促使问题尽早解决，舆情尽早平息。

2012年5月10日发生在云南巧家县的爆炸案，前期因为案件在没有查清的情况下，公安局有关人员表示愿以前途担保爆炸案为赵登用所为，引发了网民、媒体的诸多质疑，提出了多个疑点，导致网上激烈争论，各种关于爆炸的真相版本散布于网络，致使后期在案件处理和网络舆情引导方面处于完全被动的境地。如果及时发布正在调查侦破案件的消息，在及时调查清楚案件后，还原案件过程、细节和真相，或许不至于此，而最终结果却是雇用赵登用的邓德勇、宋朝玉因为不满征地补偿制造的这起爆炸案，相关部门是难辞其咎的。

案例分析：甘肃派出所未及时出警事件及舆情应对

（1）甘肃派出所未及时出警事件报道

2012 年 6 月 30 日，庆阳市环县车道乡苦水掌村村民张学平与同村村民王凤斌发生纠纷，张学平持羊铲将王凤斌打死，又持尖刀将王现锋、王晓阳杀害后自杀。而环县车道派出所所长韩仲辉因接警 16 分钟仍未出警，构成失职行为被免职。

接凶杀案 派出所行动慢吞吞

据庆阳市环县县委外宣办消息，6 月 30 日，环县车道乡苦水掌村村民张学平与同村村民王凤斌发生纠纷，张学平持羊铲将王凤斌打死，又持尖刀将王现锋、王晓阳杀害后自杀。案发后，死者家属反映车道派出所接到报案后未及时出警，致王现锋、王晓阳被张学平杀害。

接到死者家属反映后，环县县委、县政府高度重视，组织县乡工作人员对家属进行慰问安抚，并成立县纪委、监察局、检察院联合组成的调查组进行联合调查。

联合调查 晚出警 16 分钟

记者了解到，联合调查组首先调取了相关人员的通话记录。张学平在第一现场持羊铲将王凤斌打倒时，被同村村民王全军看见，王全军即于 6 月 30 日上午 9 时零 6 分用手机给王凤斌的邻居王凯亮打了电话，让王凯亮告诉王现锋，其父被张学平打伤，据此王凤斌被害时间为 9 时零 5 分。9 时 15 分，被害人王现锋的妻子王彩文给丈夫的哥哥王宪云打了一个电话，但王宪云未接。结合王彩文证言，并与北京时间对比，发现王彩文的手机时间比北京时间慢 3 分钟，据此，张学平开始侵害王现锋、王晓阳的时间是 9 时 18 分。王全军于 6 月 30 日 9 时 24 分 41 秒给车道派出所所长韩仲辉打电话报案。车道乡卫生院院长林树里证言，医院于 9 时 30 分左右接诊，经简单检查处置后，先打 120，后打 110。经查电话记录，打 110 时间为 9 时 40 分 40 秒。

其次，调查组对发案现场相关的距离和车辆行驶速度、步行速度进行了测量。车道乡派出所距张学平行凶第一现场的距离为 2100 米，第二现场即张学平侵害王现锋、王晓阳地点在第一现场的前方 300 米处，也就是说从派出所到第二现场的距离为 2400 米，当日因下雨道路泥泞，车辆实测以每小时 20 公里的速度需 7 分钟才能到达。张学平在第一现场行凶后，将羊赶回家，持尖刀赶到王凤斌家对面的林地，即第二现场，此路段共 856 米，步行时间约 13 分钟，根据现场模拟测试，王现锋、王晓阳被害时间约为 9 时 21 分左右。

此外调查证实，韩仲辉于 9 时 24 分接到报案，自车道乡卫生院院长林树里于 9 时 40 分给 110 报警止，共 16 分钟时间没有出警，已构成失职行为。

调查处理　派出所所长被免职

根据调查结果，环县县委、县政府决定：一是免去韩仲辉车道派出所所长职务，进一步接受组织调查处理；二是做好死者家属的安抚工作，成立案件善后处理工作组，妥善解决死者家属生产生活中的困难；三是即日起在公安机关开展"警风警纪警德"专项教育活动。

（资料来源：李杨，吴树权．未及时出警 派出所所长被免职［N］．西部商报，2012-07-15）

（2）甘肃派出所未及时出警事件舆情引导简评

这是一起涉及警务的舆情，有关派出所未及时出警的相关报道，并没有在网络引起太大的波澜。当地地方政府的及时、正确处理，却使这起舆情处理堪称一个经典案例，值得我们在处理其他突发事件舆情的时候借鉴学习。

成立联合调查组，及时处理。县委、县政府在街道家属反映后，及时成立由县纪委、监察局、检察院等组成的联合调查组展开调查。在事件发生后半个多月内将事实真相调查清楚，向社会公布。

提供精确的调查结果，精确时间还原。调查组通过各种现代科技手段，将报警后的 16 分钟进行精确还原，甚至精确到秒。经过多方印证，将可能出现的时间错误（王彩文的手机时间比北京时间慢 3 分钟）也都加以说明和计算，令公众信服。

进行精确的实地测量，现场模拟测试。对两个行凶现场进行实地测量，车辆速度、步行速度等进行精确的实地测量，最后综合上述结果，做出处理，并借此进行作风整治教育，具有较大的示范意义。

如果对群众、网民、舆论有争议的事件或场景，能像上述事件进行精确还原，并如实全部向社会公开，对取信于民具有至关重要的作用。概言之，做到真正的信息公开、透明，是政府应对舆情、面对质疑最有力的武器，是应对和引导舆情的基本原则。

8. 部门联动、协同引导原则

舆情引导工作涉及面广，会牵扯多个部门，引导工作需要部门之间有效联动，协调行动，共同应对。部门联动、协同引导是指相关舆情的政府主管部门及其他相关职能机构联合行动、分工协作、彼此配合，对舆情进行引导和应对等，从而化解舆情危机，促进舆情涉及的事件或问题有效解决。

部门联动既指舆情引导的各主体之间联合行动，如宣传部门、公安部门、工信部门等，也指上下级部门之间、政府与企业之间的联合行动，甚至包括与媒体之间的有效联动和沟通。各个部门之间高效的联合行动需要有效的沟通协调，做到步调一致、口径一致、行动一致，才能提高舆情的引导效果。三鹿奶粉事件发生后，相关地方政府部门之间、上下级之间、政府与企业之间都缺乏有效的沟通和协调行动，是致使事件和舆情恶化的一个重要原因，最终导致了我们大家都不愿意看到的结果。

9. 分级引导、分工协作原则

属地管理与分级管理是我国政府管理的基本原则，这也是舆情引导工作的原则。根据舆情危急、紧急的程度以及舆情涉及事件的大小分别由不同层级的相关政府部门负责引导和应对，启动相应的应急预案。坚持归口管理，尽量就地解决，将舆情及舆情反应的事件化解在基层。

同时，各级宣传部门、公安网监部门、国安部门、工商部门、教育部门、共青团（青年思想政治教育）等部门和网络运营商要担负起各自的互联网管理职责，按照职能分工协作，发挥各自的优势，齐抓共管，共同营造文明健康的网络文化氛围。有关企业及其他社会组织在涉及本单位的舆情和事件爆发后，应积极配合有关部门，做好引导工作，避免矛盾激化。

10. 统一指挥、统一领导原则

舆情一旦形成，应立即明确主管部门、主管领导及其责任，统一指挥、统一领导舆情引导工作，避免相互掣肘。尤其是对于突发事件而引发的网络舆情，在危机状态下，领导指挥机构有权调动各个部门的人力、物力，以便统一行动，从而将危害程度降到最低，同时应在领导指挥机构设立新闻工作组负责事件的媒体接洽、对外宣传、舆情引导工作。

四川省成都市"6·5"公交车燃烧事件发生一小时后，9路公交车燃烧事件的相关信息和图片便开始在网络论坛、QQ群上迅速流传，无数的网民开始用电话或搜索引擎求证信息，议论纷纷。关于事故发生原因的猜忌、疑虑一时间漫天飞。成都市快速启动了宣传应急预案，构建了由宣传、公安、消防、安监、卫生、民政、交通等部门负责人组成的宣传信息组，在省委宣传部门的统一指导下，全面开展新闻发布、舆论引导、网络舆情监管和社会舆情收集等工作，及时公开信息，牢牢把握了舆论的主导权。宣传信息组的构建和宣传部门的统一领导使这次突发事件的舆情应对工作取得了良好的效果。

第三节 舆情引导工作的观念误区

背离舆情工作的指导思想和原则，会使舆情工作出现诸多问题和误区。随着网络的发展和网络舆情的不断出现，各级政府相关部门都建立了相应的舆情工作机制，制定了相关的制度，采取有效措施以应对网络舆情，处理各种突发事件和危机。但从现实的舆情工作状况来看，还存在诸多误区和问题。思想观念会无形地影响人们的行为，错误的观念会给工作造成极大的危害和障碍。目前，舆情引导工作主要存在以下观念上的误区，是我们在工作中应极力避免的。

1. 事实真相应该可以掩盖

面对突发事件或敏感问题引发的网络舆情，某些政府部门或企业，害怕事实真相暴露，害怕矛盾升级，首先想到的是封锁消息，并主观地认为只要保密工作做得好，事实真相应该可以被掩盖。传统政府是封闭保守型的政府，习惯于封锁消息，遇有突发事件便采取封堵措施。随着我国政府追责制度和引咎辞职制度的逐步建立和完善，某些政府部门或政府官员因为害怕被追究责任，也倾向于封锁消息，掩盖事实真相，甚至不惜捏造事实、撒谎。我国频繁发生的矿难事故中谎报、瞒报伤亡人数的情况时有出现。

三鹿奶粉事件发生后，就有媒体曝出石家庄三鹿集团股份有限公司曾经想给某网络媒体 300 万元封口费，以封锁消息。2008 年 7 月 14 日河北蔚县矿难事故发生后，也爆出当地政府及企业给记者封口费以瞒报矿难真相，[①] 最终收取封口费的记者也受到了法律的惩处。[②] 我们想说的是，纸终究是包不住火的，无论是网络媒体还是传统媒体，"封口费"是封不住真相，封不住事实的。总之，无论是网络舆情，还是现实社会舆情，简单封堵、一堵了之的时代一去不复还。一味删帖、封堵信息、压制舆论不可能解决问题。

2. 政府完全可以指令媒体

舆情或突发事件一旦爆发，面对各路媒体的质疑、提问及采访报道要求，政府并不是以平等的心态，主动满足其要求，而是采取打压手段。因为在计划经济时代很多媒体属于事业单位，某些人员便认为可以指令媒体，让其保持沉默、让其"闭嘴"。这反而激起媒体和公众的愤怒，使质疑批评不绝于耳，流言小道消息不断，事态不断扩大升级。这种观念是官本位思想的体现，党政部门应摒弃这种观念，将媒体和公众置于与自己平等的位置上。

媒体在西方被称为第四权力，具有与政府相等的权力和地位，政府无权干涉其新闻报道，更没权力指令媒体，这是中西方观念和传统的差异，而随着我国改革开放的不断推进以及新闻媒体监督力量的增强，媒体逐渐觉醒，这种观念已经不合时宜了。可以讲，在西方国家如果命令媒体"闭嘴"，是极其危险的。对于我国来说，随着事业单位改革的推进，媒体已经不是政府的下属单位了，政府应更新观念，不能对其指手画脚。

---

① 田国垒 . 260 多万元封住了哪些记者的嘴［N］. 中国青年报，2010-02-01（参见：http://zqb.cyol.com/content/2010-02/01/content_3067781.htm）

② 田国垒 . 十余名收取封口费的记者获刑［N］. 中国青年报，2010-02-01（参见：http://zqb.cyol.com/content/2010-02/01/content_3067791.htm）

3. 公布事实就是公布结论

信息公开是舆情引导的基本原则，信息公开只需要公布已经调查清楚、查证核实的信息，而不是下结论、给事实定性、给事件盖棺定论。舆情引导工作是严肃而认真的事情，在没有调查清楚真相前，就草率地发布结论，转移舆论焦点，不仅不利于舆情引导，还会引起网民和公众的更多质疑与不满，进而成为网上舆论攻击的对象，成为网络舆情的焦点。

在杭州"飙车案"中，交警在案情通报会上称"当时车速在70码左右"，引起了网友的质疑，最后杭州市公安局不得不对此公开道歉。在此案件里"当时车速在70码左右"还很难直接看出是一个结论性的言论，而其关键之处在于，车速快慢是案件的关键点，是舆情争论的焦点，涉及事件责任承担问题，就会有人质疑和反问。"70码左右"明显带有主观臆断的倾向，换一种说法就成为事实了，如"经过调查取证（经过雷达测速），当时车速为71.5码"。在舆情引导工作中，面对质疑和反问的时候，回答提问就带有结论性质，舆情引导及新闻发言人就应引起高度重视，切忌草率作答回复。

4. 舆情乃是宣传部门的事

舆情引导工作涉及诸多主体，包括公安部门、宣传部门、新闻办、共青团、青联、教育部门、企业、行业协会以及事件主管部门等。在有些部门或公务人员中存在一个观念误区，认为舆情引导只是宣传部门或者新闻办的职能，自己完成本职工作即可。尤其是对于网络舆情，有的部门或工作人员认为，我们工作不接触网络，甚至单位只有内网不能连接外网，网络舆情工作与我何干？

但事实上，舆情引导工作是需要多个部门协同配合完成的，而不是某个部门能独立有效应对的。任何舆情一般都会至少涉及宣传部门、新闻办、新闻出版部门、事件主管部门。我们知道国安部门一般是不允许连接外网的，而对于涉及反恐、国家安全、反革命以及政治敏感问题的舆情，国安部门却是最重要的舆情应对处置部门之一。总之，不能有事不关己、高高挂起的心态，只要与部门业务和职能相关，舆情引导就是其不可推卸的职责。

5.小事化了，勿惊动上级

很多地方政府部门都有"大事化小、小事化了""多一事不如少一事"的心态，于是尽量避免发布相关事件或舆情的信息。同时，害怕事情"捅出去"了，上级会怪罪、责怪，会受到上级的惩罚，于是采取鸵鸟政策，或心存侥幸、犹疑观望，或一拖再拖、岿然不动、不理不睬。而网民和媒体最受不了的就是"不被重视"，当他们吸引不到眼球的时候，便会"发难"，最终导致"小事拖大、大事拖炸"，使舆情爆发，不可控制。

我们强调将突发事件、信访案件等尽量化解在基层，就地解决。但一旦爆发突发事件，出现舆情，采取私下化解、瞒报压制等措施是不利于事件处置和舆情应对的。我们更赞赏与群众、网民平等地、平心静气地、公开地交流沟通，从而有效处理事件，化解舆情。

6.重视事件，却忽视舆情

由于我国处于社会转型时期，各种社会矛盾突出、多发，因而近年来群体事件也屡次发生。各级地方政府对群体事件的应对和处置极为重视，危机管理能力和应对突发事件的能力也在不断地得到提升。在突发事件和舆情的应对中，有些政府部门重视突发事件本身，却忽视舆情的引导和应对，普遍存在这么一种心态，即事件我们已经处理好了，网上任它怎么说去吧；事件我们已经处理得近乎完美了，公众还能说什么。

这是一种极为错误的观念，在处置突发事件的整个过程中，始终都伴随着网络舆情的应对和处置，并及时总结，在事件处置过程还应及时了解网络舆情的焦点、动向，及时回应网民的关切，合理引导网民舆论，同时，应以最快的速度将事件处理进展、处理结果，及时通告媒体，让网民知晓，可以平息很多不必要的舆论。2008年1月7日，湖北省天门市发生的城管殴人致死事件中，尽管当地政府当即组织调查并进行处理，但过了几天才公布事件真相及调查处理结果，致使不实传言通过网络炒作演变成社会现实舆情，引发上万人游行。

7.事实已明了，沉默是金

部分地方政府在应对突发事件和舆情的时候，存在这么一种认识：事实真相已经查明，无须再多言，媒体和公众可以通过相关网站或公告查询，这时沉默是金，言多必失；或者是事实明摆着，大家自己看吧，我们不讲。但是公众和媒体即使知道事实了，他们也希望事实从政府权威部门的口中说出来。这时政府不能害怕讲，而应主动讲、大胆讲、大声讲、多讲，让更多的人知道事实真相。例如2010年2月20日至21日山西的地震谣言，就需要政府部门通过各种形式，诸如网络、电视、报纸、广播、短信、公告、新闻发布会等进行辟谣，在这种情况下，如果保持沉默，或是只通过网络发布相关信息，结果可能是灾难性的。

8.网民不讲理，不予理睬

某些政府部门，在突发事件或舆情爆发后，常常抱怨公众或网民不明真相、被人利用，不讲道理。他们认为事实清楚，案情明了，于是对部分公众或网民的质疑、"无理取闹"不予理睬，置之不理。有的政府部门认为，事实已经调查清楚，事件已经平息，就万事大吉了，殊不知舆情就像野火一样，一有风吹草动，点点星火又会死灰复燃。这种不理不睬势必会激怒媒体和公众，激发其逆反心理，导致事件和舆情升级。

从现实实践来看，诸多群体性事件都是由于对小的舆情不重视，对公众的合理要求不闻不问，矛盾积压，一拖再拖，最后导致事件升级。甘肃陇南"11·17"打砸抢烧事件、贵州瓮安"6·28"事件、云南省孟连"7·19"胶农事件、河北省定州市绳油村"6·11"事件，部分原因都是由于未及时处置舆情和矛盾。贵州瓮安"6·28"事件，就有媒体勾画出了"七年—七天—七小时"的发展脉络，即七年的矛盾积累，死者死亡七天无人过问，打砸抢烧七小时。总之，民事民情无大小，应用心去重视、关心、回应群众提出的每一个"小问题"、每一个"小要求"。

9.舆论即曝光，挑刺揭短

有的政府部门或公务人员认为，舆论及时曝光，媒体就是来挑刺的，揭人短处的。因为这种心理和看法，这些部门和公务人员害怕接触媒体，常常与媒体对立，怀疑媒体的意图，不信任媒体，常采取不理智或过火的言行。国内已发生多起打砸媒体记者及其报道器材的事件，就是这一问题的最好例证。因为害怕曝光，害怕媒体挑出更多问题，这些政府部门或公务人员就会尽量不让媒体报道、知晓相关事实，而面对媒体的时候，也采取尽量不说少说为宜的策略，公众就难以了解事件真相，而媒体总会不断追问，如此便会形成恶性循环。

刨根问底，报道事实真相是媒体的基本职责和权力，也是媒体存在的根本基础。因此，不要误解媒体报道是在挑刺揭短，报道事实真相，揭露社会问题，追查问题原因是媒体的职能，与政府部门应履行自己的职责，做好分内之事一样。当然，我们也要求媒体不能捏造事实，报道虚假信息。

10. 家丑不外扬，内部解决

"家丑不可外扬"是中国几千年的传统思想观念，随着社会的发展，信息传递方式的改变，"家丑"已经难以不外扬了。因为受这种思想的影响，一些政府部门和地方政府在出现问题后，常常寻求办法尽可能内部解决或者在一定范围内解决，私下解决，相关信息也只在内部或一定范围内传递，可是往往最终信息还是走漏了。

消息一旦走漏，舆论哗然，必然导致事件升级，引爆舆情；即使消息一时没有走漏，会引起网民猜疑、媒体质疑，必然出现谣言和小道消息，也会引发网络舆情，导致事件升级。因此，做不到"家丑"不可外扬，就不能寻求内部解决问题，"家丑"一旦传出去会放大负面问题和问题的负面影响。总之，在现代社会，政府或其他组织在出了问题后，一开始就应主动暴露"家丑"，彻底公开信息，公开解决问题，这样更有利于事件处理和舆情应对。

阅读材料：

（1）舆情引导的六种常见错误心态[①]

> 家丑不可外扬的面子心态；
>
> 沉默是金的自保心态；
>
> 媒体可控的自负心态；
>
> 为民做主的刚愎心态；
>
> 不给领导添乱的保镖心态；

---

① 官方回应中的 6 种常见心态［N］.2013-02-23，参见：http://epaper.yzdsb.com.cn/201302/23/427725.html

不惜一切代价的维稳心态。

（2）舆情引导的六种常见错误策略 [①]

"鸵鸟"策略：充耳不闻，装聋作哑，不敢承认、面对事实；

"泥鳅"策略：害怕，不知如何应对媒体，逃散敬而避之；

"袋鼠"策略：掩盖事实真相，遮掩躲闪，轻描淡写，"无可奉告"；

"壁虎"策略："丢车保帅""大事化小""小事化了"，舍小存大，舍末留本；

"麻雀"策略：推诿指责，口径不一，互不通气，随意下定论；

"鹦鹉"策略：缺乏自己的主张和观点，照搬文件，鹦鹉学舌。

案例分析：广东陆丰乌坎村事件

1.乌坎村事件进程

2011年9月21日上午，广东省陆丰市东海镇乌坎村400多名村民因土地问题、财务问题、选举问题等对村干部不满，到陆丰市政府非正常上访，当日下午，上访部分村民在村里及村周边企业聚集、打砸、毁坏他人公共财物和冲击围困村委会、公安边防派出所。

2011年9月22日上午，部分村民组织阻挠、打砸进村维持秩序的民警和警车，六部警车被砸坏。对此，汕尾市、陆丰市两级党委政府高度重视，启动应急预案，第一时间赶赴现场协调。与此同时，汕尾市派出工作组到陆丰市督导，陆丰市、东海镇组成工作组进村做工作、回应村民诉求、维持社会秩序，9月22日晚事态平息，23日，乌坎村内恢复了正常秩序。

2011年11月中旬，事件再起起波澜，在工作组调查解决村民诉求过程中，少数村民在互联网上贴出《"乌坎村村民临时代理事会"计划组织村民于11月21日游行上访，并请中外记者报道》的帖子，事件出现反复。汕尾市、陆丰市两级政府又紧急派出13个工作小组进村入

---

① 王晴川，沈荟.面对突发公共事件 政府如何发布信息［J］.新闻爱好者，2011（9）.

户，对群众进行劝说，大部分村民接受了劝说。

2011 年 11 月 21 日 10 时 35 分左右，又有 400 名左右乌坎村村民聚集到陆丰市政府门口非正常上访，打出"打倒贪官""还我耕地"等标语。至 11 时 26 分左右，上访村民自行离去。当天下午及第二天，在组织者策划下，发生几次数百人在村内聚集活动。事件发生后，汕尾市和陆丰市两级党政开展全面进村入户做村民工作，部分村民思想开始转化、向好。

2011 年 11 月 24 日，随着入户工作的深入，村民在罢市、罢渔 3 天后，开始恢复正常生产生活秩序。至 26 日，村里的白布标语、大幅宣传画已自行拆除。事态得到平息，秩序恢复正常。

2011 年 11 月 24 日，村民薛锦波、张建成、洪锐潮、庄烈宏等，以涉嫌故意毁坏财物罪和妨碍公务罪被警方拘捕（见图 5-3）。

图 5-3　乌坎村事件现场图

（资料来源：截图自相关报道）

2011 年 12 月 9 日，汕尾市人民政府召开新闻发布会，就陆丰市处置乌坎村事件做情况通报。汕尾市委书记郑雁雄、陆丰市常务副市长邱晋雄等有关领导出席会议。公安部门已经抓获事件中打砸为首分子庄烈宏、曾昭亮、薛锦波等人，并将继续追捕事件其余犯罪在逃人员，加紧推进取缔非法组织的工作。发布会称"有境外势力对该事件推波助澜"。

2011 年 12 月 11 日，被羁押在汕尾市看守所的薛锦波突然死亡，围绕死因与尸体，官民进一步矛盾激化。

2011 年 12 月 13 日，广东省针对乌坎村事件犯罪嫌疑人（薛锦波）羁押猝死，召开新闻发布会，强调积极做好犯罪嫌疑人羁押猝死后续工作。

2011 年 12 月 20 日，中纪委委员、省委副书记朱明国在陆丰市干部群众大会上宣布，省委、省政府高度重视和关心乌坎村群众的利益诉求，决定成立省工作组，以最大决心、最大诚意、最大努力解决群众的合理诉求，尽快恢复乌坎村正常的生产生活和社会秩序。朱明国肯定了汕尾市、陆丰市各级党委政府的前期处置工作为接下来的工作创造了条件，要求工作组紧紧依靠党和人民，切实解决乌坎问题，具体要做到五个坚持。

2012 年 1 月 15 日，乌坎村党员大会召开，宣布村党总支部正式成立。省工作组随后在群众通报会上介绍了村党总支成立情况，村委会重新选举筹备小组在会上宣布成立。

2.乌坎村事件启示

乌坎村事件是 2011 年一起重大的群体性事件，从整个事件的危机处理和舆情引导来看，可以得出以下启示：

（1）实时监测舆情，及时安抚群众

事件爆发之初，当地政府监测到了相关事件舆情信息，对人民群众开展了一定安抚工作，对事件处置有一定积极作用。我们始终认为，突发事件一旦爆发，应立即启动舆情引导与监测工作，对于突发事件处置而言，舆情引导是突发事件处置工作的重要内容之一，无须经过舆情研判与预警，可以直接进入舆情引导工作环节。

（2）关注事件发展态势，回应群众诉求

事件在 9 月爆发后已得到了平息，但是在 11 月中旬事件迅速再次恶化，可能是当地政府始料未及的。网络贴文和各种事实真相被曝光起到了一定的推波助澜作用，当地政府误判了事件发展的态势、行动迟缓也有一定关系。实事求是地

说，事后我们来反思，不能简单地将事件原因归结为"村民要求不合理""境外媒体干涉"等。

事件中，村民提出了财务问题、土地问题、选举问题等方面的诉求，群众的诉求基本都是合理的。在群体性事件处置中，是否及时回应了群众诉求是决定事件处置是否成功的关键性因素，漠视民众诉求可能是灾难性的。我们应始终相信大多数群众都不是无理取闹的，中国几千年的传统文化影响，群众更倾向于做一个"顺民"。

（3）召开新闻发布会，正面引导舆情

到了 2011 年 12 月，随着省工作组、市工作组进驻村里开展工作，并就事件处置进展召开了新闻发布会，不仅事件得到快速、合理的处置，而且舆情也慢慢平息。召开新闻发布会是突发事件舆情引导和信息发布较为有效的方式。

政府正面面对事件，对犯罪嫌疑人（薛锦波）羁押猝死召开新闻发布会，进行辟谣，使村民逐渐相信政府，舆情得到缓和。

（4）畅通沟通渠道，主动疏导舆情

当前，人民群众表达诉求的渠道主要是信访和诉讼，而诉讼的时间成本和经济成本较高，人民群众多采取信访的方式表达利益和诉求。普通群众并不拥有太多社会资源，难以通过信访方式正常反映诉求，这种诉求方式受阻的时候，非正常、非理性的利益表达方式便会出现，就容易引发群体性事件。

2014 年 4 月 23 国家信访局印发了《关于进一步规范信访事项受理办理程序引导来访人依法逐级走访的办法》，自 2014 年 5 月 1 日起施行。该办法规定自 2014 年 5 月起，越级信访不受理。在这种情况，各级党政机关更应畅通人民群众的信息表达渠道。

2011 年 12 月 26 日，广东省委组织部、省委维稳办在广州召开"全省做好新形势下群众工作经验交流会"，省委副书记朱明国在会上说："现在一些国家干部哪有想过农民没地吃什么，没地我照吃好粮，不种地照吃好粮，不养猪照吃好肉，甚至不用上街，当着官有人送。他哪里想老百姓之艰难？"他还补充道："群众被激怒起来了，你才知道什么叫力量。"[①] 这话形象地说明了关心人民群众

---

① 黎广，甄宏戈.乌坎事件调查［N］.中国新闻周刊，2012-01-02

疾苦，畅通人民群众利益表达渠道是极其重要的。

思考题

1.什么是舆情引导？你认为舆情引导工作的指导思想包括哪些内容？

2.结合你所在的地方或行业，说说舆情引导应坚持何种原则？

3.请分析你所在的地方或行业的舆情引导成功和失败的案例？

4.结合你的工作实际，谈谈当前舆情引导工作存在哪些问题？

第六章 舆情引导方法与技巧

简而言之，舆情引导要解决说什么（内容、What）、怎么说（如何、How）、什么时候说（何时、When）、跟谁说（谁、Who）、为什么说（目的、Why）等几个问题。因此，本章重点论述舆情引导的方法和技巧，主要涉及说什么、怎么说、什么时候说的问题。

第一节 舆情引导策略与方法

面对纷繁复杂的舆情，可以采取不同的引导策略和方法，在此，总结了一些常见的舆情引导策略和方法，分述如下：

1. 召开新闻发布会

新闻发布会也称记者招待会，是一个组织直接向新闻界发布有关该组织信息、解释重大事件而举办的媒体活动。简称发布会，是一种主动传播该组织相关信息，以谋求新闻界对该组织或该组织的活动、对某些重大事件进行客观而公正的报道的一种沟通方式。接受媒体专访也属于这种舆情引导方式方法。

对于企业来说，新产品上市、重大纪念活动、庆典、促销活动、赞助公益事业、兼并重组都可以召开新闻发布会。国务院新闻办、外交部、证监会等党政部门不仅每周会召开例行的新闻发布会，针对重大事件还会临时召开各种新闻发布会。

对于舆情引导和应对来说，召开新闻发布会适用于以下情况：重大突发事件、重大舆情、人员伤亡或财产损失较大的事件、暴力恐怖事件、涉外事件等。

召开新闻发布会的优点和好处在于：会议隆重、形式正规，有较多新闻界的人士参加；沟通效果好，双向互动，一般先发布新闻，然后请记者提问，有关部门或人员回答；影响范围大，传播迅速，报纸、电视、广播、网站都到现场，集中发布（时间集中、人员集中、媒体集中），迅速传播、扩散到目标受众。

召开新闻发布会，应重点做好以下准备工作：

①选择合适的时间、地点。对于突发事件舆情引导来说，发布会时间没有固定的模式。事件重大，在事件发生后越早召开越好，事件越紧急，晚上甚至深夜召开也可以，这有别于例行发布会。关于地点的选择，可以选择户外（突发事件现场），也可以选择在室内（马航MH370失联事件后，马航在首都国际机场附近的北京丽都饭店召开新闻发布会，便被家属和记者指责场地太小，空气不流通）。选择发布会场所的时候，要考虑议厅容纳人数、主席台的大小、投影设备、电源、布景、麦克风、相关服务如何、住宿、饮料的提供等。

②会场准备。一般要在发布会现场打出会议主题、会议召开的时间、地点和主办单位等。

③现场布置。注意席位摆放方式，发布会一般是主席台加下面的课桌式摆放。主席台人员一般需摆放席卡，以方便记者记录发言人姓名。摆放原则是职位高者靠前靠中，以左为尊。参会人员除了发言人、主持人外，可以增加几人，以备回答记者或现场观众提问，在主要人员回答后，其他参会人员还可以补充。

④新闻发布会现场外围布置。一般在大堂、电梯口、转弯处有导引指示欢迎牌，可事先安排礼仪小姐或者安排工作人员做引导工作。

⑤会议资料准备。提供给媒体的资料，整理妥当，按顺序摆放，在新闻发布会前发放给新闻媒体（也可以放于桌上，如果会议有签到，也可在签到处发放）。资料一般包括会议议程、新闻通稿、发言稿、发言人的背景资料介绍（包括头衔、主要职责或分管工作等）、空白信笺和笔（方便记者记录），具体准备哪些资料，应根据突发事件或舆情的具体情况来确定，资料可以用文件袋装起来。

⑥发言人确定。如果单位或部门有完备的新闻发言人制度，可以直接确定新闻发言人。发言人也可以是主管或分管领导，有权代表单位或部门讲话的人，或者是其他非常熟悉业务的人。新闻发言人的知识面要丰富，语言表达清晰明确，有很强的现场调控能力，有良好的倾听能力，思维反应敏捷，参会人员着装要整洁、大方得体，与会议主题保持一致。

⑦现场提问。通常在发言人发言以后，有一个回答记者问题的环节。在答记者问时，一般由一位主答人负责回答，如涉及专业性强或者是不熟悉、不是自己分管的问题，可以由他人回答、辅助或补充。在发布会的过程中，对于记者的提问应认真作答，对于无关或过长的提问可以委婉地、礼貌地制止，不要采取"无可奉告"的方式。对于复杂而需要大量解释的问题以及尖锐、敏感的问题，可以先简单答出要点，邀请其在会后探讨。对于重大突发事件，发布会主办方要提前准备记者答问备忘提纲，预想记者或公众可能会问哪些问题，提前做好准备，参与发布会的人员事先取得一致意见，达成共识，避免口径不一。

⑧媒体邀请。一般来说，对于重大突发事件或重大舆情，如5·12汶川地震、马航MH370失联事件等，国内外主流媒体、各大门户网站等网络媒体都会参与，只要公告了新闻发布会的时间、地点，这些媒体都会参加。邀请的时间一般以提前3~5天为宜（对于情况比较紧急的突发事件，可能只能提前几小时），发布会前一天可做适当的提醒。可以直接电话邀请，相对不是很熟悉的媒体或发布内容比较严肃、庄重时可以采取书面邀请函的方式邀请。注意新闻发布会前不能透露新闻内容，注意一定需要邀请新闻记者，而不是邀请媒体的广告业务部门人员。从舆情引导和应对突发事件的角度来说，只要主动参与新闻发布会的媒体都应允许其参加，同时，应该邀请的媒体应全部邀请到，不能遗漏，否则会"剥夺"媒体的发言权，当有的媒体失去了话语权，必然发难。云南省巧家县爆炸案发生后，警方邀请三家媒体的记者共同观看了部分现场爆炸录像，随后便被媒体质疑。

总之，召开新闻发布会涉及很多内容和准备工作，诸多细节不可能一一论及，舆情工作人员也可以经常登录国务院新闻办公室网站，观摩新闻发布会现场，学习召开新闻发布会的方法和知识。

阅读材料：新闻发布会现场沟通建议

1. 做好准备工作，新闻发布会前，找出最难回答、最尖锐的问题，做好准备；

2. 精心准备几个问题，设置提问主要方向；

3. 少讲官话，语言简练，概况为几个要点，便于媒体报道；

4. 回答问题时间不要太长，一般不要超过3分钟；

5. 借力第三方，请在场其他人或专家学者回答；

6. 不随意承诺，不主观推测。

阅读材料：如何应对媒体采访和敏感问题？ [①]

接受媒体采访，一般包括约访、会访、电话采访、"截访"约访和会访一般会事前申请，可以提前做好准备。

面对"截访"，应随机应变，想法让记者等候片刻，如可以说记者同志，您工作辛苦了，等了很长时间，但我现在确实很忙，你到休息室去等候一下，我去换一身衣服，因为着装不适合上电视（不适合与记者见面），需要换一下衣服，或我刚到请允许我先休息片刻（请允许我先喝点水）。然后请示领导或与同事商议。

面对电话采访，不能随意挂断或拒绝采访。首先应通过中国记者网（http：//press.gapp.gov.cn/）了解并核实对方身份。然后可以在电话中回答自己确定的封闭式问题（是、不是、有、没有），或者说"详细的信息稍后会给你传一份新闻稿"，在电话中不透露细节信息。

应对敏感问题的方法：

归位法：回归常识、回归正常，做合理解释；

桥梁法：将问题引到一个具有更高关注度的问题；

亮旗法：提请记者关注最关键的核心信息；

反问法：可反问记者，让记者从他的角度来思考这个问题；

共鸣法：引发记者的共鸣，让记者感同身受，引起记者的同情。

案例分析：各地规定突发公共事件须召开新闻发布会

（1）江西省 2007 年规定突发公共事件要举行新闻发布会 [②]

2007 年 1 月 12 日江西省在南昌召开的全省对外宣传工作会议，将建立和完善新闻发布与新闻发言人制度列为 2007 年对外宣传工作重点。会议明确要求各地各部门，"突发公共事件发生时，都要及时组织

---

① 参见史安斌教授博客：http：//blog.sina.com.cn/s/blog_81651ac20101ov42.html

② 魏传举．江西规定：突发公共事件都要举行新闻发布会［N］．江西新闻网，2007-01-12

新闻发布会。"

"要让老百姓更快地了解突发事件。"11日，时任江西省委书记的孟建柱在全省宣传部长会议上说，"以前，我们传统的做法是出了事情不报道，现在再这样不行了！正常渠道信息堵塞，小道消息就会泛滥。"

省委外宣办、省政府新闻办主任，省委外宣工作领导小组副组长郜海镭在全省外宣工作会议上说："要进一步明确新闻发布的任务和内容，进一步提高新闻发布的质量和水平。"

随着国内大环境的日益开放和江西崛起日渐受人关注，境外、国外媒体对江西的关注度正在日益上升。统计显示，2006年江西共接待境外国外记者300多批次，共计2100多人。与此对应，全省省市政府共举行新闻发布会233次。

全省对外宣传工作会议进一步要求，今后，凡涉及广大公众切身利益的决策、政策、法规，政府都要及时发布，以争取理解与支持，努力提高新闻发布的针对性、时效性和权威性。在发生重大自然灾害、事故灾难、公共卫生和社会安全等突发公共事件时，各地各部门更要及时组织新闻发布会。

"去年，在省政府举办和参与的重大活动之外，全省各市还就经济发展、粮食收购、农资价格、教育收费、社会保障、医疗卫生等老百姓关心关注的问题进行了大量的新闻发布。"郜海镭说。

至2007年1月，江西省市两级已明确新闻发言人220名。江西省还将加强新闻发言人的培训，提高新闻发布工作的能力和水平。

（2）2013年江西省出台了新闻发布工作30条，重大突发事件须两小时内发布新闻①

2013年12月江西省出台了新闻发布工作30条，规定全省各地、各部门要利用政务微博及时发布各类权威信息，对重大突发事件要两小时内发布新闻，对不发声的单位将进行通报。

各地、各部门组织召开的新闻发布会须经同级党委宣传部（政府

---

① 张玉珍.江西：重大突发事件须两小时内发布新闻［N］.江西日报，2013-12-17

新闻办）审批同意。未经审批同意的，各媒体不得报道。尚未设立新闻发言人的省委有关部门、省直有关单位要尽快设立，新闻发言人由熟悉本系统、本部门情况，具有较高政策理论水平和较强沟通表达能力的同志担任。与宏观经济和民生关系密切以及社会关注事项较多的省政府部门，主要负责同志原则上每年应出席一次省政府新闻办新闻发布会，新闻发言人或相关负责人每季度至少出席一次，本部门原则上每季度至少举办一次新闻发布会。

同时规定，突发事件涉事地方或单位可视情况采取政务微博发布或召开新闻发布会等形式，政务微博应在半小时至两小时内发布，新闻发布会应在 4 小时内发布。要按照"主动、及时、真实、准确、有效"的原则，采取多种形式，客观公布事件进展、政府举措、公众防范措施和调查处理结果，及时回应社会关切。对于重大突发事件不发声、处置不力的单位，将向涉事地方单位或其上级主管部门进行通报。

此外，各设区市和要求第一批开通政务微博的 48 家单位要在 12 月底前开通政务微博。已经开通政务微博的单位，要积极利用政务微博及时发布各类权威信息，尤其是涉及公众重大关切的公共事件和政策法规方面的信息。要充分利用新媒体的互动功能，组织开展相关活动，并与公众进行互动交流，及时回复网友询问，帮助解决问题。

在策划开展涉及本部门本地方重要政策、重要法规、重点工作和重大活动的新闻发布工作时，要积极组织有关专家做好解读、宣讲和解疑释惑工作。拒绝接受媒体采访、对于突发敏感事件不发声的专家，将向涉事单位和上级主管部门进行通报。

（3）河南省 2004 年 10 月明确将定期开新闻发布会[①]

2004 年 10 月 22 日，在河南省新闻发言人培训班结业仪式上，省委常委、省委宣传部部长孔玉芳首次明确提出：省直各部门要定期举办新闻发布会，把本单位、本行业的重要数据、成功经验向新闻媒体通报，同时遇到突发性事件要迅速成立新闻领导小组，及时向新闻媒体通报信息。

---

① 杜超，殷淑娟.河南将定期开新闻发布会 突发事件及时通报媒体［N］.大河报，2004-10-23

省直各部门要完善制度，确保同新闻单位的日常联系经常化、制度化，确保本部门、本单位、本行业的发展情况、重要数据、典型事例、成功经验等，通过新闻发布这一快速、有效的渠道，源源不断地向中央驻豫新闻单位和省主要新闻单位进行通报。省委、省政府及各部门召开的工作会议，要视会议内容，主动邀请中央驻豫有关新闻单位和河南日报、省广电局负责同志参加。

还对省直单位定期举办新闻发布会提出了具体要求：原则上，经济综合部门每季度至少通报一次，其他部门每半年至少通报一次；有重要新闻价值的亮点、闪光点、兴奋点可随时通报，除各个单位的工作计划、简报、信息、工作总结等材料确需保密、不宜公开外，在向上级报送的同时，要主动向省主要新闻单位和中央驻豫主要新闻单位寄送。

（4）重庆市 2006 年 3 月规定重大突发事件及时召开新闻发布会

2006 年 3 月重庆市人民政府发布了《关于建立健全重庆市政府新闻发布会制度的意见》（以下简称《意见》）（渝府发〔2006〕24 号文件）。该《意见》要求，全市发生重大突发事件，将通过新闻发布会及时公布时间和处置情况。

意见明确新闻发布的主要内容包括：市政府需要定期或不定期向外界发布的重要工作部署、重大改革措施和阶段性政府工作目标进展情况；出台的新政策、新措施需要对外介绍的情况；市内发生的自然灾害、事故灾难、公共卫生事件等重大突发事件及处置情况；针对外界对全市有关问题的疑虑、误解需要通过媒体统一对外说明、澄清的情况等。

重庆市还将建立新闻发言人培训和年度登记制度，市政府、各区县（市）人民政府、市政府各部门、高等院校和国有大型企业的新闻发言人，均要通过市委宣传部和市政府新闻办组织培训后持证上岗。市政府新闻办对全市新闻发言人每年都要登记备案。主持人、发布人或出席发布会的有关人员一律要着正装，在发布新闻、回答记者提问、接受记者采访时，一律要说普通话。

至此，重庆市基本建立起了政府新闻发布会制度。

（5）浙江省突发事件信息发布

《浙江省突发公共事件总体应急预案》（2005年2月6日发布）第三部分（运行机制）第十条对浙江省突发事件信息发布和通报做了如下规定：

由省政府负责处置的特别重大、重大突发公共事件的信息发布，由省政府办公厅会同新闻宣传主管部门、负责牵头处置的省政府应急主管部门管理。必要的要在现场设立新闻中心，做好新闻媒体的接待和信息统一发布工作；没有设立新闻中心的，也必须指定专门负责媒体接待的人员，做好服务工作。

突发公共事件的信息发布应当及时、准确、客观、全面。充分重视并发挥主流媒体的舆论引导作用。按照国家有关规定和程序，在事件发生的第一时间向社会发布简要信息，随后发布初步核实情况和政府应对措施，并根据事件处置情况，做好后续发布工作。

要密切关注国内外关于事件的新闻报道，及时消除媒体中出现的有关不正确信息造成的影响。

信息发布形式主要包括授权发布、散发新闻稿、组织报道、接受记者采访、举行新闻发布会等形式，通过省和事发地主要新闻媒体、重点新闻网站或者有关政府网站发布信息。具体按照《省政府突发公共事件新闻发布应急预案》执行。

突发公共事件涉及或影响到我省行政区域外的，省应急指挥机构应及时通报相关省（区、市），并报国务院办公厅及其相关部门；事件中有我国港澳台或外籍人员伤亡、失踪、被困，或者可能影响到境外，需要向有关国家进行通报时，由省相应管理部门负责通报有关情况，同时向国务院相关部门通报。

舆情引导提示

重大突发事件、重大社会安全事件、人员伤亡或财产损失较大的事件等，都可以采用召开新闻发布会的形式进行舆情引导，以新闻发布会议程引导舆情是较为有效的舆情引导方法。

2.发公开信

公开信是将内容公布于众的信件。公开信可以笔写，可以印刷、张贴、在报纸上刊登，也可以在电台、电视台上播报，还可以通过网络媒体发布。其对象一般比较广泛，如"三八"妇女节写给妇女同胞的公开信，给大学生的公开信，也可写给一人。无论是写给社会中的一部分人还是写给个人的公开信，对公开信的发布者来说，都希望有更多人的阅读、知晓，或者讨论信中的问题。公开信的内容一般涉及重大问题。公开信往往具有指导作用、倡导作用、教育作用和宣传作用。

对于舆情引导和应对来说，发公开信适用于以下情况：重大舆情、重大事实错误、众多人质疑、共性问题等。

公开信一般按照收信人可以分为以下几类：一是问候、表扬、鼓励类，以领导机关、群众团体的名义，在纪念活动、传统节日或其他必要的情况下，给有关单位、社会阶层、集体、个人、发出的书信。二是给特定对象的公开信，领导机关、群众团体或个人针对某一问题写给特定对象的信。这类公开信有的是表扬，有的是批评，有的是倡导良好社会风气，有的是提出建议。三是发给私人的公开信，由于某种原因，找不到收信人，或者情况紧急，需要将信件发给本人。这类信通过报刊或广播公开发布，写信人和收信人双方就有可能取得联系。如受热心人帮助后，或好人好事，需要表示感谢等。四是澄清、道歉类，相关部门或个人澄清事实，就某件事情公开道歉。五是倡导、公开回应类，如倡导公众遵守公共秩序、勤俭节约，公开回应公众、网民质疑等。2010年3月湖北省委书记罗清泉在人民网《地方领导留言板》发表致网友公开信，回应网民的问题，其公开信的内容如下。

湖北省委书记罗清泉同志致网友的一封公开信

亲爱的网民朋友：

大家好！

你们在网上反映的意见和建议，我已认真看过。湖北省委、省政府对网友提出的意见非常重视，已建立专门制度，及时收集大家的意见和建议，对大家反映的问题予以认真调查、核实，对大家提出的合理建议充分采纳。

　　湖北的发展离不开广大网友的关心和支持。广大网友的意见和建议，是我们倾听民声、了解民情、汇聚民智、凝聚民心的重要渠道之一，是我们围绕群众最关心、最直接、最现实的问题制定科学民主政策，以及接受监督、改进工作、提高效能的依据和保证。

　　在此，我真诚地希望网民朋友一如既往地关心、支持、监督我们的工作，继续为湖北的改革发展稳定建言献策。

　　谢谢！

中共湖北省委书记　罗清泉
二〇一〇年三月十七日

（资料来源：人民网）

　　就舆情引导和应对工作而言，采用发公开信的方式主要是澄清、道歉类和倡导、公开回应类。例如 2008 年南方雨雪冰冻灾害期间，通至湖南、湖北、安徽、江西、贵州等方向的公路交通基本中断，铁路、民航运输也受到严重影响。南通相关部门采取了许多措施，抢运了 60 多万名旅客离开南通，但仍然有上千名旅客滞留在南通汽车站和火车站。为此，南通市政府通过媒体向在南通务工的朋友发布公开信，希望他们留在南通过年。

　　一封好的公开信，在舆情引导和宣传中会产生良好的反响，消除不利影响，引导舆情走向，促进人们积极参与讨论和问题处理，树立良好的社会风气，推动工作开展和活动顺利进行。在采用发公开信引导舆情的时候，一定要做到诚心诚意、实事求是，信件内容必须是真实的，否则一旦被公众和网民发现公开信有虚假内容，将会彻底失信于人。

　　公开信一般包括标题、称谓、正文、结尾、署名，其具体写法与一般书信并无太大差异，在此不一一论述。

案例分析：北京市老外撞人事件

案例简介与案例背景

　　2013 年 12 月 2 日上午 10 时 30 分许，在北京朝阳区香河园路与左家庄东街路口，一名东北口音女子在经过一个骑车老外旁边时突然摔倒，随即瘫软倒地不起。外国小伙急忙下车搀扶女子，却被女子一把

131

揪住，自称被老外撞倒，腿部受伤无法行走，需要该老外负责。外国小伙大惊失色，却被女子死死拖住。（国际在线，2013年12月3日）

"老外街头扶摔倒大妈遭讹1800元"，近日，网上一组图片引起广泛关注。而据《新京报》记者调查，此组图片所表述内容与事实有所出入，该大妈的确被老外撞倒。目击者称，老外驾驶无牌摩托车撞人后，用中文辱骂被撞者。另据目击者提供的一段现场视频显示，老外不断用流利的中文骂人，还说"你骗人，你看我是外国人想讹我钱"等。（《新京报》，2013年12月3日）

一时舆论四起，媒体纷纷跟进，网友评论众说纷纭。许多网友在网上谩骂攻击李女士，李女士的手机也被打爆，几天来睡不好觉，吃不下饭，休息不好，事件对其心理造成了严重影响，精神遭受了严重损害（见图6-1）。

图6-1　北京老外撞人事件现场

（资料来源：北京"老外遭讹"的真相挖掘与反思）

正当网友铺天盖地地谴责这位"不怀好意"的大妈和同情这位"被讹"的老外之时，事情却发生了一百八十度大拐弯：首先是《新京报》记者证实，老外当时骑的是"无牌摩托车"，车上还坐着一位女子，交涉中老外更是"京骂"不断。而当事女子李大妈也声称小伙子是冲红灯后再碰到她，她"并非故意碰瓷"，而且自己心脏不好，后来被送往医院检查诊治，"外国小伙赔付的1800元主要是急救车费用和医药费"。接着 @ 央视新闻等媒体接连曝光了事发现场围观者所拍的录像和交警部门的监控视频，都和《新京报》的调查情况基本吻合。最后，北京市公安局更通过官方微博 @ 北京平安在 12 月 3 日晚通报了事件的调查结果：外籍男子"无证驾驶""所驾驶摩托车无牌照"，在人行横道内将中年女子撞倒。警方当日依法暂扣了肇事摩托车，"其交通违法行为将依法处罚"。①

　　事情真相明晰后，民意发生了急转，网友从最初的"骂大妈"到最后的"挺大妈"，得益于有关部门的及时调查介入、有事发时视频的曝光。有评论指出：即便在"有图"之时，也未必有真相，而在真相未明之时，结论不宜先行。

　　最初发布图文报道的记者，随即发布了公开信进行道歉，公开信的全文内容如下：

尊敬的李阿姨、各位网友以及此次事件中受到伤害的所有朋友：

　　我深表歉意！

　　随着事态的发展，我认识到我错了，我想对你们说一句迟到的对不起。

　　首先，在此事的报道上，我使用了不严谨且不翔实、有倾向性且夸张的描述，导致了一场网络风波，致使李阿姨被冤枉、网友误读、部分媒体误报。虽然我并不是故意炮制新闻以博眼球，但是我给你们带来的伤害，确是实实在在的。我对整件事件承担责任。

　　其次，此事是我的个人行为。我轻率且不负责任的报道，造成了对新闻公信力的极大损害。

　　李阿姨，实在抱歉，让您身体遭受痛苦的同时，心灵还饱受煎熬。侵犯了您的名誉，污蔑了您的人格，但您的宽容与大度，令我羞愧万分。再次向李阿姨表示歉意，对不起！请求您的原谅。我愿意接受您的任何责罚，并愿承担一切责任。

　　各位网友，实在抱歉，让你们的善良和同情被愚弄，我真的错了。

知错了的当事摄影师

（资料来源：王梅、王莉霞 . 图片拍摄者发公开信道歉 [N]. 京华时报，2013-12-05 ）

---

① 陈泽然 . 北京"老外遭讹"的真相挖掘与反思［N］. 凯迪数据研究中心，2013-12-04，参见：http://www.kcis.cn/5042

案例评析

记者以发布公开信的形式向事件受害者正式道歉，以正视听，对扭转网络舆论方向和观点起到了一定的作用。上述事件引发波澜壮阔的网络舆情，与近年来彭宇案、许云鹤案、达州老太案等事件反映出来的"扶还是不扶"的问题有一定关系。案例警示我们：真相未明，请勿结果先行；在自媒体①时代，不要滥用自己的自由权力，自媒体的自主性应以不损害他人的权益为前提。

舆情引导提示

对于重大舆情、重大事实错误、众多人质疑的问题或带有共性的问题等，都可以采用发公开信的形式，进行舆情引导，或澄清事实、或公开道歉、或回应质疑。

3. 发布公（通）告

公告，是指党政机关或其他社会组织对重大事件当众正式公布或者公开宣告、宣布。2012 年 7 月 1 日起施行的《党政机关公文处理工作条例》对公告的使用范围明确为："适用于向国内外宣布重要事项或者法定事项。"其中包含两方面的内容：一是向国内外宣布重要事项，公布依据政策、法令采取的重大行动等；二是向国内外宣布法定事项，公布依据法律规定告知国内外的有关重要规定和重大行动等。

公告具有发文权力的限制性、发布范围的广泛性、内容和传播方式的新闻性等特点，是一种重要的行政公文，发文机关级别一般都比较高。公告主要包括重要事项公告、法定事项公告、专业性公告，舆情引导和应对工作主要涉及重要事项公告。公告通常以国家机关名义发布。公告一般不用红头文件的方式传播，而是在报刊上公开刊登。

---

① 自媒体，也称个人媒体或公民媒体，美国新闻学会的媒体中心于 2003 年 7 月出版了由谢因波曼与克里斯威理斯两位联合提出的"We Media（自媒体）"研究报告，里面对"We Media（自媒体）"下了一个十分严谨的定义："We Media 是普通大众经由数字科技强化、与全球知识体系相连之后，一种开始理解普通大众如何提供与分享他们本身的事实、他们本身的新闻的途径。"（周丹. 调查性报道：纸媒在新媒介环境中的起航之帆 [J] . 人民网，2012-06-19.）如博客、播客、微博、微信、论坛、BBS（电子布告栏系统）、Group Message（手机群发）等。自媒体具有私人化、平民化、普泛化、自主化的特点，人人都有麦克风，人人都是记者，人人都是新闻传播者。

通告是党政机关或其他社会组织在一定范围内公布应当遵守或周知的事项时使用的公文。通告主要用于有关单位开展业务工作需要。《党政机关公文处理工作条例》对通告使用范围明确为:“适用于在一定范围内公布应当遵守或者周知的事项。”其发文主体可以是各级各类国家机关,也可以是社会团体、企事业单位或其他社会组织,其发文主体和内容都具有相当的广泛性,水电、交通、金融、公安、税务、海关等专业性部门使用较多。通告可通过报刊、广播、电视公布,也可以张贴和发文,使公告内容广为人知。

公(通)告作为一种公文,一般都包括标题、正文、结尾三部分,具体写法在此不作论。通告范文如图 6–2 所示。

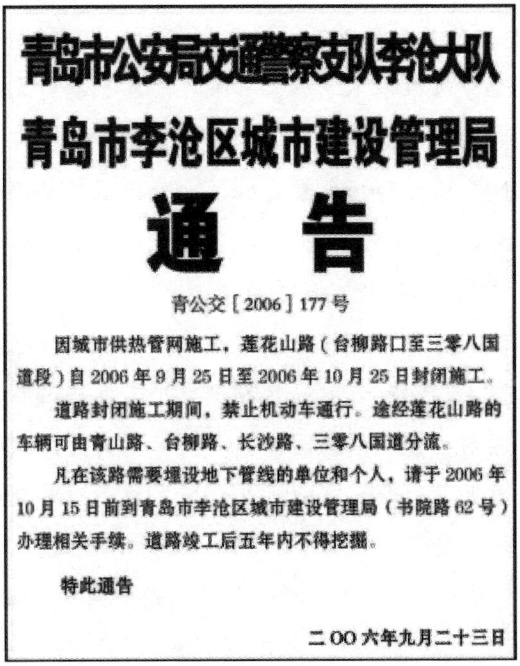

青岛市公安局交通警察支队李沧大队
青岛市李沧区城市建设管理局
通 告

青公交[2006]177号

因城市供热管网施工,莲花山路(台柳路口至三零八国道段)自2006年9月25日至2006年10月25日封闭施工。

道路封闭施工期间,禁止机动车通行。途经莲花山路的车辆可由青山路、台柳路、长沙路、三零八国道分流。

凡在该路需要埋设地下管线的单位和个人,请于2006年10月15日前到青岛市李沧区城市建设管理局(书院路62号)办理相关手续。道路竣工后五年内不得挖掘。

特此通告

二OO六年九月二十三日

图 6–2 通告范例

(资料来源:青岛日报 [N]. 2006–09–23)

从舆情引导工作来说,无论采取何种方式或手段,只要将重要信息传达、告知于公众就属于这种舆情引导方式。现代社会发布公告于众的信息要通过多种方式,包括网络、手机、电视、广播、街道显示屏、公交地铁的移动电视,传统媒体报纸、乡村喇叭等多种手段和渠道。在日常生活中,我们经常能看到某些小区、社区、建筑工地张贴出来的公告，严格来说，这是一种不严谨的用法，使用通告更为合理。

对于舆情引导和应对来说，发布公（通）告适用于以下情况：重大危险源、极端天气、自然灾害、恐怖袭击事件、群体性事件、辨明是非等情况。

案例分析：7·21 特大暴雨洪涝灾害预警信息发布

2012 年 7 月 21 日北京遭遇了 61 年来最强暴雨，据统计，北京全市平均降雨量 170 毫米，城区平均降雨量 215 毫米。7·21 特大暴雨洪涝灾害导致 77 人遇难，造成经济损失 116.4 亿元。北京市气象局和国土资源局从早上 9 时 30 分开始，一天连发 5 次预警。市气象局于 7 月 21 日下午发布了第 5 次预警信息——暴雨橙色预警信号，可是普通市民对暴雨预警分级根本不了解，如果在发布预警信息的时候，同时告知市民该级别的暴雨应该怎么做，应该注意什么，可能伤亡会小一些。我们知道这次伤亡和损失最大的是地处山区的房山和门头沟，如果发布预警信息的时候，同时提醒山区居民应注意什么、山区基层政府应做些什么，可能结果会不一样。

我国的暴雨灾害每年都在发生，北京的这次洪灾也不算是国内的第一例了，但是我们没有吸取经验教训。2010 年 5 月 6 日深夜重庆垫江县的特大暴雨前，县气象局同样将"预计今天晚上到明天白天，我县将有一次雷雨天气过程，雷雨时局部地区伴有短时大风、冰雹等强对流天气。"的预警信息发送至县级部门的相关官员、学校、乡镇干部、村里的信息员等约 700 人，被媒体认为是"简单、粗糙，不足以引起任何人警觉"，最后暴雨导致全县 20 人死亡。[①]

2014 年 3 月 30 日，广东茂名部分市民游行反对芳烃项目，政府便立即发布了告全体市民书，引导市民通过合法、平和、理性的方式表达，就属于这种舆情引导方式，通告如下：

---

① 何海宁，等.重庆暴雨灾害反思：简单预警短信被相关部门忽视［N］.南方周末，2010-05-13

茂名市人民政府告全体市民书

亲爱的市民朋友：

2014 年 3 月 30 日，市区少数市民未按照《中华人民共和国集会游行示威法》的规定，未向主管机关提出申请并获得许可，就针对拟启动的芳烃项目举行集会游行示威，属严重违法行为，严重影响了社会秩序，市政府坚决反对这种违反《中华人民共和国集会游行示威法》等法律法规的行为。针对广大市民表达的意见和诉求，市政府在项目论证的过程中，一定会落实群众的知情权、参与权，如实向国家有关部委和专家反映情况，切实做到项目建设实事求是、依法依规。茂名人关心茂名这座城市，说明我们的城市发展大有希望。

近年来，茂名市委、市政府凝心聚力，真抓实干，"建深水大港，兴现代产业，造滨海新城"，已初步形成良好的经济社会发展态势。广大市民一定要相信科学，相信政府，不要让不法分子乘机制造混乱，破坏难得的和谐稳定发展环境。希望大家主动学习芳烃科学知识，了解芳烃项目真实情况，坚决做到"不造谣，不信谣，不传谣"，自觉抵制各种非法行为。同时，市政府热忱欢迎社会各界通过正当渠道表达对项目的关切，通过正当渠道反映项目情况。茂名的发展特别需要凝聚社会各界智慧，但一定要通过合法、平和、理性的方式表达，做遵纪守法的文明好市民。

我们坚信，只要我们能保持今天发展的好势头，茂名的明天一定会更美好。

茂名市人民政府

2014 年 3 月 30 日

（资料来源：茂名新闻网，2014-03-31）

舆情引导提示

对于重大危险源、极端天气、自然灾害、恐怖袭击事件等情况，可以采用发布公告的形式进行舆情引导，发布预警信息应尽量做到全覆盖，同时让公众知晓潜在风险、了解注意事项。

4.信息疏导

信息疏导是指发生突发事件或其他危机状态下，有关部门公开信息，告知相关人员真相，减少猜忌、谣言和小道消息的舆情引导方式。信息疏导既包括突发事件现场的信息疏导，也包括网络信息的疏导。

在网络时代和信息社会，人们足不出户便知天下事，人们也能随意地在网上发表自己对社会热点问题的意见，对各种事件和消息进行转载、评论，享有极大的言论自由。同时各种空穴来风的消息也比比皆是，吸引人们的眼球，造谣者不胜枚举。一些公众敏感的事情一经报道便会引起各种猜测，或煽风点火、或地域攻击、或挑动民族情绪等，很多没有依据的事情往往被描述得绘声绘色。如果不对相关信息进行正确的引导，放任自流，可能造成严重的后果。所以做好各种舆情的监测和信息疏导工作显得很重要，及时疏导民众的情绪，引导舆论导向，让人们的情绪得到宣泄的同时还能促进社会健康、和谐地发展，就是舆情工作的重要意义所在。

对于舆情引导和应对来说，信息疏导适用于以下情况：谣言、误会、辨明是非、有不法分子煽动等情况。

案例分析：砍人谣言引发的大逃亡

2014 年 3 月 1 日 21 时 20 分左右，在中华人民共和国云南省昆明市昆明火车站发生一起由新疆分裂势力组织策划的严重暴力恐怖案，8 名统一着装的暴徒蒙面持刀在昆明火车站广场、售票厅等处砍杀群众。事件导致 29 人遇难，143 人受伤，其中重伤 73 人，轻伤 70 人。因为这次暴力恐怖案，一时间，"砍人"二字成为令人们惊魂的字眼。

2014 年 3 月 14 日上午，长沙市五家岭街道办事处辖区内发生一起伤人事件，事件中有人当街砍杀市民，事件导致 6 人死亡。事后查明，事件系因两人口角而引发，其中一人被对方砍死。行凶者在逃跑过程中砍伤四名无辜群众，其中两人被当场砍伤致死，另两名受伤者送医院抢救无效死亡。

2014 年 3 月 14 日 16 时 14 分，锦江区上东大街某商场部分员工因误信火灾险情纷纷涌出商场奔逃。同时，网络上不法分子刻意编造不实信息，制造恐怖气氛，加剧了事态升温，进而引发商场周边不明真相的群众以讹传讹，恐慌情绪蔓延，并迅速波及到春熙路商圈，引起街面秩序混乱，造成社会恶劣影响。事后查明，系不法分子编造有人持刀砍人谣言，现场相互传谣，进而引发人们疯狂逃散。[①]

2014年3月15日上午8时30分许，广州天河区沙河大街发生一起大量人群逃散事件，警方到场处理调查后发现，该事件是由一名被抓小偷造谣"有人砍人"所引发。经处置后，当天上午10时许现场已恢复正常秩序。事发地广州沙河服装批发市场商圈是广州第二大服装批发商圈，主要经营中低档服装，这里汇聚了大批商户，人员十分密集。

上午8时30分许，在广州沙河大街某服装城的保安员抓获一名小偷，该小偷突然大喊一句："有人砍人！"引起周边群众向四周跑散。事发当时大批人员跟着向外跑出，随后聚集到大街上，很多商铺都来不及关门，但警方很快就到场处理，事件中没有人员伤亡。

亲历此次事件的人回忆说，当时有人说大楼起火了，也有人说发生砍人事件，但并没看到火，倒是发现有很多鞋子、提包等货物散乱摆上在地上没人管，整个沙河大街人山人海，后面越来越多的人涌过来，很多人大喊大叫。[②]

案例评析

上述情况是谣言引发的社会舆情。案例中，人们恐慌逃散，部分原因在于3·1云南昆明火车站暴力恐怖案件导致人们对相关事件比较敏感、恐慌。从舆情引导工作角度来说，面对谣言，无论是社会谣言还是网络谣言，舆情工作部门都应及时公开信息，公开事实真相，将信息的管道疏通、畅通。同时，公众也要做负责任的公民，不轻信谣传，不传谣，以维护社会公共秩序。

舆情引导提示

对于案例中的社会舆情，因为聚集的人群人员众多，现场场面难以控制，人们恐慌逃散极易引发踩踏事件，导致人员大量伤亡。我们认为正确的信息疏导方式是：现场民警、保安或其他管理人员，应第一时间在事件第一现场，利用高音喇叭或其他扩音设备向现场人员喊话，告知现场人员真相，呼吁、引导人们不要

---

① 成都警方：春熙路未发生任何危害公共安全案件［N］.四川在线.2014-03-14
② 程景伟.广州发生一起大量人群逃散事件 系小偷造谣所致［N］.中国新闻网，2014-03-15

恐慌、不要逃散、不要拥挤。

5.公开事实

公开事实是指发生突发事件或在其他危机状态下，有关部门及时主动地公开事实真相，包括事件的时间、地点、人物、影响、危害、应急处置措施等基本情况予以公开，以全景式、立体化的方式呈现事实，以消除公众疑虑、谣言和不实信息。前述甘肃环县派出所未及时出警事件的处置，从舆情引导来说，就是公开事实的典型案例。

突发事件的处置、危机的应对与管理，既要重视现场处置，也要重视舆情引导。在及时、准确地做好事件、危机现场处置工作的同时，高度重视舆情引导工作，及时发布权威信息，公开事实真相，凡是可以向社会公开的信息都要及时公开，这是满足群众知情权，自觉接受社会、媒体监督的基本要求。

对于舆情引导和应对来说，公开事实适用于以下情况：突发事件、谣言、城市公共危机、治安事件或刑事案件等情况。

案例分析：兰州自来水苯超标事件

案情：事件概况 ①

苯是一种无色透明的液体，有毒，对神经系统、造血系统有损害，是一种致癌物，长期接触苯可引起白血病等病症。

2014年4月11日，兰州市城区唯一的供水企业——兰州威立雅水务集团公司出厂水及自流沟水样被检测出苯含量严重超标。当地政府称在24小时内自来水不宜饮用。针对污染源的排查尚在进行当中，当地已经明确黄河水未受污染。

4月10日17时至11日凌晨2时，兰州市威立雅水务集团检测出其出厂水苯含量高达118微克/升至200微克/升，远超出国家限制的10微克/升。受其影响，兰州采取全城减压供水，市区24小时内自来水不宜饮用。

兰州市民出现抢水潮，一箱矿泉水价格涨到了百元，并开始断货，不少市民甚至驱车到周边城市去买水（见图6-3）。

---

① 李丹丹.兰州发现自来水苯超标18小时后才公布信息［N］.新京报，2014-04-12

图 6-3　市民抢购矿泉水

（资料来源：截图自中国新闻网）

市民质疑：为何 18 小时后才公布超标

4 月 11 日上午 11 时，新华网报道指出，10 日 17 时即有苯超标现象。如此算起，从检测出厂水苯含量超标到公众知悉，间隔超过了 18 小时。不少市民质疑，既然水务集团与政府部门早已知悉自来水苯超标事件，缘何未第一时间发布信息，告知民众？据人民网报道，4 月 11 日下午，记者在兰州威立雅水务集团采访时，该公司一位相关负责人说，检测到苯超标后核查需要一定的时间，上报也需要一定的时间。在上报的同时，媒体对此事故进行了报道。"即使媒体不报道，我们也会及时将相关数据予以公布。"这位负责人说（见图 6-4）。[①]

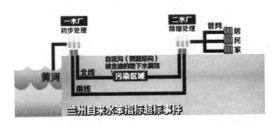

图 6-4　图解兰州自来水苯超标事件

（资料来源：截图自腾讯网）

---

① 李丹丹 . 兰州发现自来水苯超标 18 小时后才公布信息 [N] . 新京报，2014-04-12

媒体质疑：沉默的 18 小时 [①]

媒体报道为"沉默的 18 小时"，4 月 10 日 17 时，威立雅出厂水苯含量高达 118 微克／升。发现水异常后，该公司又连续 3 次对水质进行了检测，每次间隔两个多小时。到 11 日凌晨 5 时，经过先后 4 次水质检测，威立雅公司才最终确认 4 号自流沟第二水厂入水口及第二水厂出水口自来水苯含量严重超标，并报告兰州市政府。

"我们是十分慎重的，可以负责任地说，不存在拖沓低效的问题。苯的检测较为复杂，花费的时间要长一点。"接受中国青年报记者采访时，兰州威立雅水务集团宣传部长田华强说。

11 日早晨 8 时，官方的通稿称，兰州市委书记虞海燕出现在了威立雅集团。3 小时后，11 日 11 时，自来水厂控制阀开启，4 号自流沟的水被切断，不再供水。

在回应记者为什么不第一时间停水的质疑时，田华强解释说："不能一发现有问题，就关水，必须确定污染源性质。"

11 日 12 时，新华社正式向全社会公布了这一消息。按照官方说法，从威立雅水务集团第二水厂出水口到市区最东边的城关区东岗镇自来水运行需要 8.5 小时，这意味着，苯超标的自来水此时已经进入了兰州市的千家万户。换言之，此时，对水污染毫不知情的兰州市民已经饮用了苯含量超标的自来水。

从时间上可以推算，从 10 日 17 时发现自来水苯含量严重超标，到 11 日 11 时切断污染水来源，长达 18 小时。再到此次水污染经媒体公开报道，到兰州市民获悉水质严重污染，且不能饮用，时间已经过去了整整 18 小时。为什么在长达 18 小时的时间里，水厂迟迟没有关停苯含量超标的自来水？"我们（威立雅集团）没有停水的权力。停水涉及全市生产生活，作为供水企业的威立雅集团并没有权力做出停水决定，只能向主管部门汇报，由市政府决定。"面对记者的质疑，田华强再三解释说。

---

① 张鹏，马富春．兰州自来水苯超标的真相是什么［N］．中国青年报，2014-04-13

事件原因：系石化管道泄漏所致 [①]

4月12日，记者从兰州有关部门在西固区政府召开的电视电话会议上了解到，造成自来水苯超标的原因已经查明，系中国石油天然气公司兰州石化分公司一条管道发生原油泄漏、污染了供水企业的自流沟所致。

会上，兰州市委市政府主要负责人、相关区县及环保部门负责人介绍了此次自来水苯超标事件的最新进展情况。兰州市环保局局长闫子江说，兰州石化一条管道发生泄漏，污染了自流沟的4号线，导致苯超标。他在会后接受记者采访时表示，从挖掘出的泥土中发现了泄漏的原油，目前尚未挖到泄漏的管线，不过泄漏点已经确认，施工人员仍在进行挖掘作业。

案例评析

检测到苯超标后核查需要一定的时间，但"自来水不宜饮用"已成为事实，是否可以发布预警信息——自来水不宜饮用？是否可以公开"检测到苯超标"的事实？核查确定苯超标后，在上报政府的时候，是否可以同时公开"检测到苯超标"的事实，并发布自来水不宜饮用的信息？也许上述问题并不能简单地回答，但是在事关人的生命健康问题的时候，我们在舆情引导、信息公开方面是否可以做得更完善，是否有需要改进的地方，是值得深思的。

我们无意去质疑为何18小时后才公布苯超标，但是水务集团公司或政府部门在效率方面是可以更加高效的，我们难以想象，如果是更具危险性的重大突发事件，这样的迟疑是否会导致更大的伤亡。公开事实并不是公开事件的原因，突发事件的原因本身是很复杂的，短时间内也难以查明，但对突发事件现场的事实做"镜像式"的公开，我们认为是可以的。本案例中的事件原因，也是在两天后才最终确定的。

舆情引导提示

当供水、供电、供气、供暖、公共交通等城市生命线遭到破坏，危及人们生命、财产安全的时候，应及时公开事件或危机的事实（非原因），让人们及时做

---

① 王衡，白丽萍.兰州自来水苯超标原因查明 系石化管道泄漏所致［N］.新华网，2014-04-12

好防范工作，否则可能引发谣言或社会恐慌，也可能引发新的突发事件，如案例中引发市民抢购水，便可能引发群体事件或踩踏事件。

6.解释澄清

解释澄清是指与舆情相关的部门或个人及时主动地解释事件原因，澄清事实真相或谣言，以正视听，从而有效引导舆情。

前述北京市老外撞人事件，最初发布图文报道的记者，通过发布公开信进行道歉，同时也及时澄清了事实真相，扭转了舆情向错误的方向恶化，能有效减少对当事者——李阿姨的伤害。

从舆情引导和应对的角度来说，解释澄清适用于以下情况：谣言、误导、误会、虚假消息、真相被扭曲等。

解释澄清可以通过多种方式，如通过电视、广播、报纸、相关网站、微博、博客进行澄清，公开事实真相，也可以通过委托机构或代理律师通过某些主流媒体加以澄清。

案例分析：网络大 V 制造谣言不仅需要追究法律责任还需要澄清事实

据央视报道，网络红人秦志晖（网名"秦火火"）因诽谤罪、寻衅滋事罪，于 2014 年 4 月 17 日在北京市朝阳区人民法院依法被做出一审判决：以诽谤罪判处秦志晖有期徒刑 2 年，以寻衅滋事罪判处有期徒刑 1 年 6 个月，决定执行有期徒刑 3 年。他是自 2013 年最高人民法院、最高检察院出台相关司法解释以来，首个获罪的网络造谣者。

"秦火火"近年来制造了以下主要的谣言：

（1）铁道部天价赔偿外籍旅客

2011 年温州动车事故后，"秦火火"发布微博称：铁路交通事故后，意大利籍乘客获赔 3000 万欧元，将开创中国对外个人意外最高赔偿纪录。

"我看到微博上有这个相关的内容，数额是 2000 万欧元，我觉得 3000 万欧元更顺口，就把 2000 万欧元改成 3000 万欧元。""秦火火"在庭审现场说。

（2）罗援"当逃兵""家人供职国际大公司"

2013 年 2 月，"秦火火"发微博称：罗援将军，又一个严肃问题了，您 1977 年底还在云南边境，当时官至作战参谋，1978 年底调回京。结果在 1979 年春天，中越战争爆发，无数子弟兵由云南、广西边境入越。第一，请问你为何会在中越战争爆发前调回北京？第二，请问中越战争时，无数战士浴血奋战，你又在哪里？难道你的命就比普通子弟兵金贵？

"秦火火"还发微博造谣称，罗家老大罗抗和老四罗振两个兄弟分别在德国和美国公司任高层等。

（3）张海迪、杨澜拥有外国国籍

在微博中，"秦火火"捏造说：曾经的一代偶像张海迪，请你回答以下这几个问题：你的妹妹张海燕现在为何更名叫张挪威？亿万富翁、山东瑞森建筑工程有限公司董事长张挪威，现在还是中国国籍吗？山东瑞森建筑工程有限公司是否承接过残联的工程项目？请用事实证明你们不是白眼狼，我们不想当年的爱心结果养了一头白眼狼。

著名主持人杨澜也被"秦火火"造谣拥有外国国籍及绿卡、使用武警牌照、代言"达芬奇家具""诈捐"等。

"秦火火"承认，2011 年以来，他制造并传播的谣言达 3000 余条。"秦火火"还和某些网络"大 V"达成了协议，互相帮转微博，还有人会提示他要关注什么。

（资料来源：刘林，黄浩铭 . 中国网事：那些"谣翻中国"的"作品"——"秦火火"事件回顾［N］. 新华网，2014-04-11，参见：http://news.xinhuanet.com/politics/2014-04/11/c_126383230.htm）

案例评析

造谣说中国高额赔偿外籍乘客，可能会使公众形成一种错误印象：政府更重视外籍乘客或外籍乘客的生命，政府不平等地对待外籍乘客和国人，政府标准不一。该谣言容易引发公众的质疑和讨论：难道国人的命更贱？从舆情引导的角度来说，当时的铁道部门及事故处理单位相关部门应及时站出来，澄清事实，化解公众质疑。

造谣中伤罗援将军，歪曲事实，对相关人员名誉造成了极大伤害，受中伤的人及其家属可以及时站出来，澄清事实，或者使用法律武器捍卫自己的权利。

关于中伤张海迪、杨澜的谣言，作为知名人物，应及时站出来加以澄清。关于一代偶像张海迪的谣言极有可能动摇人们的信仰和价值观，因此，我们认为宣传部门甚至是央视等主流媒体都应及时予以澄清。关于杨澜"诈捐"的谣言，可能伤害人们的慈善之心和善举，红十字会等相关非政府组织也可以及时予以澄清。

舆情引导提示

形象损毁容易，重塑难，面对谣言、误导、误会，相关个人或部门应及时在报纸、电视、网络等主流媒体澄清。同时，案例也警示公众尤其是网民应擦亮双眼，明辨谣言，明辨是非，勿随意偏听偏信。

7.公布案情

公布案情是指及时、动态地公布案件查处情况，案件调查、侦查进展情况等。公布案情并不是公布突发事件或案件的原因，更不是对事件或案件定性、下结论。这是舆情引导工作应极为谨慎的事项，也应引起舆情工作者的高度重视。简单、草率地对事件或案件下结论，极易引发新的舆情，使事件处置和舆情引导工作处于被动境地。如成都市公交车燃烧事件、云南巧家县爆炸案等都应及时公布案件查处情况。为了做好舆情引导工作，及时公布案件查处情况和进展是极为重要的，因为案情太复杂，一时是难以查清的，所以并不是要求立即公布事件原因或做定性的结论。南京市中级人民法院明确规定，对公众和网民反映的情况，在查明情况后要迅速给予回应。

从舆情引导的角度来说，及时公布案件查处情况适用于以下情况：重大伤亡或经济损失事件、社会治安事件或群体事件、重大刑事案件、重大食品安全事故、冤假错案、备受关注的悬案（如朱令铊中毒事件）等。

法院、检察院、公安机关等司法机关是涉及突发事件和案件查处工作较多的权力机关，也是涉及相关舆情较多的机关，应重点做好这方面的舆情引导工作。如果是反应有关政府部门的报道、帖文或舆情，相关部门应立即开展调查，在查明情况后将查实情况及处理结果在网上公布，回应网民。公布案情可以通过报纸、电视、网络予以公布，甚至可以将有关情况以书面形式亲自送达对事件或案情极为关注的公众或网民手中。

案例分析：王本余"强奸杀人"案

服刑 18 年，真凶落网出狱

一条回家路，四川遂宁男子王本余却走了 18 年，2013 年 7 月，当王本余 18 年后再次踏上故乡的土地时，家乡变了、房子破了、亲人老了，家门口那棵大树也更壮了，一切都让王本余觉得陌生……

1996 年 11 月，42 岁的王本余因强奸杀人罪被判处死缓。这一蹲就是 18 年。如果不是北京警方 2012 年将真凶李彦明抓获，王本余不知道还要蹲多久。

远离社会，难以适应生活

王本余出狱后，在妹妹王秀兰家住了三个月，他觉得自己要开始新生活，便搬出来自己住。

现在的王本余，手机不会用、电视不会开、经常忘记关灯、用不了热水器、出门就找不到家……王秀兰说："大哥已经完全和社会脱节了，我刚刚教给他使用方法，他转身就（能）忘了。"目前，王本余在遂宁市区租了房子，努力学习各种新的生活知识，适应生活。

案情回顾

1991 年，王本余离开家乡，先后到河北和内蒙古打工。

1994 年 12 月 15 日，在打工途中认识的朋友李彦明告诉王本余：自己杀了个小女孩，不要报案，否则下场和那个小女孩一样。当晚 9 时许，王本余蹬三轮车带着李彦明到离出租屋 10 多里外的地方抛尸。

12 月 16 日晚，因有强奸杀人嫌疑，王本余被包头市公安局东河分局民警带走。而李彦明于当日清晨逃逸。在随后的审讯中，因为刑讯逼供，王本余认罪。

1996 年 11 月，42 岁的王本余因强奸杀人罪被判处死缓。

1997 年 8 月 1 日，王本余被安排到内蒙古第五监狱服刑。

2012 年，真凶李彦明被北京警方抓获。

2013 年 7 月，内蒙古自治区高级人民法院改判王本余强奸杀人罪名不成立。随后因有包庇李彦明的情节，王本余被包头市中级人民法院以包庇罪判处有期徒刑 3 年。内蒙古自治区高级人民法院和包头市中级人民法院及时启动国家赔偿程序，王本余获得 150 万元赔偿金。

（资料来源：李春雨.遂宁男子"强奸杀人"被判死缓 服刑 18 年后真凶落网 获赔 150 万〔N〕.四川新闻网，2014-04-16）

案例评析

近年来，各地屡次爆出类似的冤假错案，引发网民、公众的广泛关注。尽管最后案件得到了公正的判决，18 年足可以造就一个人，也可以毁掉一个人的一生，用 18 年时间来洗刷一个人的冤情，似乎时间太长了，这是司法机关在案件查处中应深刻反思和吸取教训的。

舆情引导提示

只要不涉及国家秘密、商业秘密和个人隐私，对于重大突发事件的应对和处置，应及时公布相关案情和责任人的查处情况和进展，以满足公众（尤其是受事件伤害者）的知情权。2014 年 4 月 16 日上午韩国客轮沉没事件，韩国媒体不仅公布现场救援的各种画面，还公布了警方对事件的调查进展，如船长弃船逃跑，面临被判无期徒刑的情况。

对治安事件、刑事案件的查处和侦查，尤其是冤假错案，相关部门应通过主流媒体公布案情，可以还当事人以清白，同时还应依据国家赔偿法，及时赔付当事人。

8. 承认错误

承认错误是指在处理突发事件进程中，在面对媒体、公众的时候，或在网络上，有关部门或个人，出现了明显错误的言行，或者某些言行对其他组织或个人造成了伤害，相关部门或个人及时公开承认错误的做法。

关于人犯错误的问题，很多名人都有过很精辟的论述，西塞罗曾说：每个人都有错，但只有愚者才会执迷不悟。周恩来曾经说过：有错误要逢人便讲，既可取得同志的监督帮助，又可以给同志们以借鉴。错误是不可避免的，但是不要重复错误。

每个人都会有错误的时候，避免犯错是种能力，承认错误却是种智慧。因此，从舆情引导的角度来说，如果我们在媒体或公众面前出现了错误的言行，或者被认为不合适的言行，应及时地承认错误。而不要寻找借口、托词，或者进行辩解，否则会被认为是不负责任、推卸责任，或者被媒体或公众抓住"小辫子"不放。遇到这种情况应说：对不起，这是我（们）的错，应该由我（们）承担责任，向受到伤害的人表示歉意。

拒绝承认错误，既是欺骗自己，也是欺骗别人。错误可以原谅，但掩盖错误而说谎就不能原谅。拒绝承认错误也意味着拒绝改正错误，也很难避免再犯类似的错误。同时，为了掩盖一个错误，往往还需要犯一连串更多的错误。敢于和及时承认错误也是日常工作中一种好的做法。

作为舆情引导的一种方法，承认错误可以在新闻发布会上由相关人员公开承认错误、道歉，也可以在网络、微博、报纸、电视等媒体上发布公开致歉信，还可以直接登门向受到伤害的人当面道歉、承认错误，求得相关人员的谅解。如果造成实质性损失的，还应及时予以赔偿。前文北京市老外撞人事件中，最初发布图文报道的记者以公开信的形式进行道歉就属于这种做法。在突发事件处置中或舆情引导中，当媒体质疑我们不应该微笑，不应该用某种方式说话的时候，先承认错误，真诚地道歉，是一种值得赞赏的做法，并无大碍。

从舆情引导的角度来说承认错误适用于以下情况：过失或过错，错误或不当言行、失误等。

案例分析：云南省巧家县爆炸案应对处置中的有关言论

（1）事件概况

2012 年 5 月 10 日上午 9 时许，云南巧家县白鹤滩镇花桥社区便民服务大厅发生一起爆炸案件，导致 4 人死亡、16 人受伤。2012 年 8 月 7 日，云南省昭通市公安局通报，经过近 3 个月深入侦查，巧家爆炸案成功告破，涉案犯罪嫌疑人邓德勇、宋朝玉因涉嫌爆炸罪已被依法逮捕。两名犯罪嫌疑人均系案发当地村民，二人对策划实施爆炸案的犯罪事实供认不讳（见图 6-5）。

图6-5　云南省巧家县爆炸案发现场视频截图

（资料来源：人民网）

（2）政府应急处置

巧家县委、县政府及时成立了由县委副书记、县长丁开路任组长，县委常委、县委政法委书记张嗣斌任常务副组长，县委常委、常务副县长王朝德，县委常委、县委宣传部部长陆卫华，副县长文启聪、吴顺义、杨朝邦任副组长的"5·10"事件处置领导组，并下设事件侦破组、综治维稳组、伤员救治组、善后处理组、新闻工作组、应急处置组和后勤保障组七个工作组具体负责相关工作。

巧家县委书记方宗辉迅速做出指示：一是要全力救治伤员；二是要全力维护好事发现场秩序；三是要全力做好善后工作；四是要全力排查其他不安全隐患；五是要全力追查犯罪嫌疑人；六是要全力侦破案件；七是要及时、客观地向社会公布案件情况。

（3）媒体与舆情应对进程

5月10日下午：当地通报称，爆炸发生在花桥社区便民服务大厅，导致3死14伤。重伤员4人已在送往昆明抢救途中，其余轻伤员在巧家县人民医院治疗。相关部门正全力开展案件侦破工作，死伤者的家属情绪稳定，社会秩序稳定。

5月10日21时许：通报称，事故造成4死16伤。新增3名伤员为回家后感觉不适再到医院治疗，有1人是在送往昆医附一院途中死亡。3名死者身份已确认，名单为：冉祎、唐天荣、国土局干部胡宗玉，另一死者身份尚待确认。事发现场村民正在签征地补偿协议，征地是由国土部门依法进行，用于城市建设规划。

　　5月11日9时：通报称，爆炸案系赵登用所为，其在实施爆炸时当场死亡，家离县城140多公里。当晚发消息称：经有关方面同意，当晚9时30分许，在县公安局查看了爆炸现场监控录像。据介绍，案发现场大院装有6个监控摄像头。录像显示，10日8时59分18秒，一个身背黑色双肩包、形迹明显异于其他村民的青年男子进入监控视野，在花桥社区居委会大院内徘徊了几分钟，随后到有人聚集的便民服务大厅门口倚墙站立，9时04分39秒发生爆炸。云南省公安厅刑侦专家介绍，现场其他死亡者的遗体都是完整的，而身背黑色双肩包的人被炸得四分五裂，其站立的位置就是爆炸中心点。经辨认，实施爆炸案的男子是赵登用。经调查没人认识赵登用，证实其与征地拆迁并无关系。

　　5月12日上午：发布通报，经走访调查赵登用的亲属、知情人、相关证人以及对现场录像、现场勘查、技术勘验和赵登用活动轨迹的调查，信息资料、本人文字资料的调取，反映出其性格孤僻、言行极端、悲观厌世，有报复社会的心理，调查中没有发现其与案发现场的人和事有利害关系。

　　5月13日：媒体对云南巧家爆炸案提出六大疑点（见表6-1）。

表6-1　媒体质疑云南巧家爆炸案六大疑点

质疑一	警方邀请三家媒体的记者共同观看了部分现场爆炸录像，为何只对部分媒体公布现场录像？
质疑二	如何定性此次爆炸为悬空式爆炸？为何在两天时间就匆匆证明此次爆炸与征地拆迁无关？
质疑三	从事发到结论公布仅仅两天不到，在爆炸物尚未确定的情况下，是如何迅速收集到足够证据做出结论的？
质疑四	此案件的核心证物是爆炸装置，为何到目前还未交代该装置是定时炸弹还是土制炸弹，爆炸物来源是什么？
质疑五	现在是否能够肯定爆炸原始地点在哪里，是在便民中心门口还是里面？
质疑六	赵登用已经死去，官方通报此人痛恨社会、悲观厌世，疑报复社会。但他与在场人员没有任何利害关系，爆炸动机究竟是什么？

（资料来源：作者整理[①]）

———————

① 周晓晖，周婷婷.云南巧家爆炸案存在六大疑问 嫌犯动机仍存疑［N］.生活新报，2012-05-13

5 月 14 日：媒体报道，爆炸案嫌犯家属：赵登用背了黑锅。家属提出四大疑问（见表 6-2）。①

表 6-2　赵登用家属提出爆炸案四大疑问

疑问一	赵登用根本就不懂爆破技术，他是如何获得爆炸物并引爆的？
疑问二	赵登用不是被征地拆迁对象，他为何跑去征地补偿协议签约现场实施爆炸？
疑问三	赵登用的双肩包，家人没有见过，是哪来的？
疑问四	炸药是禁品，赵登用一个打苦工的，是如何获得的？

（资料来源：作者整理）

5 月 15 日：媒体报道，巧家副县长、公安局长用前程保证赵登用是嫌犯。媒体报道巧家县公安局长曾表示"我可以一个局长的名义和自己的前程来担保，赵登用就是此案的嫌疑人，是否有其他人员参与等情况，公安机关正在调查中。"②此番言论在网络上引起广泛议论，不少网民们纷纷表示质疑。

5 月 15 日：媒体报道，警方公布巧家爆炸案监控录像及网络日志，确认嫌疑人为赵登用。③

5 月 15 日：媒体报道，网民质疑云南巧家爆炸案如何确定是赵登用所为？④网民对爆炸案存有三大疑问：如何确定爆炸案是赵登用所为？他与征地拆迁到底有没有关系？为什么说他有报复社会的心理？

5 月 15 日：媒体报道，巧家警方确认赵登用作案未公布多项关键证据。⑤但由于警方始终没有明确公布赵登用如何引爆爆炸物、爆炸物来源以及作案动机等关键证据，公众质疑不断。

5 月 16 日：媒体报道，巧家公安局长：我并非用局长帽子担保谁系嫌犯。⑥

① 刘江 . 云南巧家爆炸案嫌犯家属：赵登用背了黑锅［N］. 大江网，2012-05-14
② 田钿巧家县警方公布赵登用日记 称心理上存在缺陷［N］，云南网，2012-05-15（参见：http: //society.yunnan.cn/html/2012-05/15/content_2196749.htm）
③ 胡洪江 . 警方公布巧家爆炸案监控录像及网络日志 确认嫌疑人为赵登用［N］. 人民日报，2012-05-15
④ 袁雪莲，伍晓阳 . 网民质疑云南巧家爆炸案 如何确定是赵登用所为？［N］. 新华网 .2012-05-15
⑤ 胡洪江 . 巧家警方确认赵登用作案 未公布多项关键证据［N］. 人民日报，2012-05-15
⑥ 徐弘毅，普日果萱 . 巧家公安局长：我并非用局长帽子担保谁系嫌犯［N］，云南网，2012-05-16

5月16日：媒体报道，爆炸现场被重新粉刷。[①]

5月18日：媒体报道，云南巧家公安局长回应担保嫌犯身份系媒体误读。[②]针对在网上广泛议论的以局长的名义与自身前程担保赵登用为5·10云南巧家爆炸案嫌疑人一事，巧家公安局长做出回应，并解释说这是媒体的误解。

8月7日：媒体报道，云南巧家爆炸案赵登用被人利用充当"肉弹"。云南《生活新报》官方网站发布消息称："今晚云南省公安厅披露巧家爆炸案结果：案发地巧家县迤博村村民邓德勇和宋朝玉被证实策划爆炸案，他们花100元雇用赵登用，让他进入拆迁赔偿现场，并用手机实施遥控爆炸。赵登用被利用，他仅仅是个肉弹。至此，巧家爆炸案真相大白。"

8月17日：媒体报道，赵登用家属向云南巧家县公安局索赔100万元。[③]

9月3日：媒体报道，赵登用家属索赔额由100万元变为200万元。[④]

（4）舆情引导评析

这是一起与成都市公交车燃烧事件在性质、影响、破坏程度上都极为相似的人为突发事件，进而引发网络舆情。应该说当地地方政府在危机处理和应对方面是及时的，也设立了事件处置领导组，下设新闻工作组。但是在媒体应对和舆情应对方面似乎效果不尽如人意。原因在于违背了公开透明、互动沟通，信息准确、细节真实等原则，从媒体和家属的质疑即可看出，公布的信息没有说服力，没人相信，加之有关部门和人员用语不太准确，使舆情引导工作处于极为被动的局面。

该事件的舆情引导工作，应吸取以下经验教训：

一是平等地对待所有媒体和公众，这是我们在公开透明，互动沟通原则中强调的。既然信息公开就应向所有想获取该信息的媒体和公众公开，不能区别对待，否则会产生误会，事件中，警方只邀请了三家媒体观看视频。有的媒体失去了话语权，必然发难，信息公开可信度也降低。

① 于松.云南巧家爆炸案续：爆炸现场被重新粉刷［N］.东方早报，2012-05-16
② 李健飞.云南巧家公安局长回应担保嫌犯身份 系媒体误读［N］.中国广播网，2012-05-18
③ 刘刚.赵登用家属向云南巧家县公安局索赔100万元［N］.新京报，2012-08-17
④ 王梦婕.赵登用家属起诉巧家县公安局索赔200万元［N］.中国青年报，2012-09-03

二是信息公开不是公布结论。信息公开是要求公布已经确定的事实、细节即可，对于未明确的事实切勿妄下结论，给出定论。我们在原则中要求及时应对，强调快速，而不是强调快速下结论，对于需要时间调查处理的案件，应相信公众和网民有耐心等待合理确凿的结论。人们在看到相关报道、尤其是关于赵登用家庭情况报道后，第一感觉就是案件真正的嫌疑人不是赵登用，对于一个早晨在劳务市场站工作的人，短时间并不能谋划出一起爆炸案。巧家县公安局仓促地公布结论，对舆情起到了推波助澜的作用，是我们应该吸取教训的地方。

三是切忌用趾高气扬的姿态与媒体、网民、公众沟通，始终要以与媒体、网民人格和地位平等的心态来交流和沟通，牢记公务人员是"仆人"，是为人民服务的，不是为人民"做主"的。如果以"你信不信由你，我是相信了；你信不信由你，明摆着的事实，你不信，我拿前途、信誉甚至性命担保这是可信的"这种方式与媒体或公众沟通、说话，势必会激起媒体和公众的反感，给人高高在上的感觉，给人词穷的感觉，反而使说的话不具有说服力，也不可信。

四是敢于承认错误。事后我们来理性地分析"我可以一个局长的名义和自己的前程来担保，赵登用就是此案的嫌疑人，是否有其他人员参与等情况，公安机关正在调查中。"这句话，其说法并没有明显错误。这句话意在说明爆炸可能是从赵登用身上引爆的，排除从其他人身上引爆的可能。说赵登用是嫌疑人，嫌疑人本来就是一个法律术语，而且还明确地说了：是否有其他人员参与等情况，公安机关还在调查中。

这句话的错误在于：为何要加一个限定语"我以一个局长的名义和自己的前程来担保"，用"从目前掌握的情况和事实来看"不就可以了吗？加了限定语"我以一个局长的名义和自己的前程来担保"，会让一般公众简单地理解为：赵登用就是主谋，其后并没有操纵者。这是在对案件定性、下结论，而这种结论正是媒体和公众质疑和不相信的，找不到任何赵登用作案的动机。这里再次警示：公开事实，不是公布结论。在媒体和公众质疑相关人员不当言论（严格来说是不当的限定语）的时候，就应立即承认错误，会有利于舆情引导。

舆情引导提示

当媒体或公众质疑舆情引导中存在言论错误或不当时，应及时承认错误、道歉，因为这种道歉并不对不当言论者造成实质性损害。尽量不要去为自己的言论辩解、解释。

9. 领导直面

领导直面是指面对重大突发事件如自然灾害、事故灾难、群体事件时，领导者到事件第一现场，直接与媒体或公众进行面对面的交流和沟通，或者面对重大舆情，领导者直接开展或参与舆情引导，领导者与意见领袖进行谈判等。领导直面的做法非常简单，就是领导者亲自站出来和媒体、公众沟通。当然，领导者是需要非常熟悉事件相关情况的。

2013 年 4 月 20 日四川省雅安市芦山地震期间的李克强总理以及 2012 年 9 月 7 日云南省昭通彝良地震、2010 年 4 月 14 日青海玉树地震、2008 年 5 月 12 日四川汶川地震期间的温家宝总理，都亲赴灾区直接和广大灾民进行交流和沟通。在灾难面前，高层领导直接与公众交流，可以凝聚人心、增强信心、稳定人心、凝聚力量共同应对灾难。

在媒体出现关于企事业单位谣言或不实报道时，企事业单位的领导也可以站出来直接面对媒体或公众，这能起到有效辟谣的作用。近年来，也有一些关于某企业的领导被双规或跑路的谣言，而此时，企业的当事领导者站出来直面媒体，谣言便会不攻自破。

马航 MH370 失联事件发生后，马来西亚召开了多次新闻发布会，马来西亚国防部长兼代理交通部长希沙姆丁几乎出席了每次新闻发布会，马来西亚首相纳吉布以及马航集团的高层领导者也多次出席新闻发布会，这是典型的领导直面媒体和公众的做法。尽管马来西亚 MH370 失联事件的信息发布和公开方面受到了公众特别是家属的质疑（这与事件的复杂性有一定关系），但是，仅从舆情引导的角度来说，上述领导者直面媒体能起到以下作用：表明政府非常重视，提高信息的权威性，新闻发布会的规格高等。

从舆情引导的角度来说领导直面适用于以下情况：重大突发事件、重大舆情，有关领导者自身的谣传等。

案例分析：杭州市领导电话致歉杨锦麟

案情简介

杨锦麟是香港卫视执行台长，也是著名时事评论员和专栏作家，他对时事的点评犀利、到位、深刻，因此得到许多人的喜爱和推崇。11月16日，他连发5条微博，讲述了他在萧山机场"打的被宰"的遭遇，被网友多次转发和热议。

从萧山机场打车去滨江 出租车司机开价200元

16日上午10点33分，杨锦麟发了一条微博："杭州萧山机场出租车管理无序，价格昂贵，刚刚问了一辆自称特殊价码的出租车，司机问了目的地，开价350元，好家伙，这应该是全世界最贵的出租车价码。"

几分钟后，微博上又更新说："为了赶时间，找来一辆便宜的出租车，议价车，200元……"随着这条微博发出的，还有一张车子照片，车内有计价器，明显是辆出租车，但是计价器的空车灯没有翻下来，司机的座位也没有安全围栏。

据记者事后了解到，杨锦麟的目的地是杭州滨江区的龙禧福朋喜来登酒店。从地图软件上查询，从萧山机场到酒店的最短路程为30.6公里，按照杭州出租车的计程价格计算，正常费用在95元左右。

而按照萧山出租车的计程价格计算（萧山出租车计价方式与杭州主城区不同），正常费用在104元左右，两者都不计等候费。

司机涉嫌违规议价 运管将对其进行调查处理

16日下午，记者联系了杭州市道路运输管理机场管理所，所长戴琦告诉记者，他们并没有收到杨锦麟的投诉，但是已经马上着手开展调查，"可能他询问的第一辆出租车是辆奔驰车，相比普通出租车收费要贵点。"

通过监控，机场运管所锁定了一辆车牌号为浙A.LT05X的萧山出租车，通过对司机杨某的初步调查，基本确定了搭载过杨锦麟的事实。

据司机杨某描述，当时完全不知道自己载了位中国香港来的名人，杨锦麟下车后还将手机落在了座位上，他还开车把手机送还。杭州市运管局已经通知他立即前往机场运管所接受调查。

目前，萧山国际机场采取"一车一卡"的停车候客制度，并通过视频监控、现场管理等方式及时调配车辆。按照相关规定，该司机不按规定使用计价器的议价行为属于违规行为，将被处以300~3000元的罚款。

据了解，机场运管所 2012 年度已查处出租车违章近 400 起，罚款 1750 元以上 54 起。

截至记者发稿时止，杨锦麟始终没对此事进一步描述及回应，杭州市运管部门希望杨锦麟能出面提供证词，以便对司机杨某进行处罚。

杭州市领导深夜电话致歉　杨锦麟称司机主动送还失落手机值得肯定

正当大家希望杨锦麟对该事件及时回应时，昨天晚上 22 时 56 分，杨锦麟在自己微博上发布消息称（见图 6-6）："刚接到杭州市张副市长的电话，他向我今天的遭遇表示道歉，也希望借此机会认真整顿运管问题，我真有点不知所措，更觉得杭州市有关方面如此迅速接受批评意见，亦采取立即改进措施，也值得一赞！出租车是城市的名片和品牌传播最直接的平台和路径，真诚希望杭州在此有所作为！"

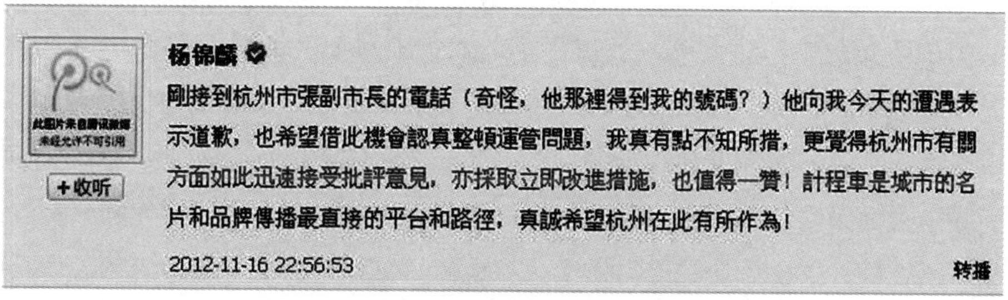

杨锦麟 ✓
刚接到杭州市張副市長的電話（奇怪，他那裡得到我的號碼？）他向我今天的遭遇表示道歉，也希望借此機會認真整頓運管問題，我真有點不知所措，更覺得杭州市有關方面如此迅速接受批評意見，亦採取立即改進措施，也值得一贊！計程車是城市的名片和品牌傳播最直接的平台和路徑，真誠希望杭州在此有所作為！

2012-11-16 22:56:53　　　　　　　　　　　　转播

图 6-6　杨锦麟微博截图

（资料来源：截图自新华网）

7 分钟后，杨锦麟再次发微博表示："对那位司机的命运，我有点担心。补充说明一件事：下车时，司机从后头追了上来，将我遗落在车里的手机交还给我，这也让我有点意外。人都可能是多重性多样性的，司机循不受制度约束的游戏规则行事，固然可恶，但他也有良善的一面！瑕不掩瑜，留条活路吧！"

机场出租车宰客又抬头　运管呼吁乘客有序候车

2012 年 7 月，浙江在线连续报道了萧山机场黄牛拉客，黑车宰客的乱象，杭州市运管局曾表态，开展集中整治，对非法营运进行严厉打击。几个月过去了，机场出租车宰客现象又有露头。

在杨锦麟的这条微博下，不少网友跟帖，描述自己也曾遭遇过出租车乱开价。网友"lotusblues小路"说："上个星期从上海回杭州，火车晚点凌晨才到，候客的出租车没有一个肯打表，10多分钟的路，开口价50元到80元，还有按人数算的。候客区杂乱无序，乱成一团，上百乘客同时和司机讨价还价。"

杭州市运管局建议乘客在出口处有序候车，如遇车费、路线等问题，可以即时向现场工作人员反映，要求协助解决，或拨打96520举报投诉热线。对于出租车不按规定候客、强行拼载、议价或机动车非法营运等问题，也可以采取上述方式进行反映投诉。

（资料来源：吴佳妮.萧山机场去滨江要价200元 杨锦麟打的"被宰"［N］.浙江在线（今日早报），2012–11–17）

案例评析

出租车是一个城市的名片。出租车乱要价会对一个城市的形象和当地政府的形象造成负面影响，甚至可能影响当地招商引资工作。杭州市领导快速及时地直接与反映问题的香港卫视执行台长杨锦麟联系，体现的正是领导者亲自参与舆情引导、直面舆情、直面当事者。该事件的处理方法在当年引起媒体和公众的好评和广泛赞誉，这种做法是值得推崇的，也值得其他地方党委和政府领导学习借鉴，也许下一件事情并不是出租车乱要价的问题，但道理是相似的。同时，杭州市领导在大约13小时内及时注意到相关信息，找到杨锦麟的联系方式并联系到他，杭州市快速高效、雷厉风行的作风也展现出来了，也体现了亲民的作风。案例也表明政府公务员上网用网的重要性。

应该说，事件受到广泛关注，与杨锦麟的名人身份是有一定关系的，从而使其言论受到广泛关注，舆情也成为重要舆情。这提示舆情工作者和宣传工作者应多留意一些名人的微博、博客等。

舆情引导提示

对重大突发事件、重要舆情，领导者应直接参与舆情引导，直面媒体或公众。

10. 专家解读与人物专访

专家解读与人物专访是指发生突发事件或在其他危机状态下，有关部门组织某些专业领域的专家或权威人士，就某一突发事件、疑难问题或某些现象，在电视台、电台、报纸、网络等媒体上，对专家或权威人士进行访谈，或请专家及权威人士解答公众和网民的疑问的信息沟通方式。当然这种方式也包括有关专家汇聚到现场解决重要问题。加上短信平台，这种舆情引导方式多是一种双向交流、互动沟通的形式。

这种舆情引导方式能起到化解疑虑、探讨问题、辨明真相、传播科学知识、缓解焦虑情绪等作用，也能促进某些突发事件或危机的解决。多领域的专家聚集在一起，还可能就某些问题的解决碰撞出思想的火花。在突发事件或危机爆发后，政府可以主动联系媒体，组织有关专家解读与专访，如果问题重大，可以在重要黄金时段进行解读。

马航 MH370 失联事件发生后，CCTV 中文国际频道等国内多家电视台便组织了航空、飞行、通信等多领域的专家对该事件进行解读，分析飞机可能出现的各种情况，讲解发生空难时的自救方法和措施。韩国客轮沉没事件发生后，也有媒体组织交通、船舶等方面的专家进行解读。5·12 汶川地震发生后，多家媒体组织了地震、气象、安全等相关领域专家就地震后的自救和逃生等问题进行访谈。

茂名 PX（对二甲苯）项目引发群体事件后，莱百网请有关专家对 PX 的毒性、污染、危害进行了分析。[①] 经济之声《央广财经评论》就 PX 的物理化学属性如何、对于人体有没有毒性等问题，请北京化工大学安全工程系主任杨剑峰进行了解析。[②] 在非典、H7N9 禽流感、H1N1 甲型流感暴发后，也有媒体组织了医学、疾控等专家就发病原因、预防措施、医治方法等方面的问题进行了访谈。

从舆情引导的角度来说，专家解读与人物专访适用于以下情况：重大自然灾害、重大事故灾难、公共卫生事件、各种谣传、迷信、公众存在重大疑虑等情况。

---

① 参见：http://www.hey17.com/news/trade/256476.html

② 广东茂名市民反对 PX 项目 专家：PX 并非高致癌或致毒品［N］. 中国广播网，2014-03-31，参见：http://finance.cnr.cn/jjpl/201403/t20140331_515196446.shtml

案例分析：惠州市人感染 H7N9 病例

案情概况

2013 年 8 月 8 日，惠州市疾控中心流感监测网络实验室检测该市中心人民医院送检的一流感样病例 H7N9 呈阳性；9 日，经省疾控中心复检检测 H7N9 呈阳性；10 日下午 3：00，经中国疾控中心实验室复核 H7N9 病毒核酸检测阳性。根据国家卫生计生委《人感染 H7N9 禽流感疫情诊疗方案（第 2 版）》，结合该病例临床表现、实验室检测结果及流行病学调查，省防控人感染 H7N9 禽流感专家组判定该病例为人感染 H7N9 禽流感确诊病例。①

患者陈某（女，51 岁，惠州籍）一家 3 口在惠州市博罗县墟镇从事市场家禽宰杀多年。7 月 27 日，患者无明显诱因下出现畏寒、发热、伴有头痛等感冒症状，体温最高达 39.8℃；28 日，到当地镇卫生院就诊；8 月 3 日，转至惠州市中心人民医院治疗；9 日晚上，转至广州医科大学第一附属医院（广州呼吸疾病研究所）救治。②

专家会商解决

8 月 9 日下午，接报后，广东省农业厅紧急研究部署防控工作，将组织专家组到惠州市指导开展流行病学调查及家禽 H7N9 禽流感防控工作，并紧急下拨惠州市 5 吨消毒药，用于消毒灭原。③广东省卫生厅及时派出了 H7N9 防控专家组赴现场指导临床救治、流行病学调查及防控等工作。④

快速发布信息

8 月 9 日确认疑似病例后，不少香港、中央和省级媒体赶到惠州采访。惠州市 8 月 9 日组织了专家发布会、召开新闻信息发布会、发布官方微博信息，第一时间公开发布了疫情信息及防控情况，为有效应对疫情、维护社会稳定营造了良好的舆论环境。

---

① 参见：http://www.gdemo.gov.cn/gzyw/sn/201308/t20130810_183776.htm
② 参见：http://www.gdemo.gov.cn/gzyw/sn/201308/t20130810_183776.htm
③ 朱子荣，罗伊姗.广东惠州发生一例人感染 H7N9 禽流感疑似病例［N］.国际在线，2013-08-09，参见：http://gb.cri.cn/42071/2013/08/09/6931s4212953.htm
④ 唐贵江，粤卫信.惠州现人感染 H7N9 疑似病例 36 名接触者暂无异常［N］.中国新闻网，2013-08-09，参见：http://www.chinanews.com/sh/2013/08-09/5146140.shtml

滚动播报信息

据不完全统计，截至8月16日惠州市终止Ⅲ级疫情响应，该市共发布关于H7N9禽流感病例的新闻通稿10篇，滚动发布微博信息21条。大量官方权威信息占领了舆论的信息管道，让主流舆论跑在了谣言和小道消息前面。因舆情引导得力，在该季度人民网发布的地市舆情应对排行中，惠州位列全国第六、广东第一。①

舆情引导简评

有了非典的危机管理经验，面对突如其来的传染性疾病，广东省及时派出专家赶赴现场，不仅在危机管理方面做出了快速反应，惠州市在信息发布、舆情引导方面也做得相当出色，8月9日确认疑似病例后，即组织了专家发布会、召开新闻信息发布会、发布官方微博信息，通过多种渠道第一时间公开疫情信息，并滚动播报相关信息。使谣言失去了滋生的土壤，缓解和避免了公众的恐慌情绪。

舆情引导提示

面对重大自然灾害、重大事故灾难，尤其是公共卫生事件等情况，职能部门应组织各相关领域专家共同会商解决，并就某些共同问题或科学知识，组织相关专家在电视台、报纸等媒体上进行解读，或做人物专访。

舆情引导方法是多种多样的，这里介绍了几种常见的舆情引导方法，而且不同的学者可能提出不同的引导方法，但做法可能大致相似。同时，上述舆情引导方法在实际工作中并不是单一使用的，可能几种方式同时使用。为了有效掌握和领会上述舆情引导方法，我们制作了简表，如表6-3所示。

表6-3 舆情引导常用策略与方法

序号	策略与方法	适用情景	操作要点	案例分析
1	召开新闻发布会	重大突发事件、重大舆情、人员伤亡或财产损失较大的事件、暴力恐怖事件、涉外事件等	新闻通稿、服务媒体、沟通记者、用新闻发布会议程引导舆情	四川省成都市公交车燃烧事件、地方政府新闻发布会制度
2	发公开信	重大舆情、重大事实错误、众多人质疑、共性问题等	澄清事实、公开道歉、回应问题和质疑	北京老外撞人事件

① 刘进.让主流舆论跑在谣言前面［N］.南方日报，2014-04-09

续表

序号	策略与方法	适用情景	操作要点	案例分析
3	发布公（通）告	重大危险源、极端天气、自然灾害、恐怖袭击事件、辨明是非等	预警信息尽量全覆盖，让公众知晓风险、了解注意事项	7·21 洪灾、茂名 PX 项目
4	信息疏导	谣言、误会、辨明是非、有不法分子煽动等	突发事件宜做好现场疏导	砍人谣言
5	公开事实	突发事件、谣言、城市公共危机、治安事件或刑事案件等	"镜像式"地公开现场事实，非公开原因	兰州自来水苯超标事件
6	解释澄清	谣言、误导、误会等	通过媒体加以澄清	"秦火火"制造谣言
7	公布案件查处情况	重大伤亡或经济损失事件、社会治安事件或群体事件、重大刑事案件、重大食品安全事故、冤假错案	公布案件查处情况，案件调查、侦查进展情况	王本余"强奸杀人"案
8	承认错误	过失或过错，错误或不当言行、失误等	公开承认错误、道歉	云南巧家县爆炸案
9	领导直面	重大突发事件、重大舆情，有关领导者自身的谣传等	领导者直接参与，直面媒体或公众	杨锦麟杭州打车被宰事件
10	组织专家解读、人物专访	重大自然灾害、重大事故灾难、公共卫生事件、各种谣传、迷信、公众存在重大疑虑等	邀请专家在媒体上解读，进行访谈	惠州市人感染 H7N9 病例

（资料来源：作者绘制）

第二节 舆情引导技巧与艺术

简而言之，舆情引导就是有关部门或个人与媒体、公众、网民打交道，传递信息，交流思想的过程，打交道的过程是需要一定的技巧的。

1.新闻发布，议程引导

正如前文所说，对于重大突发事件、重大舆情等，我们更倾向于采用多次召开新闻发布会的形式进行舆情引导。用发布会议程主导和把控舆论导向，这有利于掌握舆情引导的主动权。新闻发布会可以"牵引"着媒体走，媒体或公众希望了解的信息都可以通过新闻发布会或媒体传递出去。

对于重大突发事件、重大舆情，在事件处置部门与媒体、社会、公众之间形成一个无形的管道，这个管道需要信息来填满，当没有信息来填满这个管道的时候，谣言、小道消息便会出现，占领这个管道。在重大突发事件爆发后，有了新闻发布会，媒体、公众、网民有了获取信息的正常渠道，会主动地关注新闻发布会，期待下一次新闻发布会，从而实现舆情自动引导。成都公交车燃烧事件舆情引导工作突出，就在于充分利用新闻发布会进行舆情引导。2014 年 1 月 15 日温岭鞋厂火灾事故、2014 年 4 月 20 日浙江苍南县城管打人事件，都可以采用召开新闻发布会的形式进行舆情引导，舆情引导效果可能会更好。

2. 早说事实，慎说原因

在突发事件处置和舆情引导进程中，无论是面对媒体还是公众或网民，应详细地说明事件现场的客观事实，尽量镜像式地说明现场状况，或者还原现场，对事件的时间、地点、已经掌握的伤亡情况等不能存在误差，可将事件的调查与处置过程以全景式、立体化的方式呈现在媒体和公众面前。

2005 年 11 月哈尔滨水污染事件应急处置中，11 月 21 日中午，哈尔滨市政府获悉松花江上游污水团将于 30 小时内到达哈尔滨市，通过电视向社会发布政府公告，宣布因"市政供水管网检修"全市停水 4 天，导致市民的猜疑和谣言四起，引发市民疯狂抢购水。11 月 22 日凌晨，哈尔滨市政府发布了第二次政府公告，向社会公开了由于上游化工厂爆炸导致松花江江水污染的消息。并告知市民政府正在想方设法采取各种应急措施，保障居民生活用水。市民了解事实和真实消息后，各种谣言开始消散，恐慌情绪也慢慢消除。

一般来说，突发事件的原因是多方面的、复杂的，事件原因在短期内是不可能彻底查明的。因此，在媒体或公众询问事件原因的时候，不能随意地说出事件原因，也不能主观地认定事件原因。同时，也不能以不知道事件原因为由拒绝回答。而应以委婉的语气请求媒体、公众耐心地等待事件原因的调查结果。例如可以说：事件原因相关部门（公安机关）还在进一步调查，一旦有了结果，会及时通过新闻媒体向社会公开。

成都公交车燃烧事件、云南巧家爆炸案、马航 MH370 失联等事件的原因都是极其复杂的，要经过长时间的调查、分析，不能轻易下结论。如果政府部门前后发布的事件原因不一致，甚至完全相反，会造成恶劣的影响和难以挽回的损失。近年来已经发生多起因草率说明事件原因而使事件或舆情恶化的案例，应引起突发事件处置和舆情工作人员的警惕。2009 年 6 月湖北石首事件，部分原因就是政府有关部门妄下结论所致。

3. 承认错误，正视问题

在处理突发事件或舆情引导进程中，相关部门或个人可能出现这样那样的错误，或者因为管理方面的失误或某种疏忽大意导致了突发事件，这时就应通过媒体或其他方式公开承认错误，正确面对问题，而不是逃避、退缩。

2013 年 11 月 24 日，湖南一 26 岁女子被警方抓获，12 月 6 日被带到青海，之后发现该女子并非犯罪嫌疑人，而是身份信息被盗用。12 月 10 日，青海西宁警方在官微 @ 西宁网安发布了"跨省追捕湖南女子"的情况说明，并向该女子及其家人道歉。

发现问题后，西宁市人民街派出所积极应对：一是未将其送往看守所羁押，并依据法律规定办理了释放手续；二是为其安排食宿，并与刘丽本人进行沟通，说明情况，取得谅解；三是对刘丽及其家属公开道歉，消除对其造成的社会影响。同时，西宁市公安局城中分局对于此事做出了处理意见：一是责令人民街派出所迅速纠正错误行为，立即释放当事人并对其讲明情况、赔礼道歉。同时做好善后处理工作。二是对责任民警张军治做出停止执行职务 30 天的决定，并组织纪委等部门成立调查组，对此案进行全面调查。同时对刘丽及家人予以公开道歉，对造成的经济损失依法给予赔偿，并且组织专门力量对此案进一步侦查，力争抓获真正的犯罪嫌疑人。[①]

4. 主动道歉，承担责任

在处理突发事件或舆情引导进程中，承认错误的同时，还应向公众或受到伤害的人主动道歉，并承担相应的赔偿等责任。这在上述民警错误抓捕人和北京市老外撞人事件中都有所论及，不再展开。道歉和承担责任，与承认错误可以是

---

① 梁超. 青海警方就跨省抓错女子道歉 责任民警被停职 30 天［N］. 京华时报，2013–12–11

同时进行的，但并不是完全重叠的行为，拒绝承认错误的人，是不会道歉的，即使道歉也不是发自内心真诚的道歉。道歉可以公开道歉，也可以私下当面道歉，为表诚意，应尽可能当面道歉，承担责任需要采取实质性的行动，减少或消除伤害，例如在媒体发布公开道歉信、赔偿受害人，需要责任人做出实质性行动，而不是将承认错误的想法"埋藏"在心底。

5. 公开透明，细节真实

公开透明是突发事件处置和舆情引导最基本的原则性要求。公开事实、还原现场的时候做到细节真实，符合常理，才能使媒体和公众信服。这在舆情引导工作原则及甘肃环县派出所未及时出警事件的处置中有所论述，不再展开。

6. 抚慰群众，请求监督

在处理突发事件或舆情引导进程中，尤其是处理造成重大伤亡或经济损失的突发事件中，相关部门、媒体都应有意识地抚慰群众悲伤的心，同时，请群众监督政府相关部门做好突发事件的处置工作，为了畅通意见表达和监督渠道，还应设立相应的意见箱或电子信箱。

例如马航 MH370 失联事件、5·12 汶川地震等，应有专业人员负责群众心理抚慰工作，针对人们劫后余生，心理极度恐惧；失去亲人，心情异常悲痛等情况，要与群众谈心交心，增强群众战胜困难、重建家园的决心和信心。在地震遇难人员的安葬过程中，充分考虑到遇难人员家属的悲伤心情和当地群众安葬逝者的传统风俗，也是抚慰群众心理的做法。

在新闻发布会现场或事故现场，要表达对灾民或家属真诚的关切，认真倾听群众发牢骚、诉苦，甚至对群众的谩骂、愤怒、发泄，都应认真倾听，这是理解群众特殊情景中的心理的需要，相反，不能以同样的方式对待群众。

7. 解决问题，关心难处

突发事件或舆情发生后，尤其是灾难性突发事件或其他有人员伤亡的事件发生后，伤亡人员的家属有诸多的问题、难处或诉求需要予以解决或解答，因此，在舆情引导过程中，应尽力解答有关人员的问题，回应有关人员的诉求，关心有关人员的需求、痛苦和不便。如果有关人员的问题没有获得较为合理的解决，就可能引发上访或群体性事件。

就马航 MH370 失联事件而言，对于这种罕见的重大突发事件，应该说马航和马来西亚政府在突发事件的处置、危机公关、媒体应对、家属安排等方面已经尽力了，但是还是受到公众、媒体、家属的诸多质疑，部分原因就在于马航没有有效地解决家属的问题，没能回答媒体关心的问题，没有设身处地地关心家属的难处和痛苦。上海住宅楼倒塌事故和 PX 项目引发群体性事件，部分原因就在于群众对自身最基本的住宅环境和生活环境受到威胁而感到恐惧。

这里需要提醒各级各类党政机关公务人员，马斯洛需要层次理论警示我们：当人的衣食住行等基本需求问题受到威胁或得不到保证的时候，人可能会采取各种极端行为其至誓死要求确保问题解决，例如征地问题、拆迁问题、摊贩刺死城管问题等，从某种意义上说，都是人的基本生活受到了威胁。

8. 以情感人，以理服人

在处理突发事件或舆情引导进程中，要从维护群众的利益出发，耐心解释有关政策、法律和制度。通过摆事实、讲道理、说原因化解民众的不满情绪，尽可能地做好安抚和善后工作，做到以情感软化人、以道理说服人，圆满解决问题。

2009 年 6 月 27 日，上海闵行区莲花河畔景苑 13 层在建住宅楼倒塌事故发生后，该楼业主纷纷要求补偿，周边几幢楼房业主纷纷要求换房、退房。上海市委、市政府对于该事件非常重视，上海市委书记俞正声和市长韩正迅速做出重要批示，"要求市建交委、市安监局、闵行区政府等有关部门和专家立即组成联合调查小组，彻底查清事故原因。从规划、施工许可、招投标、资质管理、施工图审查、工程监理等各个环节逐一审查，并依法公开严肃处理"，并要求"严肃追究事故责任，维护人民群众合法权益，及时向社会公布查处情况的相关信息"。①事件发生后，上海市和闵行区政府做了许多调解工作，耐心向业主解释倒楼的原因，会同开发商提出了具体的赔偿方案和换房措施。到 2009 年 11 月，赔偿工作基本结束。直接相关的 41 户居民有 18 户退房，另外 23 户在小区内换房，事件

---

① 市领导就闵行楼房倒塌作重要批示 要彻底清查［N］. 新民晚报，2009-06-27，参见：http://sh.xinmin.cn/shizheng/2009/06/27/2155124.html

得到了较为圆满的解决。

9. 保持理性，避免过激言论

在处理突发事件或舆情引导进程中，面对媒体、公众、家属等的质疑、询问、追问，有关部门或个人难免有难以应付或难以回答的情况。但是面对各种情况，都应时刻保持理性，以平静、平和的心态，以换位思考的方式来对待提问，避免过激言论。近年来，出现多起有关人员言论过激的情况，被称为"雷人雷语"。"雷人雷语"可能出现于处理突发事件进程中，也可能因一句"雷人雷语"引发舆情，或者致使事件处置、舆情引导处于不利境地，各级党政机关公务人员应引以为戒。

下面整理了近年来部分"雷人雷语"，期望对舆情工作人员具有启迪和警示作用。

"雷人雷语"：

"不管你信不信，反正我信""你怎能用政府给你配的车带老百姓上访？""对拆迁维权的围观和声援，会制造更多的鲜血和悲剧""没有强拆就没有新中国""请报道正面新闻，否则我可以不接待""你知道我是谁吗？我是局长！""食品安全要靠市民花钱买回来""你们（记者）无权了解真相""你知道什么叫恶不？跟政府作对就是恶！""我只为领导服务，你们算个啥""如果我们不拆迁，你们这些知识分子吃什么？""我想怎么剁就怎么剁""我躺下来都比你高""我是粗人""小心你的命！""替党说话，还是替老百姓说话""这个事不好说太细""为什么不公布老百姓财产""房地产商来我市投资，赔了算我们的""法院是习惯性这么做的""没时间跟你闲扯""你是哪个单位的""是不是拉屎也要告诉你啊""你是不是党员""我没有受贿动机，是为了发展""在大草原上拉了一堆屎，有点臭，算不算污染""一楼二楼别去啊，要去就去五楼（跳）"

参见：http://news.dsqq.cn/kbtt/tttj/2011/07/30151721731.html

"一条披着记者羊皮的狼""越发达地区水越黑""人民网算什么东西？那是电子垃圾，人民网记者都是浑蛋""准备抓两个网民，公开审理一下""我是管文化的，你敢在新华网曝光，我就叫它关闭""我掏钱买文凭，你有啥资格管我""为什么不公布老百姓财产""法院是习惯性这么做的""这事我不好再说太细""你是替党说话，还是替老百姓说话""看病最不难是中国，看病最不贵是中国"

参见：http://news.hsw.cn/system/2009/07/16/050242933.shtml

---

10. 查处责任人，平息公愤

及时查处、处罚责任人，平息民怨公愤，是处理突发事件或舆情引导的重要策略性技巧之一。如果迟迟不查处相关责任人，甚至是包庇责任人，一旦被媒体或公众知晓，将可能导致舆情升级，情况严重的话可能引发群体性事件，这在近年来多起群体性事件中得到了证实。对重大突发事件来说，对负有领导责任的人应追究其领导责任，这也是推行引咎辞职制度的原因之所在。

2011年10月广东佛山小悦悦事件、2013年3月长春盗车杀婴案引发了人们的大讨论和波澜壮阔的舆情，甚至引发了人们自发的悼念活动。部分原因在于事件挑战了传统伦理道德的底线（救死扶伤、尊老爱幼、爱护婴儿）。对于上述刺痛人们神经的事件，如果不及时查处责任人，不快速侦破案件，就可能引发新的舆情，网民便可能在网上谩骂、攻击政府相关部门，而人们在现实世界聚集悼念，也可能引发群体性事件。

阅读材料：舆情引导"十不" [①]

> 不能慢：反应敏捷，以快制快；
>
> 不能怕：直面矛盾，沉着应对；
>
> 不能瞒：尊重事实，公之于众；
>
> 不能推：协同作战，通力合作；
>
> 不能躲：坦然相见，以诚相待；
>
> 不能假：实事求是，有错必纠；
>
> 不能压：平等互信，合作共赢；
>
> 不能和：坚持原则，不和稀泥，不无原则的和；
>
> 不能狠：加强对话，讲究技巧，不说狠话、气话；
>
> 不能拖：雷厉风行，速战速决。

思考题

1. 除了书中所论及的舆情引导方法，你认为还有哪些常用舆情引导方法，请

---

① 参见：http://xxwt.siyang.gov.cn/?45/viewspace-438

用案例加以分析。

2.你认为和媒体打交道应注意什么？

3.请根据工作实际，总结舆情引导工作的技巧和艺术。

4.你在工作或与群众打交道过程中，是否说过气话、狠话？你认为工作中应如何保持理性？

5.如何成功地举行新闻发布会？请阅读相关书籍。

第七章 舆情引导工作与工作机制

身处网络时代和信息社会，舆情如影随形，时时、处处在我们身边，因此可以说舆情引导工作是相关部门的一项日常性工作。舆情引导工作可谓是一场没有硝烟的战争，要做好舆情引导工作并不容易。

舆情引导要解决三个问题：谁来引导？即舆情引导工作的主体与相关组织；如何引导？即解决舆情引导工作的工作流程、工作机制、方法与技巧，关于方法与技巧在上文已做了论述；引导什么？即引导工作的对象、客体，对象问题很简单，即社会舆情和网络舆情，包括因突发事件而引发的舆情，自发形成的舆情以及由于谣言滋生的舆情等，应该说一切与公共事务有关的舆情都是政府部门舆情引导的客体，而对于其他社会组织或企业来说，与自身相关的舆情应是其预期引导工作的对象，但并不一定全部成为政府部门舆情引导工作的对象。在此，我们主要探讨谁来引导舆情、舆情工作流程和工作机制等问题，这是舆情管理的日常工作。

第一节 舆情引导的组织与主体

舆情引导首先要解决引导主体问题。现代社会每一个政府部门几乎都会涉及网络，因此每个政府部门都涉及网络舆情。在此，我们重点介绍具有信息处理职能，经常涉及舆情引导工作的一些组织。

1. 宣传部门

在我国，宣传部门是主管意识形态方面工作的综合职能部门，因此，各级政府宣传部门包括国有企事业单位的宣传部门，是舆情引导工作的重要组织和主体。一般来说，对于各种突发事件、重大事故、重大舆情，宣传部门都是对外宣传、舆情引导的领导机构，这便于对外统一宣传口径。中共中央宣传部的职能如表 7-1 所示。

表 7-1 部分宣传、新闻及信息部门职能

	主要职能	备注
中央网络安全和信息化领导小组	统筹协调各个领域的网络安全和信息化重大问题，制定实施国家网络安全和信息化发展战略、宏观规划和重大政策，不断增强安全保障能力	2014 年 2 月 27 日成立
中共中央宣传部	负责指导全国理论研究、学习与宣传工作；负责引导社会舆论，指导、协调中央各新闻单位的工作；负责从宏观上指导精神产品的生产；负责规划、部署全局性的思想政治工作任务，配合中央组织部做好党员教育工作，负责编写党员教育教材，会同有关部门研究和改进群众思想教育工作；受党中央委托，协同中央组织部管理文化部、新闻出版署、中国社会科学院的领导干部，会同中央组织部管理人民日报社、广播电影电视总局、新华社等新闻单位和代管单位的领导干部，对省、自治区、直辖市党委宣传部部长的任免提出意见；负责提出宣传思想文化事业发展的指导方针，指导宣传文化系统制定政策、法规，按照党中央的统一工作部署，协调宣传文化系统各部门之间的关系；完成党中央交办的其他任务	1924 年 5 月设立，1977 年 10 月恢复成立
国务院新闻办公室（中央对外宣传办公室）	推动中国媒体对外说明中国、指导和协调对外新闻报道；制定对外新闻事业的发展规划，并负责组织实施；组织对外介绍中国政府的方针政策和中国经济社会发展情况；推动中国媒体对国际问题的报道，包括政治、经济、科技等方面的新闻信息；举办新闻发布会，向中外记者介绍中国的情况和方针政策；组织编写并发表中国政府白皮书，阐明中国政府对重大问题的原则立场和基本政策；指导中国各省（区、市）政府新闻办公室的工作，并为港澳台记者来内地采访提供服务；开展与国外新闻机构的交流合作，并为国外记者来中国采访提供服务；接待要求访问本办的重要代表团及重要人士；制定互联网新闻事业发展规划，并指导协调互联网新闻报道工作；负责对外介绍中国人权事业发展情况，组织开展人权领域的对外交流与合作；负责对外介绍西藏的发展建设情况，组织有关西藏方面的对外报道和交流活动；研究世界主要媒体及中国香港、中国澳门、中国台湾舆情；组织综合性、跨部门、跨地区的大型文化交流活动，组织制作对外介绍中国情况的图书、音像、影视出版物	1991 年 1 月组建，国务院新闻办公室与中共中央对外宣传办公室，一个机构两块牌子
国家互联网信息办公室	落实互联网信息传播方针政策和推动互联网信息传播法制建设，指导、协调、督促有关部门加强互联网信息内容管理，负责网络新闻业务及其他相关业务的审批和日常监管，指导有关部门做好网络游戏、网络视听、网络出版等网络文化领域业务布局规划，协调有关部门做好网络文化阵地建设的规划和实施工作，负责重点新闻网站的规划建设，组织、协调网上宣传工作，依法查处违法违规网站，指导有关部门督促电信运营企业、接入服务企业、域名注册管理和服务机构等做好域名注册、互联网地址（IP 地址）分配、网站登记备案、接入等互联网基础管理工作，在职责范围内指导各地互联网有关部门开展工作	2011 年 5 月 4 日，经国务院同意设立

续表

	主要职能	备注
中国互联网协会	参见：http://www.isc.org.cn/	成立于2001年5月25日
中国互联网违法和不良信息举报中心	承担互联网新闻信息服务工作委员会秘书处职能。 参见：http://net.china.com.cn/	2004年6月10日正式成立
北京市人民政府新闻办	负责市委、市政府及北京市重要活动对外发布新闻的职能部门，组织和实施新闻发布会。 对于涉及全市经济发展、城市建设、社会进步和人民生活等领域的新成就、新举措、新规划，适宜对外发布的重要信息，举行新闻发布会，具体内容和范围是：市委、市政府授权发布的新闻；市政府工作中需对外介绍的情况；政府部门的方针、政策、措施及执行情况，以及各部委办工作中需对外介绍的情况；针对外界对有关问题的疑虑、误解，需对外说明、澄清的事实；市内较重大的突发事件；需主动对外宣传、介绍的情况和问题	据首都之窗
杭州市委外宣办（市网宣办、市政府新闻办）	负责指导全市理论学习、理论宣传、理论研究工作和全市社会科学规划的制订和实施，并在政治方向和方针、政策方面实施领导；负责全市新闻和出版工作的宏观管理；负责指导精神产品的生产，并在政治方向和方针、政策方面实施领导；贯彻中央和省、市委关于思想政治工作的方针、政策，指导全市思想政治工作；承担市委企业思想政治工作领导小组办公室和市农业和农村现代化教育领导小组办公室的日常工作；贯彻中央和省、市委关于外宣工作的方针、政策，指导全市对外宣传工作；承担市委对外宣传小组办公室（市政府新闻办公室）的日常工作；归口管理、统筹协调全市互联网上的新闻宣传工作；贯彻中央和省、市委关于精神文明建设的方针、政策，指导全市精神文明建设日常工作；受市委委托，会同市委组织部负责新闻、文化、出版和社会科学研究等部门领导干部的管理和领导班子建设；对区、县（市）委宣传部部长的任免提出意见；贯彻中央和省、市委关于宣传思想文化事业发展的指导方针；组织开展对全市宣传思想工作调查研究，研究提出全市意识形态工作的重大方针、政策，指导宣传文化系统制订政策、法规；指导宣传文化系统的改革，推进文化事业和文化产业发展；管理市级宣传文化发展专项资金和文化事业建设费	据杭州市委网站

（资料来源：作者整理）

2. 新闻办

新闻办是新闻办公室的简称，国务院新闻办公室与中央对外宣传办公室是一个机构两块牌子。我国各级政府都设有新闻办公室，主要负责各级政府社会经济发展对外宣传，召开新闻发布会，开展对外交流活动等职责。非典危机、5·12地震等重大突发事件时期，新闻办都担负着重要的媒体接洽与舆情引导工作。

2012 年北京市 7·21 洪水灾害，北京市政府新闻办也召开了新闻发布会。国务院新闻办公室的主要职能如表 7-1 所示。

3. 公检法部门

公检法指的是公安部门、人民检察院和人民法院。公安部门负责某一地区的安全和社会治安管理工作、案件侦破工作、治安事件和骚乱处置、公共信息网络的安全管理工作等。会面对诸多突发事件，而突发事件是媒体、公众以及网民关注的焦点，因此公安部门是舆情引导的重要主体。公安部网站显示，公安部内设有宣传局，其除了宣传公安系统的优秀事迹外，也应担负一定舆情引导工作。各级公安部门内设的信息中心或信息处等内设机构也是应对舆情的重要机构。

人民检察院是国家的法律监督机关，监督其他国家机关。其中重要的职能包括依法对贪污案、贿赂案、侵犯公民民主权利案、渎职案以及认为需要检察院依法直接受理的其他刑事案件进行侦查，对重大刑事犯罪案件依法审查批捕、提起公诉等职能。而这些案件也是媒体、社会、公众以及网民关注的焦点，也很容易受到质疑，因此人民检察院也是舆情引导的重要主体。

依据《中华人民共和国宪法》的规定：人民法院是我国的审判机关，负责各类案件审理工作。其主要职能是审判各类诉讼案件，惩治罪犯，保障人权，解决纠纷，调整社会关系，维护社会秩序，保卫国家制度和利益，保护公民、法人和其他组织的合法权益，并通过审判活动教育公民忠于祖国，自觉遵守宪法和法律。审判工作涉及是否公平、公正的问题，极易引起公众和网民的质疑。各种案件尤其是重大刑事案件以及关系社会稳定的群体性事件的审判，都是媒体关注、议论的焦点，可能直接会引发舆情，因此人民法院同样是舆情引导的重要主体。

4. 网络安全部门

我国在公安部门一般都设立网络安全部门，例如公安部设立网络安全保卫局，北京市公安局设有网络安全保卫处，这里将其单列出来，是因为其是网络舆情管理的专门机构。舆情引导尤其是查处网络谣言是网络安全部门的重要职责（见表 7-2）。

表7-2 部分网络安全部门及其职能

机构	主要职能	来源
公安部网络安全保卫局		公安部网站未显示其职能
北京市公安局网络安全保卫处	承担打击非法侵入、破坏计算机信息系统的犯罪活动，防范和查处其他危害公共信息网络安全的违法犯罪行为	北京市公安局网站
河北省公安厅网络安全监察总队	指导并组织实施公共信息网络和国际互联网的安全保护工作；组织实施对计算机信息网络的安全监察；依法查处计算机违法犯罪案件；依法加大对国际互联网安全管理力度，强化安全管理的基础工作；加大对互联网上违法犯罪活动的打击力度，保障社会稳定，维护社会治安秩序和广大网民的合法权益；加强对经济领域信息网络的安全保护；加强对计算机信息系统安全产品的管理；加强公共信息网络安全防范技术和产品的研究、开发；开展对公共信息网络从业人员和公共信息网络安全监察人员的安全培训教育	河北省公安厅网站
重庆市公安局公共信息网络安全监察处	指导并组织实施公共信息网络和国际互联网的安全保护工作；掌握信息网络违法犯罪动态，提供犯罪案件证据；研究拟定信息安全政策和技术规范；组织实施信息网络安全监察工作	重庆市公安局网站
湖北省公安厅网络安全保卫总队		湖北省公安厅网站未显示其职能
广东省公安厅公共信息网络安全监察处	指导并组织实施公共信息网络和国际互联网的安全监察、安全保护工作	广东省公安厅网站
江苏省公安厅网络安全保卫总队	组织、指导全省信息网络安全监督管理工作，侦查信息网络违法犯罪案件等	江苏省公安厅网站
浙江省网络警察总队		浙江省网络与信息安全信息通报中心挂靠网络警察总队；浙江省公安厅网站未明确列出其职能
浙江省网络与信息安全信息通报中心	建立与协调小组成员单位和各重要信息系统主管部门间的信息通报渠道，接收、汇总来自各成员单位和主管部门的安全信息通报。组织专门人员和有关专家，对涉及网络与信息安全信息的性质、危害程度和可能影响范围进行分析、研判和评估。跟踪了解国际信息网络安全动态和国内信息安全状况，掌握新出现的计算机病毒、系统漏洞和网络攻击手段等网络安全信息。将分析、汇总和研判结果及时报告省委、省政府和省信息化工作领导小组，必要时向社会发布预警信息	浙江省公安厅网站
上海市公安局网络安全保卫总队（上海市网络与信息安全信息通报中心）	主要承担打击非法侵入、破坏计算机信息系统的犯罪活动，防范和查处其他危害公共信息网络安全的违法犯罪行为	上海市公安局网站

（资料来源：作者整理）

5. 安全生产管理部门

安全生产管理部门担负国家安全生产管理职能，而安全生产事故因为导致了人员伤亡和财产损失，成为媒体、公众、网民关注和议论的焦点，也是舆论的焦点，重大安全事故一般都会引发舆情，因此安全生产管理部门是舆情引导的重要组织。2012 年 8 月 26 日陕西省延安市车祸中，陕西省安全生产监督管理局本身就是事件处置和舆情引导的主体，关于车祸中官员微笑的舆情涉及省安全生产监督管理局的官员，省安全生产监督管理局就理所当然地是应对和化解此次舆情的主体。

在我国担负有安全生产管理职能的部门较多，就中央政府来说主要由国家安全生产监督管理总局、国务院安全生产委员会、国家煤矿安全监察局、国家安全生产应急救援指挥中心。国家安全生产监督管理总局网站显示有 37 个省（区、市）设立了安全生产监督管理局，有 27 个省（区、市）设立了煤矿安全监察局。一般来说，县级政府也设立了安全生产监督管理局，上述机构和组织都涉及安全生产管理职能，在出现安全生产事故的时候，都是相应事故引发舆情的引导主体。

除此之外，国家安全生产监督管理总局直属事业单位 27 个，国家安全生产监督管理总局主管的社团组织 7 个，省（区、市）安全生产监督管理局也都有直属事业单位与主管的社团组织，这些单位和组织担负有安全生产管理职能，在爆发安全生产事故的时候，也会成为舆情引导的主体（见表 7-3）。

表 7-3　安全生产管理机构、组织及职能

机构、组织	职能	备注
国家安全生产监督管理总局	组织起草安全生产综合性法律法规草案，承担国家安全生产综合监督管理责任、工矿商贸行业安全生产监督管理责任、中央管理的非煤矿矿山企业和危险化学品、烟花爆竹生产企业安全生产准入管理责任等 17 项职能	
国家煤矿安全监察局	拟定煤矿安全生产政策、承担国家煤矿安全监察责任、承担煤矿安全生产准入监督管理责任、承担煤矿作业场所职业卫生监督检查责任等 11 项职能	国家安全生产监督管理总局管理的国家局（副部级）

续表

机构、组织	职能		备注
国务院安全生产委员会			主任由国务院副总理马凯担任。成员单位包括安全监管总局、公安部、交通运输部、能源局、中央宣传部、全国总工会、共青团中央、总参谋部、武警部队等委、办、局共计40个
国家安全生产应急救援指挥中心	综合部	负责政务、政策法规、行政事务、人事、外事和党务工作	指挥中心内设机构职能
	指挥协调部	负责安全生产事故灾难协调指挥，组织指导应急救援演习和训练	
	信息管理部	负责全国安全生产应急救援信息资源管理工作	
	技术装备部	负责科技装备和规划应急救援体系工作；组织应急救援基础设施建设工作	
	资产财务部	负责资产监督管理和机关财务工作	
	矿山救援指挥中心	负责组织协调全国矿山应急救援工作；承担国家矿山救援委员会办公室的日常工作	
国家安全生产监督管理总局调度中心			国家安全生产监督管理总局直属事业单位 总局直属事业单位共计27个
国家安全生产监督管理总局国际交流合作中心			
中国安全生产协会			国家安全生产监督管理总局主管的社团组织 总局主管的社团组织共计7个
中国职业安全健康协会			
中国煤矿尘肺病治疗基金会			
中国煤炭工业劳动保护科学技术学会			
中国索道协会			
中国化学品安全协会			
中国民用爆破器材流通协会			
浙江省安全生产监督管理局	省安全生产监督管理局是主管全省安全生产综合监督管理工作的省政府直属机构，挂浙江省安全生产委员会办公室牌子。网站显示其有14项主要职责		内设11个处室

（资料来源：作者整理）

6. 事件主管部门

各种安全事故、突发事件、群体性事件的主管职能部门都是相关社会舆情和网络舆情引导的主体。如有关车祸舆情引导的主体包括路政管理部门、交通管理部门等。动车事故和铁路交通事故的舆情应对主体是铁道部和地方铁路局。哈尔滨阳明滩大桥引桥坍塌事故的舆情应对主体不仅包括市政府、安全监督生产管理局，更重要的主体可能是建设主管部门、质量检验验收部门、设计及施工单位、监理单位等。关于湖南衡阳转基因大米实验的舆情，应对主体主要包括农业部门、卫生部门、科研机构及科研主管部门、教育部门、疾控部门、参加实验的小学等，相关主管部门必然是网民和公众质疑最多的，必须站出来澄清实验的有关细节及利弊。

7. 民政部门

一般来说，各级民政部门担负诸多重要职能，如拟定救灾工作政策，负责组织、协调救灾工作，组织自然灾害救助应急体系建设，负责组织核查并统一发布灾情，管理、分配救灾款物并监督使用，组织、指导救灾捐赠，承担减灾方面的具体工作。拟定社会救助规划、政策和标准，健全城乡社会救助体系，负责城乡居民最低生活保障、医疗救助、临时救助、生活无着人员救助工作。拟定社会福利事业发展规划、政策和标准，拟定社会福利机构管理办法和福利彩票发行管理办法，组织拟定促进慈善事业的政策，组织、指导社会捐助工作，指导老年人、孤儿和残疾人等特殊群体权益的保障工作。如表7-4所示。

民政部设有救灾司、社会救助司、社会福利和慈善事业促进司等司局机构。民政部的部属单位国家减灾中心、中国收养中心、民政部社会福利中心，部管社团中华慈善总会等也担负部分抗灾救灾、社会救助、社会福利等方面的职能。地方民政部门在内部机构设置和职能方面与民政部大致相似。上述职能多与事故或灾难相关，极易引起媒体、网民的关注，成为舆情焦点，因此各级民政部门是舆情引导的重要主体。"尚德诈捐门"的舆情中，民政部、中华慈善总会便是主要的舆情应对主体，最后民政部介入调查此案。

表 7-4　民政部主要内设机构职能

机 构	主要职能
优抚安置局	拟定优抚政策、标准和办法；拟订退役士兵、复员干部、军队离退休干部和军队无军籍退休退职工安置政策及计划；拟定烈士褒扬办法；承办拥军优属工作；拟订军供站设置规划；审核拟列入全国重点保护单位的烈士纪念建筑物名录；承办境外我国烈士和外国在华烈士纪念设施保护事宜
救灾司	拟定救灾工作政策；承办救灾组织、协调工作；组织自然灾害救助应急体系建设；承办灾情组织核查和统一发布工作；承办中央救灾款物管理、分配及监督使用工作；会同有关方面组织协调紧急转移安置灾民、农村灾民毁损房屋恢复重建补助和灾民生活救助；承办中央级生活类救灾物资储备工作；组织和指导救灾捐赠；拟订减灾规划，承办国际减灾合作事宜。
社会救助司	拟定社会救助规划、政策和标准，健全城乡社会救助体系；组织城乡居民最低生活保障、医疗救助、临时救助工作；拟定五保户社会救济政策；承办中央财政最低生活保障投入资金分配和监管工作；参与拟订住房、教育、司法救助相关办法；承担全国社会救助信息管理工作
社会福利和慈善事业促进局	拟定社会福利事业发展规划、政策和标准；拟定老年人、孤儿和残疾人等特殊群体权益保护政策；拟定社会福利机构管理办法和福利彩票发行管理办法；管理本级彩票公益金；拟定社会福利企业扶持政策；组织拟定促进慈善事业发展政策；组织和指导社会捐助工作
社会事务司	拟定婚姻、儿童收养和殡葬管理政策；推进婚俗和殡葬改革；指导涉外和涉港澳台居民、华侨、边民婚姻管理；承办政府间儿童收养政策协调事宜；协调省际生活无着人员救助工作；承担全国婚姻登记信息管理工作；指导婚姻、殡葬、收养、救助服务机构管理

（资料来源：根据民政部网站资料整理）

8. 教育部门

　　各级教育部门负责各级各类学校的管理工作，各级教育部门以及各级各类学校担负着大中小学生的教育培养、思想教育与引导以及促进学生身心健康发展等方面的职能。而从现实的状况来看，大中学生是网民的主体，尤其是中学生在思想、身心各个方面都还不成熟，对他们在网络中的言行以及思想进行合理的引导就显得尤为必要，因此，教育主管部门及各级各类学校是舆情引导的重要组织和主体。

9. 工信部门

　　在 2008 年大部制改革期间，新的工业和信息化部的职能得到了整合和调整，整合了原信息产业部、原国防科学技术工业委员会、原国务院信息化工作办公室等部门和机构的职能，负责我国工业、通信业和信息化方面的管理职能。工信部门与信息和网络舆情相关的职能主要在以下几个方面，如表 7-5 所示。

表 7-5　工业和信息化部相关信息、网络舆情管理职能

涉及职能	具体内容
信息化	统筹推进国家信息化工作，组织制定相关政策并协调信息化建设中的重大问题，促进电信、广播电视和计算机网络融合，指导协调电子政务发展，推动跨行业、跨部门的互联互通和重要信息资源的开发利用、共享
三网融合	统筹规划公用通信网、互联网、专用通信网，依法监督管理电信与信息服务市场，会同有关部门制定电信业务资费政策和标准并监督实施，负责通信资源的分配管理及国际协调，推进电信普遍服务，保障重要通信
无线电频谱资源	统一配置和管理无线电频谱资源，依法监督管理无线电台（站），负责卫星轨道位置的协调和管理，协调处理军地间无线电管理相关事宜，负责无线电监测、检测、干扰查处，协调处理电磁干扰事宜，维护空中电波秩序，依法组织实施无线电管制
网络安全与信息安全	承担通信网络安全及相关信息安全管理的责任，负责协调维护国家信息安全和国家信息安全保障体系建设，指导监督政府部门、重点行业的重要信息系统与基础信息网络的安全保障工作，协调处理网络与信息安全的重大事件

（资料来源：根据工业和信息化部资料整理）

10. 共青团、全国青联

共青团是中国共产主义青年团的简称，是中国共产党领导的先进青年的群众组织，是广大青年在实践中学习中国特色社会主义和共产主义的学校，是中国共产党的助手和后备军。中国共产主义青年团原名中国社会主义青年团。

中华全国青年联合会简称全国青联，成立于 1949 年 5 月 4 日。全国青联是中国共产党领导下的我国基本人民团体之一，是以中国共产主义青年团为核心力量的各青年团体的联合组织，是我国各族各界青年广泛的爱国统一战线组织。

共青团和全国青联的主要职能是，教育、团结和带领好青年。引导青年坚定信念，刻苦学习，奋发成才，使广大青年在全面建设小康社会的伟大实践中锻炼成长为有理想、有道德、有文化、有纪律的一代新人。协助政府管理好青年事务。参与社会协商对话、民主管理和民主监督，承担政府委托的有关青年工作事务，指导和帮助青联、学联、少先队等青少年组织开展工作。发挥党和政府联系青年群众的桥梁和纽带作用，依法代表和维护青年的具体利益，反映青年的意愿和呼声。简而言之，共青团和全国青联具有教育、引导青年、关注青年思想动态的职能，而青年是网民的主体，因为青年思想活跃，乐于探讨社会现实问题，在出现舆情的时候，需要对他们进行正确引导，共青团和全国青联在这方面就具有重要的作用，因此是引导舆情的重要组织。

11. 行业协会

行业协会是重要的社会中介组织，发挥着重要的社会管理职能。凡是涉及社会公共事务管理职能的行业协会，一旦行业协会及其管理的组织出现了问题，容易成为网民和媒体关注的焦点，引发舆情。从中国红十字会的"郭美美事件"到中华慈善总会的"尚德诈捐门"，再到中国青少年发展基金会的"中非希望工程事件"就是典型的案例，而相关的行业协会也就自然成为相关舆情的应对和引导主体。2012 年 8 月张裕葡萄酒有限公司农药残留事件的舆情应对，中国酒业协会和中国食品协会成为舆情引导和应对主体，两个协会都参加了媒体沟通会。

12. 相关企业

重大突发事件或安全事故也会涉及诸多企业，一般来说，与企业产品和业务有关的事件而引发的舆情，相关企业就是舆情引导的主体。如三鹿奶粉事件、双汇发展的瘦肉精事件、肯德基苏丹红事件、中国石化天价茅台酒事件等。

网站是网络信息传递的载体，是重要的网络媒体。负责网站维护、管理和运营的网络公司在应对网络舆情、发布真实可靠信息方面也具有不可推卸的责任。网络公司及其网站在删除违法账号，屏蔽虚假信息，杜绝反动言论，过滤色情信息，传播官方声音等方面具有不可替代的作用，因此，网络公司及其网站也是舆情引导的重要主体。

除了上述我们介绍的舆情引导主体外，几乎每一个政府部门对于自己的职能范围内的舆情都是舆情引导的主体，例如地震局是地震预警、地震谣言等有关地震舆情的应对主体，在此不一一介绍。

另外需要说明的是，由于公共事务及突发公共事件的复杂性，相应的公共事务和突发公共事件会涉及多个管理主体，因此某一公共事务或突发公共事件引发的舆情，其应对主体和组织可能不止一个。

概而言之，因为政府等公共管理部门都担负着一定的公共管理职能，就其职能范围内的事件而引发的舆情，相应的职能管理部门就是引导舆情的主体和组织。因此，从这种意义上来说，每一个政府部门都可能成为舆情引导的主体和组织。

第二节　舆情引导工作流程

目前，关于舆情引导的工作程序和流程的相关论述较少。有学者依据网络舆情演进规律提出了政府应对网络舆情的一般流程，如图 7-2 所示。我们认为，网络舆情引导大致应经历以下几个程序和步骤，如图 7-1 所示。

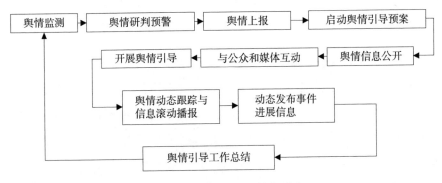

图 7-1　舆情引导的程序与流程

（资料来源：作者自绘）

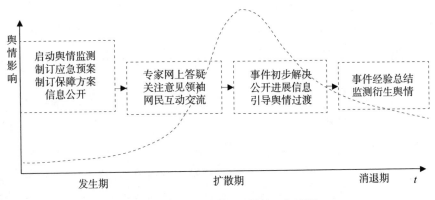

图 7-2　政府应对网络舆情的一般流程

（资料来源：网络舆情监测指标体系构建研究①）

---

① 陈新杰，呼雨，兰月新.网络舆情监测指标体系构建研究［J］.现代情报，2012.5

上述关于舆情引导工作的程序，不能做机械化的理解，并非每一次舆情引导和应对工作都必须经历上述所有步骤。对于突发事件以及重大安全事故来说，无须经过舆情监测、舆情研判预警、舆情上报等环节，就可以直接启动舆情应对预案。例如四川省成都市公交车燃烧事件舆情引导和应对，因为发生了重大突发事件，立即进行社会舆情和网络舆情引导和应对。同时，某些舆情引导工作步骤是同步进行、同步完成的，难以明确划分清楚，划分主要是为了研究方便。另外，舆情引导工作不是一劳永逸的，一次舆情引导工作结束后，还需要进行舆情监测，进行下一轮舆情应对工作，这是一个循环往复的过程。

1. 舆情监测

对于非突发事件引发的舆情来说，舆情监测是舆情引导工作的起点和基础。舆情监测主要针对网站、网络论坛、BBS 等网上舆论，其特点是隐蔽性，因此需要通过监测及早发现、提前应对。例如网络谣言、政治敏感性言论、反动言论、煽动非法集会游行的言论等。这些网络舆论没有明显引人注意的特征，如果不监测，难以及时发现。随着网络技术的发展，网络舆情监测可以从技术实现，例如使用网络舆情监测软件，设置关键词、敏感词，及时发觉相应的网络舆情，目前提供相关服务的公司已经较多。对于政府部门日常人工监测来说，也可以定时关注国内各大网站关于本部门相关工作的新闻，并及时追踪相关评论。具体的舆情监测手段前文已经论述。

2. 舆情研判预警

一旦通过技术和人工监测捕捉到了舆情，下一步工作便是对舆情及时做出研判，发出预警。一般来说，监测、研判预警几乎是同时完成的，对于有的网上言论或舆论，凭直觉便能判断出是否引爆舆情。舆情研判预警工作主要是对舆情的影响、舆情的风险、舆情的趋势与走向、舆情引导策略做出判断，并对风险较高的舆情如何进行引导和应对提出对策与建议。舆情研判预警的主要内容也在前文进行了论述。

3. 舆情信息上报

对舆情做出研判和预警后，一般来说，对于有风险、可能升级、影响范围大、可能恶化的网络或社会舆情，应及时上报单位领导或上级管理部门，以便及时采取有效的引导措施。基层舆情研判人员或专业的舆情研判人员并不一定拥有舆情应对指挥、管理、决策等权力，因此，应及时上报舆情，这是管理权限和岗位职责的基本要求，如果因为没有及时上报而导致舆情或事态扩大，可能被追责。

4. 启动舆情引导预案

对舆情进行研判预警后，对于可能升级或恶化、风险较高的舆情，如果基层舆情工作人员或分析人员具有相应的权限，即应立即采取初步的、必要的引导和应对措施，启动引导应急预案，如安抚、解释工作。如果舆情工作人员或分析人员不具有相应的管理权限，在上报领导或上级管理部门后，具有管理权限的部门或人员应及时启动相应的预案，采取应对和引导措施，避免舆情或事态扩大，例如通过网络发布公告，主动联系相关新闻媒体，发布通告等。对于重大突发事件引发的舆情，有关人员还应及时赶赴事件现场，应对社会舆情，配合应急处置，安抚群众，公开喊话，平息事件等。从目前的实际情况来看，很少有部门制定了专门的舆情引导预案，我们建议在各类突发公共事件应急预案中专门针对舆情提出具体的引导策略和引导措施。

5. 舆情信息公开

在启动舆情引导预案后，我们认为首先应公开事件和相关舆情的信息，信息公开是应对舆情、应对突发事件的基本原则。信息公开是避免小道消息和谣言的最好途径，因此，应对谣言更应立即公开信息，澄清事实。公开信息的途径和方式是多种多样的，既可以通过传统媒体如电视、广播、报纸等发布公告，也可以通过网络媒体发布信息。还可以现场发布信息，尤其在紧急情况下，可以通过户外电子媒体、现场喇叭等形式公开信息。对于重大突发事件还需要利用全国性的主流媒体公布信息。为了方便公众查询信息，普遍的做法是综合利用多种途径和形式公开信息。应对社会舆情可以通过网络媒体发布公开信息，应对网络舆情可以通过传统媒体发布信息，但是对网络舆情来说，应在网络舆情相关的网站、论坛、讨论专区、BBS发布公开信息，更具受众针对性，这与应对社会现实舆情，在事件现场发布公开信息辟谣是一样的道理。

6. 与公众和媒体互动

在公开舆情消息的同时，应重视与公众（包括网民）和媒体的互动。与公众和媒体互动就是要求做到：对媒体的质疑做出及时的正面回复，并解释事实的真相；对网民提出的问题和疑问，及时给予回答；对受害者、家属等相关人员提出的利益诉求和主张，及时做出回应。因为网络的便利性，可以通过网络在线互动回答网民的问题，陕西省延安市车祸中"微笑官员"的舆情应对，官员在微博上与网友互动，公开回应质疑，就是这种做法，而且得到了网民的赞成和肯定。对媒体的质疑，可以以召开新闻发布会等形式给以回应。对受害者、家属等相关人员提出的利益诉求，可以采取当面回应，直接安抚，暂时不能满足的利益诉求，不能随便承诺，应给以解释，限期并按时回复。

7. 开展舆情引导

通过上述舆情引导工作，并不能完全确保掌控舆情的动向，不能有效引导舆论。即使能把控舆情的导向，零星负面的、反向舆论必然存在，不可能完全消除。舆情引导的方式较多，可以采取专门的舆情引导人员跟帖、参与论坛评论、发布有利的讨论主题等。也可以制造新的舆论主题，分散网民注意力，但这种方法也要注意恰当使用，否则会导致网民逆反心理，使舆情升级。也可以由有关领导人通过网络媒体以及电视等传统媒体，直接呼吁网民，勿偏听偏信。具体的舆情引导策略前文已有论述。

8. 舆情动态跟踪与信息滚动播报

随着舆情或舆情相关事件的发展，会有新的信息出现，也会有新的舆论和舆情出现。这时，舆情引导工作应动态跟踪舆情发展态势，滚动播报新的信息，例如伤亡人数等，同时，应注意监测是否有新的舆论及舆情出现。掌控了舆情的导向并不意味着舆情引导和应对工作就此结束或是万事大吉。如果不及时跟踪舆情发展状况，或者不及时播报网民期望知晓的最新信息，便可能导致舆情失控或者出现新的舆情，甚至导致事件升级，这在应对由突发事件或重大安全事故而引发的舆情时，尤其需要特别注意。

9. 动态发布事件进展信息

由突发事件或重大安全事故而引发的舆情，突发事件或安全事故本身会经历不同的发展阶段。大致可以划分为爆发、发展、应急处置、平息、善后处理、恢复重建等阶段，在事件处置与舆情引导过程中，每一个阶段都应动态发布事件进展状态。事件进展不仅限于伤亡人数，主要是指事件真相、原因，案件侦破进展等。

例如四川省成都市"6·5"公交车燃烧事件舆情引导过程中，定期地召开新闻发布会就是很好的案例。湖北省天门市城管殴人致死事件中，我们认为事件进展信息如事件真相调查、对相关责任人的处理、尸检报告等都应及时地发布，但当地政府部门的相关舆情引导工作还有待改进。

10. 舆情引导工作总结

经过上述舆情引导工作程序和步骤后，舆情引导工作进入经验与教训总结阶段，而这一阶段的工作往往被忽略。一般来说，在事态逐步得到控制后，事件得到合理处置，事件进入尾声，舆情引导和应对工作也逐步进入尾声阶段。在事件应急处置总结的同时，也要对舆情引导工作加以总结。这一阶段的工作主要是总结舆情引导工作中做得好的经验，以便在以后的工作中学习沿用，总结舆情引导工作中做得不好的教训，以便在以后的工作中避免犯同样的错误。

案例分析：宁波镇海 PX 项目引发群体性事件

案情简介 [①]
2012 年 10 月初，不断有村民信访抵制宁波镇海区引进 PX 项目。

[①] 浙江镇海 PX 项目事件舆情分析，参见：http://yuqing.china.com.cn/2013-07/16/content_6121575.htm；镇海 PX 项目引发群体性事件，参见：大公网：http://www.takungpao.com/mainland/node_13226.htm

10月22日近200名村民到区政府集体上访，附近公路被围堵。

宁波市政府称，10月26日下午5点多，在镇海甬江隧道口，一名送饭水的辅助工作人员遭到了聚集人员围堵殴打，执勤民警上前维持秩序时，近100名聚集人员用石头、砖块向民警攻击，当场有多名民警被砸伤。当晚7点和8点许，部分聚集人员先后将一辆私家车和一辆警车推翻，并出现了打砸行为，聚集人员最多时达到1000余人。在持续劝导无效的情况下，为避免更多违法行为发生，而导致更大损害，晚上11点左右，公安机关采取措施驱散了聚集人员，并当场扣留51人，其中13人被依法采取刑事强制措施。

10月27日、28日，海曙天一广场、镇海甬江隧道附近也出现人员聚集，多数群众在劝导下离开了聚集现场。有少数人员不听劝导，公安民警将其带离现场，教育后释放。

10月28日晚，宁波市政府经与项目投资方研究决定，坚决不上PX项目，炼化一体化项目前期工作停止推进，信息发布后，大多数聚集人员自发离去，但有少数人不听劝导，公安机关对现场的聚集人员进行了劝离，到晚上11点多恢复了正常的社会秩序。当晚，公安民警还发现一名聚集人员身上带有刀具、辣椒粉等物品，立即对其采取了措施。

舆情引导简评

当地政府在突发群体性事件处置和危机管理方面是较为成功的。在舆论上让自己处于令人同情的地位。

遵从大多数群众的意见是事件快速平息的重要原因。市委市政府、区委区政府及时面对面与群众进行互动沟通，运用了信息疏导、解释澄清、领导直面等舆情引导方式与策略。

事件中，政府表达并实践了与民众沟通的强烈意愿，这是政府进步的表现。10月27日晚上，省委常委、市委书记王辉忠，市委副书记、市长刘奇分别主持召开座谈会，就镇海炼化扩建一体化项目面对面听取群众意见。"王辉忠和市委常委、市委秘书长王剑波等先后听取了镇海蛟川街道南洪村和棉丰村、招宝山街道后大街社区和白龙社区、澥浦镇湾塘村等的居民代表，以及区老干部、区人大代表、区政协委员的意见和建议。大家就镇海炼化扩建一体化项目及镇海区域的环境问题畅所欲言，提出许多建议。"①

舆情引导工作主体

此次突发事件的舆情引导主体主要包括：市委市政府、区委区政府及其主要领导，宣传部门，环保部门，当地村委会，公安部门及法院，宁波大学（涉及谣言），《宁波日报》等，表明舆情引导不是某一部门的事情。

舆情引导总结：问题及改进建议

网络开始出现"某大学生被打死"等谣言，有关部门没有及时应对和引导。建议以后遇到类似事件，应及时召开新闻发布会，并通过网络、电视、报纸开展立体式舆情引导工作。

政府随后公布项目环评合格，但缺乏事实论据，并没有专家的意见和建议，引发群众新的质疑，可以采取专家解读的形式引导舆情。

没有搭建政府与群众有效沟通的桥梁。10 月 25 日，区委书记薛维海，副区长王兆波、林伟明走进镇海网络问政演播室，与广大网民、市民代表面对面进行交流，类似交流渠道还应更多。

没有有效地从此前 2007 年厦门 PX 事件和 2011 年大连 PX 事件中吸取教训，决策之初如果举行听证会，可能不会发生本次事件，政府危机意识有待加强，茂名 PX 项目事件更加证明了这一点。

整个事件的处置和应对表明当地政府的突发事件应对机制、舆情引导机制是较为完善的，但舆情监测、预警有待加强。

第三节　舆情引导工作机制

从现实工作和实践来看，舆情引导工作还存在诸多误区与问题。为有效引导舆情，改善舆情引导和应对工作状况，我们认为应构建舆情应对工作体系，完善舆情引导法律法规，健全舆情引导工作制度，建立舆情引导机制，筑牢舆情引导工作基础。现将有关策略与建议分述如下：

---

① 宁波书记市长会见民众代表：望合法表达诉求［N］.宁波日报，2012–10–28

1.构建舆情引导工作体系

舆情引导工作体系主要涉及应对人员、组织建设、工作责任分配等问题。对于舆情工作繁重的单位或部门，如公安局、检察院、安全监督生产管理局等，可以成立舆情工作领导小组，或确定分管领导，负责信息工作、宣传以及舆情引导工作。其下可设立网络（信息）中心、新闻中心、宣传处（科、室），在基层科室里配备舆情监测人员，舆情研判预警人员，跟帖评论人员，新闻发言人，分别负责舆情信息收集、舆情研判预警、舆情引导和应对工作。当然基层舆情工作人员的分工并不是绝对的划分，主要是工作任务重点的偏重而已，也可能相关工作都需要参与，甚至由一个人完成。

由此在各个政府部门形成舆情信息收集队伍、舆情研判预警队伍、舆情引导应对队伍，而各个政府部门之间形成这种工作体系的格局，我们认为，就舆情信息收集工作体系而言，各个部门主要负责舆情信息收集工作的网络（信息）中心之间应是相互联系、互联互通、信息共享的；而舆情研判预警工作体系在初步做出研判预警后，对于非本部门的舆情，也应及时告知相应的部门，因此，舆情研判预警工作部门之间也应是相互联系的；从舆情引导应对工作体系来说，各个部门应相互交流在引导应对各种舆情中的问题、经验及做法。概言之，政府各个部门之间应形成纵横交叉的、立体的舆情引导工作体系，如图7-3所示。

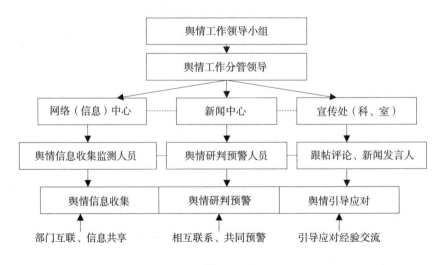

图7-3

2.完善舆情引导法律法规

完善舆情工作法律法规，加速推进我国网络治理法制化进程。从目前实践来看，我国在网络治理方面的法律法规显得相对滞后。一是现有的法律法规对网络言论内容与网络谣言的认定、对于违规或违法网络言论与行为的处罚，比较轻或者没有明确的规定。不仅需要进一步加强对网络舆情和社会舆情实际情况的调查研究，结合我国实际情况，完善相关法律法规，提高某些法律条文的可操作性，加大对网络谣言的惩罚力度；同时要加强对网络媒体的管理，严格准入许可，加大监督管理和违规处罚力度，督促网络媒体过滤不良信息，控制不良信息传播。

二是要加紧完善和制定相关的法律法规，以促进和加快我国舆情管理法制化、规范化、制度化的进程和步伐。借鉴其他发达国家较为成熟的法律法规，结合我国网络发展过程中暴露出来的新情况、新问题以及突发公共事件中舆情的新特点，不断完善我国网络舆情方面的法律法规。例如尽快出台《中华人民共和国政府信息公开法》《中华人民共和国网络信息安全法》《中华人民共和国电信法》等法律。同时，可以考虑逐步推行网络实名制，以净化网络公共空间。加大网络犯罪、网络谣言等的打击力度，防止别有用心的人或敌对分子利用网络混淆是非、煽动闹事、制造混乱，进行非法游行集会，制造群体性事件等。

三是要整合职能，强化信息安全工作。通过完善法规，以解决网络管理、侦查打击等方面的多头管理问题。促进政府部门间信息共享，避免和消除信息孤岛。促进网络空间安全发展与利用，做好信息安全工作是电子政务建设的前提。为此，应制定与政府信息安全相关的法律法规，同时，建立区域电子政务安全认证中心，实现中央政府与各级政府，以及各级政府之间信息资源的共享，充分保证网上作业的安全。

3.健全舆情引导工作制度

面对舆情工作制度缺失和不完善的状况，为了有效引导和应对舆情，应健全和完善以下工作制度：

（1）新闻（网络）发言人制度

在我国政府部门基本建立了新闻发言人制度，但是基层政府还没有形成制度，我们认为县级及其以上政府、市级以上政府及其各组成部门都应建立新闻发言人制度，确定专门的新闻发言人，确立召开新闻发布会的条件和要求。对于涉及多个政府职能部门的社会舆情或网络舆情，应明确横向沟通的要求，形成统一的对外宣传口径，由政府新闻发言人统一对外发布，不能各说各话，各自为政。

对于大型企业尤其是国有大中型企业，也应仿效政府部门，建立相应的新闻发言人制度。例如中国石油天然气股份有限公司（简称中国石油）近年来逐步建立了新闻发言人和网络监测制度，但是还有待完善。中国石油各地区分公司在舆情应对措施方面还存在差距，在政策执行上存在问题。例如中石油大连爆炸事件，当网络已经报道后，中国石油总部却还未得到准确的消息报告，第一时间的有效应对也就无从谈起。

建立网络发言人制度，就是在原新闻发言人制度的基础上进一步拓展和延伸，建立政府各级网络发言人体系，代表政府各部门及时在网络上发布准确信息，必要时可在网络媒体的网站中开设专版专题等，以适应网络时代网络舆情多发的现实需要。

案例分析：贵阳市网络新闻发言人

2009 年 9 月 1 日，贵阳市政府召开新闻发布会宣布：9 月 1 日起，贵阳市正式启动市政府系统网络新闻发言人工作——由网络新闻发言人代表市政府对外发布网络新闻和政务信息，并就网络媒体和公众关心的相关问题进行答复。这是首个以政府名义推出的"网络新闻发言人"制度。为确保网络新闻发言人制度各项措施落到实处和取得实效，贵阳除已建立了网络新闻发言人工作制度外，还成立了由市政府常务副市长任组长的贵阳市政府系统网络新闻发言人工作领导小组，负责统筹全市政府系统网络新闻发布工作。各区、市、县政府及市政府各工作部门也将建立相应的网络新闻发布工作机构。

该制度在网络舆情引导和应对工作中作用突出，2009 年 10 月，网易论坛一篇题名"红枫湖净化水质鲢鳙鱼遭大量盗卖没人管"的帖子引起了网民的高度关注，经过初步调查核实后，贵阳"两湖一库管理局网络新闻发言人"迅即在网上进行详细回复，网络发言人迅速、权威的回复，使一度在网络论坛里炒得沸沸扬扬的事件很快得到平息。

上述制度值得其他地方政府学习、借鉴和参考。

案例提示：网络发言人和新闻发言人可以并行。

（2）舆情信息审核制度

宣传、工信等政府职能部门应出台网络信息审核制度，把好舆情信息审核、入口关，强化网络媒体的责任。该制度具体涉及网络管理员、网站编辑如何过滤、屏蔽、删除虚假谣言、暴力色情等信息。对明显违反法律政策、恶意歪曲事实真相的负面舆情网站应及时清除；对恶意攻击政府、攻击现行政治制度、煽动暴力或非法集会等方面的敏感信息，网站应严格限制，使类似地震谣言的信息不能随意发布、传播于网络。对于没有尽到相应信息管理和审核责任的网络媒体，政府主管部门应出台相应的惩处制度或措施。

政府主管部门平时应加强与网络媒体的沟通，检查网络媒体在制度执行方面的情况。同时，应支持和鼓励企业做大做强主流网站，如人民网，在相应网站设置民生议题与网民进行交流。政府各个部门也应做好部门网站，设立领导人信箱以帮助网民解决各类诉求，使政府网站成为网民获取权威信息的重要渠道。

案例分析：我国将建网络安全审查制度

2014 年 5 月 22 日，中国之声《全国新闻联播》报道，国家互联网信息办公室宣布，为维护国家网络安全、保障中国用户合法利益，我国即将推出网络安全审查制度，关系国家安全和公共利益的系统使用的重要信息技术产品和服务，应通过网络安全审查。网络安全审查制度是维护国家网络安全最有效的法理依据，对于建设网络强国具有重要的推动作用。

网络安全审查制度对进入中国市场的重要信息技术产品及提供者都将进行安全审查，重点是产品安全性和可控性，防止产品提供者借助提供产品之便，非法控制、干扰、中断用户系统，非法收集、存储、处理和利用用户有关信息。对于审查不合格的产品和服务，将不得在中国境内使用。

（资料来源：我国将推网络安全审查 外企入华门槛或将提高[①]）

---

① 张棉棉.我国将推网络安全审查 外企入华门槛或将提高［N］.中国广播网，2014-05-22

案例分析：美国的网络安全审查制度

网络安全审查，就是对关系国家安全和社会稳定信息系统中使用的信息技术产品与服务进行测试评估、监测分析、持续监督的过程。

美国率先建立网络安全审查制度

2000年，美国率先在国家安全系统中对采购的产品进行安全审查，随后陆续针对联邦政府云计算服务、国防供应链等出台了安全审查政策，实现了对国家安全系统、国防系统、联邦政府系统的全面覆盖。审查对象涉及产品和服务，还针对产品和服务提供商。

随后，美国等西方国家为保障国家安全、防范供应链安全风险，逐步建立了多种形式的网络安全审查制度。将全方位、综合性的供应链安全审查对策上升至国家战略高度。

美国网络安全审查标准和过程不公开

美国网络安全审查标准和过程是不公开的。美国对供应链安全审查的过程、标准、机制是完全封闭的，不披露原因和理由，不接受供应方申诉。主要考虑对国家安全、司法和公共利益的潜在影响，且其审查没有明确的时间限制。

美国网络安全审查结果具有强制性

美国安全审查的要害之一，是安全审查结果具有强制性。美国国家安全系统委员会2000年1月发布的《国家信息安全保障采购政策》规定，自2002年7月起进入国家安全系统的信息技术产品必须通过审查。2011年12月，美国政府发布《联邦风险及授权管理计划》，要求为联邦政府提供云计算服务的服务商必须通过安全审查、获得授权；联邦政府各部门不得采用未经审查的云计算服务。美国在政府采购招标文件中还进一步规定，向联邦机构提供云计算服务的基础设施必须位于美国境内。

美国网络安全审查范围不断扩大

从开始建立至今，美国的网络安全审查范围不断延伸。2000年1月，美国国家安全系统委员会发布了《国家信息安全保障采购政策》，对涉及国家安全的信息系统采购的信息技术产品进行安全审查。2002年，美国联邦政府执行美国国家标准技术研究院制定的信息安全标准，建立了面向联邦政府的网络安全审查制度。2013 年 11 月，美国国防部颁布临时政策，规定国防系统及其合同商采购的产品和服务要经过供应链安全审查。

美国网络安全审查内容不局限于技术

美国网络安全审查的内容不局限于技术。美国联邦政府要求，不仅要审查产品安全性能指标，还要审查产品的研发过程、程序、步骤、方法、产品的交付方法等，要求企业自己证明产品已达到了规定的安全强度。

被审查企业需要签署网络安全协议

美国要求被审查企业签署网络安全协议，协议通常包括：通信基础设施必须位于美国境内；通信数据、交易数据、用户信息等仅存储在美国境内；若外国政府要求访问通信数据必须获得美国司法部、国防部、国土安全部的批准；配合美国政府对员工实施背景调查等。

（资料来源：美国是如何进行网络安全审查的[①]）

（3）建立网络评论员制度

政府舆情多发部门可以考虑设立网络评论员。网络评论员，其主要职责是针对重大网络舆情，根据网络舆论引导和应对工作部署，开展网络舆论引导和不良信息处置等工作，以一个普通网民的身份在网上发布正面信息，参与网络和论坛讨论，引导网络舆论，不断提升政府和正面信息的舆论支持度。因此，网络评论员对政府机关内部来说是舆情工作人员、舆论评论员、形象宣传员、公关人员，在网络中是普通公众、代表民意。对于重大、复杂的舆情，涉及舆情工作较多的如公检法等部门，可以设立网络评论员，以形成工作制度。这方面，广东省在 2012 年 2 月便计划组织一万名网络舆情引导员。

案例分析：广东省计划组织一万名网络舆情引导员

2012 年 2 月 20 日，广东省委副书记朱明国在广东省总工会十二届五次全委会上指出，全省工会干部要下移工作重心，面对面、心贴

---

① 美国是如何进行网络安全审查的［N］.新华网，2014–05–22，参见：http：//news.xinhuanet.com/world/2014–05/22/c_1110810913.htm

心、实打实地做好职工群众工作。"工会干部的办公室要在车间、田头，而不是高楼大厦里面，要第一时间、第一线地主动维护工人的合法权益。"要坚持实施"四个一万"工程，切实做到旗帜更鲜明，声音更响亮，措施更有力，有效帮助职工解决实际问题。

"四个一万"工程是指组织万名工会干部下基层进企业，加强指导服务；组建万名工资集体协商指导员队伍，指导企业依法开展工资协商谈判；组织万名劳资矛盾调解员队伍，承担劳资纠纷调解、为职工提供法律援助；建立万名网络舆情引导员队伍，进一步宣传工会工作、加强舆情分析研判，发挥引导、教育、服务职工的作用。

朱明国特别指出，在网络和微博时代，"人人都是新闻发言人，人人能成为记者，年轻一辈的工人都懂网络，工会干部也必须懂，发生了问题不能失声，'不讲''乱讲'都会越搞越砸"。

（资料来源：广东拟组织一万名网络舆情引导员[①]）

案例提示：网络舆情引导员可以在每个居（村）委会设立，负责了解社情民意，上情下达，类似邻里纠纷调解员，可以由基层工作人员兼任。

（4）推行网络实名制度

可以在一定范围内逐步推行网络实名制，例如规定网络 IP 跟帖、论坛注册用户才能回帖、身份证号或实名注册等实名制。在时机成熟的时候，以此为基础，适时出台相应的法律法规或制度。从火车票实名制逐步推行的进程和实践来看，经过试行，推行网络实名制并不存在理论、实践和技术的障碍。

4. 建立舆情引导长效机制

人的一生每天都需要处理各种信息；日常工作或管理工作，从本质上来说，就是信息交流和沟通，因此舆情也就是人们生活的一部分。在当今社会，网络已经成为人类生活的一部分，成为人类信息传递的重要渠道。网络舆论与网络舆情也将存在于人类生活的方方面面伴随人类。概而言之，社会舆情和网络舆情无处不在，舆情管理也就成为政府部门的职能之一。为了应对常态化的舆情管理工

---

① 廖靖文，姚文军.广东拟组织一万名网络舆情引导员［N］.广州日报，2012-02-21

作，应构建相应的日常工作机制。

（1）舆情监测机制

建立舆情监测机制，及时发现并关注舆论动态，对重大舆情，尤其是涉及改革发展稳定的倾向性、苗头性问题，要及时预警，密切跟踪，确保第一时间发现，第一时间处置，把各种不良信息解决在萌芽状态，把握舆论引导的主动权。逐步形成快速反应、高效运作的舆情监测队伍和监测制度。政府有关部门可购买或定制适合本部门的舆情监测系统软件，以解决海量网络信息的监测问题。

（2）舆情预警机制

舆情预警是指在舆情发生之前或其他重大突发事件发生后，根据以往总结的规律或观测得到的可能性、潜在性征兆，向相关职能部门发出紧急信号，报告舆情情况及可能的走势，避免在不知情或仓促不备的情况下舆情进一步扩散，使相关事件进一步升级，造成不必要的损失。

这要求政府职能部门及时跟踪重大突发事件，及时研判舆情走势。关注敏感性（网络）舆论，及时发现媒体及公众关心关注的热点、焦点问题。对此做出及时的舆情动向分析和预警判断，提出初步的处置意见和应对措施。

（3）舆情研判机制

舆情研判机制是舆情引导的日常工作机制之一，主要是对监测到的信息和捕捉到的舆情预警情报进行分析和评价，对舆情的风险、走向、应对措施和办法做出较为准确的判断，以指导舆情引导工作。对于舆情职能部门来说，建立舆情研判机制，一是要有专人负责网络监测、研判工作，明确工作职责，形成制度，做到研判工作常态化。二是利用网络舆情监测系统软件，对网络舆情进行初步敏感性分析，在监测分析的基础上再由研判人员进行研判分析。

（4）舆情保障机制

舆情保障机制是指提供舆情管理的人、财、物、技术等方面的保障。确定舆情管理的责任人是保障机制的重要内容。这里主要论述一下人才和技术方面的保障。首先，建立舆情分析专家库，在需要专家建议和意见时，可以提供舆情管理的智力保障。与新闻媒体、社会中介组织、科研机构保持良好的关系，可以为舆情管理提供协作保障。例如委托专业研究机构开展专题性研究，掌握现实社会基本面的舆情动态，捕捉一些具有苗头性的问题，从而前瞻性地提出解决问题、引导舆情的建议。

其次，信息科学技术、网络搜索引擎技术和数据挖掘技术的快速发展，为网络舆情的研判与应对提供了必要的技术保障。为了构建网络舆情保障机制，舆情管理职能部门应建立舆情监测分析系统，配备必要的网络舆情分析软件。

（5）网络舆情引导机制

舆情管理的日常工作之一，是建立舆情引导机制，制定舆情引导工作制度，就舆情引导、舆情引导的责任人与工作程序、舆情引导的方式做出明确规定。在舆情爆发后迅速启动舆情引导预案，第一时间回应网民和公众的质疑和问题。当出现负面报道后，坚持积极、正面的引导，有针对性地答疑解惑、跟帖，以正视听；对暂时未能查明原因的事件，要讲清事实，慎重宣布事件原因，滚动播报事件动态；对于重大舆情，应以新闻发布会、发布新闻通报等形式，以新闻议程来引导社会舆论和网络舆论。

（6）舆情联动机制

舆情联动机制是指政府主管部门及其他相关职能机构联合行动、分工协作、彼此配合，协同应对舆情，从而实现共同的危机管理目标。联动机制包含两层含义：一是上下联动，上一级管理部门或领导与下一级部门之间协调行动；二是横向各相关职能部门之间联合行动。

一般来说，各级政府基本上明确了舆情管理职能，宣传部门、公安部门、工信部门等都负有管理舆情信息的职责。但部门之间缺乏有效的沟通和信息交流，无法形成合力。因此，宣传部门可以牵头负责舆情的日常监测任务，并定期对舆情进行分类整理，给各相关职能部门提供日常的舆情监测分析报告，并及时反馈给各职能部门。这样，可以强化各职能部门日常沟通和联合行动。当出现重大突发公共事件时，宣传部门可以从各相关职能部门选调一些熟悉具体业务的工作人员加入到舆情的应对和引导工作中，以配合危机事件的处理。

（7）舆情互动机制

舆情互动机制是指，在应对重大突发事件和舆情的时候，政府职能部门和新闻媒体的沟通、协调和互动。政府有关部门应加强与新闻媒体的日常沟通，以形成制度化、常态化的互动。加强与主流传统媒体、网络媒体的联系合作，建立沟通机制，保持经常性的沟通和交流，发挥好网站的积极作用。舆情管理职能部门熟悉各大网站或网络公司的内部部门及联系方式，了解其沟通程序和方法，并形成经常性的沟通和交流机制。

（8）舆情善后机制

善后工作是危机管理的重要环节。舆情善后机制是指政府职能部门将秩序恢复到常态，对舆情应对处置后的社会状态或网络状态进行管理和引导，总结政府部门在舆情引导中的经验和教训，进一步提升政府的舆情引导能力。政府职能部门应通过一次舆情的引导发现现有危机管理体制与舆情管理方面的问题，加以改进。一是舆情引导后的总结、反思制度化，总结经验和不足。二是对舆情管理方面存在的问题进行改进，就舆情引导的经验教训进行交流。三是对政府职能部门的舆情管理能力和现状进行评估，了解相关部门舆情引导和应对能力是否能满足舆情发展的现状和需要，舆情引导工作程序、工作机制是否完备和符合现实需要，舆情引导过程是否存在问题或重大缺陷等。

（9）舆情责任追究机制

舆情责任追究机制是指对过错行为的追责，一方面是追究突发事件中的责任人的责任，另一方面是对于在舆情引导中的失职失责行为的追责。随着责任政府理念的深入人心以及引咎辞职制度的逐步完善，责任追究机制已成为政府部门重要的管理运行机制。舆情多数涉及重大突发事件，及时追究重大突发事件责任人的责任，对于平息社会舆情和网络舆情、对突发事件的应对和处置具有至关重要的作用。若对某些责任没有及时追究，甚至可能直接引发新的舆情，导致事件升级，对于突发事件中的责任追究一般以法律、法规为依据。对于舆情引导中的失职失责行为，相关政府职能部门应采用列举的方法，形成制度，作为追责的依据。

（10）舆情领导机制

舆情管理工作繁重的部门，或者处置重大突发公共事件，应建立舆情工作领导小组或网络舆情应急领导小组（以下简称领导小组），领导小组可以下设办公室，如协调处置办公室、技术预警办公室等。协调处置办公室负责协调和处理与上级部门、工信部门、网监部门、媒体等的关系，及时向有关单位、部门通报信息和网络舆情状况；技术预警办公室负责监测、收集、跟踪舆情信息，为应对举措提供技术支撑。

具体来说，领导小组负责对舆情采取有效措施，协调和处理与媒体的相关事宜；根据需要指定舆情的新闻发言人；审定新闻宣传预案，决定新闻宣传内容，安排新闻发布；接待、管理采访事件的媒体记者；指导相关单位、部门解疑释惑，澄清事实，批驳谣言，引导舆论；向有关领导和部门及时上报舆情。总之，建立领导机制，有助于理顺舆情管理工作，统一对外宣传口径。

（11）突发事件应对机制

依据《中华人民共和国突发事件应对法》《国家突发公共事件总体应急预案》，结合当地和部门实际情况，制定有针对性的突发事件应急处置工作预案。预案中必须包括媒体应对和舆情引导的策略，明确媒体工作流程，把责任落实到人。根据危机发展各个不同阶段的特点，做好引导舆论、有效疏导、控制局面、避免新危机出现、转移受众视线、形象重塑或强化等各环节工作。舆情引导是与突发事件的应对和处理紧密相连的，如果不能有效地应对和处置突发事件，是难言有效引导舆情的。

5.筑牢舆情引导工作基础

舆情工作不仅是处理危机、应对各种谣言、处理各种丑闻和负面信息的需要，也是强化网络安全和信息安全的需要，应该是党政部门的日常工作之一，应逐步规范化、制度化、常态化。做好舆情引导的基础性工作，除了前文所述的人才和技术保障，还应做好以下工作。

首先，各级政府部门应构建舆情工作体系，形成由宣传部门主导，公安部门等协作参与的舆情工作局面。建立各级政府部门共享、互动、开放的网络平台，通过网络平台可以了解社情民意，聆听群众心声，解疑释惑。现在，大多数政府都有自己的网站，但是应将这些网站和资源进行整合，实现信息共享。

其次，应建设舆情管理人员队伍。对于一级政府来说，逐步建立新闻（网络）发言、信息收集、信息研判、舆情引导的专业人员队伍，并定期进行专业培训。同时，政府部门还应形成与本部门舆情相关的专家学者、媒体人士的专家人才库，邀请这些专家为部门做相关培训，在突发事件或舆情爆发时发挥他们在舆情引导方面的积极作用。

最后，应明确本部门舆情引导工作原则，并以其作为指导本部门、本单位舆情引导工作的准绳。舆情引导工作原则前文有所论述。

思考题

1. 请列举你所在单位在舆情引导方面的主要工作职责。你担负着哪些舆情工作职责？

2. 你认为舆情引导工作主要包括哪些工作环节？

3. 你认为舆情引导工作机制主要包括哪些内容？

4. 你所在的单位是否建立了舆情工作体系，你认为还有哪些地方应加以完善？

5. 你所在的单位或地方政府是否设立了新闻发言人？请阅读有关新闻发言人有关素养的书籍。

6. 你所在的单位建立了哪些舆情工作制度？

第八章 专论：谣言的产生与应对

阅读材料：谣言是啥玩意 [①]

　　法国学者诺埃尔·卡普费雷在《谣言——世界最古老的传媒》一书中，引用了很多谣言研究者对谣言的定义和阐释。其一：谣言是人们之间私下流传的，对公众感兴趣的事物、事件或问题的未经证实的阐述或诠释。其二：无论从其本义还是转义上来说，谣言都离真实真相很远，反映的是对现实的歪曲。其三：谣言是在一群人议论中产生的即兴新闻。卡普费雷认为：当人们希望了解某事而得不到官方答复时，谣言便甚嚣尘上。这是信息的黑市。他从精神分析角度阐释道：谣言可以被看作精神癌症。

　　卡普费雷独到地认为，谣言是对权威的返还。它揭露秘密，提出假设，迫使当局开口，并对当局作为唯一权威性消息来源的地位提出异议。谣言是一种反权力。更刁钻的是，他还认为，谣言揭露了人们丝毫未产生怀疑的某个事实和某些隐藏的真相，从而增加了政权的透明度。他还从人性角度分析道，传谣者推心置腹地吐露隐情，与人分享秘密，在交易中显得十分伟大，他表现出像一个掌握了珍贵知识的人、一个启示者，在谣言的接收者那里，他的形象增添了无数光辉。卡普费雷也给出了谣言的结局：谣言的迅疾，来自信息本身价值的不可避免的逐步贬值。

　　突发事件爆发后极易引发谣言。例如 1923 年日本东京大地震后，关于旅日朝鲜侨民纵火、投毒的谣言，使 2613 名在日朝侨被杀；1978 年希腊塞萨洛尼基

① 区区.谣言是啥玩意［N］.当代工人（C版），2013-04-15

市地震后，谣言造成该市超过半数人逃走、固定资产被抛售和食品遭抢购等恐慌。谣言不仅扰乱社会生活秩序，危害社会稳定，还会降低政府公信力，消除谣言是政府的职能之一。舆情工作的重要内容之一便是有效地应对谣言、消弭谣言。因此，这里将谣言的产生和应对作为一个专题进行讨论，对各级党政机关及其公务员的实际工作具有重要指导意义。

第一节　谣言与网络谣言

1. 谣言

谣言，现代汉语词典的解释是："没有事实根据的消息。"一般是指没有事实基础，被捏造出来并通过一定传播方式传播的言论。某些人（或者某一群体、集团和国家）出于特定的动机和目的，可能会主动制造或散布一些没有得到确认的、缺乏事实根据的谣言。

1947 年，美国社会学家 Postman（波斯特曼）和 Allport（奥尔波特）提出了一个决定谣言的公式：谣言 =（事件的）重要性 ×（事件的）模糊性，他们通过这个公式指出谣言的产生和事件的重要性及其模糊性成正比关系，即事件越重要而且越模糊，谣言产生的社会效果就越大，而当事件的重要性与模糊性一方趋近于零时，谣言也就不会产生了。

2. 网络谣言

网络谣言是指通过网络媒介（例如网站、邮箱、聊天软件、社交网站、网络论坛、手机短信等）而传播的没有事实依据的消息。网络谣言同社会现实的谣言没有本质区别，只是传播介质和传播方式不同而已。当前网络谣言多涉及公共事务，尤其突发事件。网络谣言传播具有突发性且传播速度极快，因此容易对正常的社会生活秩序造成不良影响。

2013 年 9 月 9 日，最高人民法院、最高人民检察院发布了《关于办理利用信息网络实施诽谤等刑事案件适用法律若干问题的解释》，明确了网络谣言在什么情况下构成犯罪。该司法解释于 2013 年 9 月 10 日起施行。

3. 谣言的分类

按照不同的标准，谣言可以分为不同的类型，搜狐新闻中心总监吴晨光将谣言分为 4 个种类：常识类、时政类、图片类、伴随突发事件而出现的谣言。

《北京日报》曾刊文，根据涉及的内容不同，将网络谣言分为：网络政治谣言、网络灾害谣言、网络恐怖谣言、网络犯罪谣言、网络食品及产品安全谣言、网络个人事件谣言。

电信分析师马继华在其博文中，将谣言分为十种类型：凭空杜撰性的谣言、夸大其词性的谣言、断章取义性的谣言、拼凑剪接性的谣言、半真半假性的谣言、假戏真做性的谣言、刻意暗示性的谣言、辟谣求证性的谣言、逻辑诡辩性的谣言、记忆偏差性的谣言。[1] 但是这里并没有明确分类的标准，这种经验性的分类，会存在分类交叉的问题。

中国台湾《传播学补白》一书，根据谣言的性质和功能，将谣言分为挫折性、不安性、恐惧性、期待性、抵抗性、辩护性、反击性、神怪性、扰乱性 9 大类（见表 8-1）。[2]

表 8-1　谣言主要分类

分类标准	类型
传播目的	有意捏造谣言；无意传播谣言
传播效果	有害谣言；无害谣言
传播规模	大规模谣言；中等规模谣言；小范围谣言
谣言内容	政治谣言；军事谣言；经济谣言；社会生活谣言；其他谣言
传播周期	形成期谣言；高潮期谣言；衰退期谣言
谣言性质	娱乐恶搞型；报复发泄型；利益争斗型

（资料来源：从河北"SARS 谣言"事件看网络谣言应对[3]）

一般习惯于按谣言涉及的内容，将谣言分为：政治谣言、经济谣言、军事谣言、社会生活谣言、自然现象谣言等。

---

[1] 马继华. 网络谣言的十种基本分类，参见：http://blog.sina.com.cn/s/blog_497635000102e7le.html
[2] 王国宁. 从传播学角度看谣言及其控制［J］. 新闻研究资料，1991（3）.
[3] 于燕枝. 从河北"SARS 谣言"事件看网络谣言应对［J］. 鸡西大学学报，2012（8）.

第二节　谣言的产生原因

在玛雅人的历法中，于公元前 3114 年 8 月 13 日开始的长纪历纪元将于 2012 年 12 月 21 日结束，共计 5125 年。但是在其历法体系里，一个纪元的终结同时也意味着另一个纪元周期的开始，这一过程是周而复始的。一些人将玛雅长纪历纪元的终结与"世界末日"联系起来，在 2012 年前后形成了关于"世界末日"的谣言，被誉为 2012 年"最成功的谣言"，而且在现实生活中还有不少人相信此谣言的内容。

谣言的产生是极为复杂的，既有社会的原因，也有心理的原因；既有造谣者主观的因素，也有传谣的客观社会基础。简单分析起来，主要在于以下几个方面：

1.心理原因是滋生谣言的内部因素

（1）恐慌心理

面对突如其来的突发事件，人类往往会表现出不同程度的恐惧，为了化解这种恐惧，人们往往会对某些现象和问题寻求某种解释，正是这种恐惧感为谣言的产生提供了心理基础。非典、禽流感、地震等都会引发人们的恐慌，而这些事件与人们的生活关系极为密切，当民众无法从正式渠道获得真实可靠的信息，就会听信小道消息，或进行主观臆测，因此谣言就慢慢产生了。

（2）盲从心理

在心理学上，盲从心理也称为从众心理，指个人在群体的压力下，使个人放弃自己的主见，而采取和群体说法或者做法一致的心理行为。生活中人们称为随大流。从众心理是一种很普遍的心理现象。因对自己的观点和分析缺乏信心，对事态发展的结果没有十分的把握，从而选择从众以求得心安理得。例如，2011 年 3 月 11 日，日本发生里氏 8.9 级大地震，导致福岛核电站发生泄漏，有人说吃盐可以防核辐射。3 月 17 日起，中国沿海城市浙江、江苏、山东发生大规模的购盐潮，盐价曾飙升至 20 元每袋。人们便出现别人买盐，我也买点盐的心态。

（3）宣泄心理

人们普遍认为，现代社会生活压力极大，大部分人都处于心理亚健康状态，部分人在某些情况下可能出现心态失常的情况。这些人一旦看到或者听说某些不公平、不合理的社会现象，就可能将这些信息歪曲放大，将其张贴于网络，利用网民的好奇心来发泄个人情绪。这可能是因为个人矛盾或利益纠纷导致的宣泄，也可能是因为对某一社会现象的不满导致宣泄。当前，仇官、仇富的心理就是这种心理表现。

（4）猎奇心理

现代社会，高墙林立，部分人缺乏交往，或生活孤独寂寞，或生活枯燥乏味，而一些网络谣言的内容能够增加生活的情调，甚至对某些人来说充满刺激。某些人在网络上制造网络谣言就是出于娱乐、猎奇的心理。为了满足某些网民的好奇心，一些人便制造有关明星人物、政府高官的网络谣言。

2.社会原因是产生谣言的重要因素

（1）社会焦虑

我国社会正处于转型期，公众的社会焦虑急剧增加，社会生活和未来的不确定性增加，人们在这一巨大的变革中极易波动，容易处于焦虑和不安状态，某些人往往具有不安全感。这为谣言的产生和传播提供了温床。当人们面对谣言的时候，"宁可信其有，不可信其无"，或是将现实社会中的道听途说编撰成文字，散布于网络空间，从而使网络谣言增多。

（2）防范意识淡薄

当前，社会、公众、政府对网络谣言的认知不够，缺乏相应的警惕性和防范意识。未能及时制止谣言，致使谣言蔓延，影响扩大。"蛆橘事件"让全国柑橘严重滞销、地震谣言令山西数百万人街头"避难"、响水县"爆炸谣言"引发大逃亡导致4人遇难、"皮革奶粉"传言重创国产乳制品、QQ群里散布谣言引发全国"抢盐风波"、"滴血食物传播病毒"传言引发恐慌等，都在一定程度上反映了社会的防范意识淡薄。如果及时防范应对，使公众了解事情真相，安抚公众的恐慌心理，就能有效控制谣言的影响。

（3）权威信息滞后

我国政府信息公开制度并不完善，加之，政府部门发布信息需要经过相应的程序和审批，会使重要的权威信息滞后，为谣言的滋生留下了一定的空间。社会公众与政府本身处于信息不对称的状态，难以获取有效的信息，即使公众获取了有效信息，部分公众也会选择不信任政府。

我国的言论控制力度大，政府机构想要公布信息必须要经上级领导机构批准，这就在时间上错过了网络谣言的最佳遏制期。这种权威信息的透明度和公开度不高的社会现实不但制约了民众对真实信息的获取，同时也大大降低了政府的威信。

（4）监测预警能力不高

尽管网络的快速发展已有二三十年历史了，但是对我国来说，无论是社会还是各级政府部门，对网络谣言、舆情信息的监测预警能力都不高。谣言监测预警就是要准确及时地发现网络谣言产生的苗头，切断其根源，及时清理有可能演变成谣言的网络信息，尽可能地避免网络谣言的出现。

3. 网络技术为谣言提供了便利

网络具有开放性。这意味着每个人都能够公平地从网络上发布和获取信息，不受任何个人和组织的限制。网络技术和通信技术的快速发展使互联网的信息量极为庞大，网民没有能力也没有时间辨别信息的真伪，从而为网络谣言的形成提供了温床。

网络具有匿名性。信息传播主体的身份是隐匿的，在网络中，人们一般不会使用真实身份，这在一定程度上增加了网络用户的安全感。这种交流方式使人们敢于仗义执言，使一部分人敢于说真话。但是也会使部分网民肆无忌惮地散布谣言，有关部门也难以追究责任。当然，这种状况将会有所改变。

网络具有便捷性。网站的建立或个人用户的注册都十分便捷，只要网民愿意，便可以很方便地拥有一个属于自己的大众传播平台。即使其被强制关闭，用户还可以以较快的速度再次进行注册，继续进行谣言的制造和传播活动。这就加大了网络谣言的防治难度。

网络具有互动性。谣言制造者和传播者的共同目的是使谣言得到网民的认可和响应，而网络的互动性为达到这一目的发挥了重要作用，例如通过微博转发、转载、关注、群发等能快速得到网民的响应，迅速传播，推升点击率。同时，网民还可以利用关键词搜索，快速查找到热点、焦点事件，而这些事件大多是网民通过互动推升出来的点击率高的事件。

4. 政府公信力下降助长了谣言滋生

社会转型期，利益格局处于大调整的状态，各种利益矛盾凸显，冲突加剧，危机潜伏。某些地方政府或处事不公开透明，或处事不公平，或承诺不兑现，往往使公众不太信任政府或政府的相关言论。社会公信力危机和民众的不信任感有所增强。当公众宁愿相信道听途说的时候，谣言就难以避免了。著名的谣言研究者卡普费雷曾经说过："当公众对一切都无法相信的时候，那么他们就会相信一切。"[1] 从某种意义上来说，这对政府是很危险的，6·28贵州瓮安事件、广东陆丰乌坎村事件、石首事件等突发事件就体现了公众对政府不信任的危害。

5. 各种合力加剧了谣言发展

谣言的产生有个人、社会、政府等各方面的原因，各种合力加剧了谣言的形成和传播。

缺乏科学知识而听信谣言。历史上许多谣言的形成都是因为迷信或对科学的无知。随着科技的进步、科学知识的普及，这种谣言已经渐渐失去了存在的土壤。但因缺乏科学知识而产生的谣言并不少见。例如将灾害归因于日月食、太阳风暴、流星雨等正常天文现象，世界末日论也是因迷信而起。

网络推手制造谣言。网络推手通过微博等方式传播重大信息、拥有大量粉丝，能动员网民，他们不是一般网友，而是意见领袖。一些网络推手制造并加速了谣言的扩散，挟持网民的意见。例如被公安机关抓获的"秦火火""立二拆四"就是典型的案例。

商业利益成为制造谣言的动因。一些企业为了扩大市场份额、满足一己私利，不顾社会道德，甚至不惜触犯法律。例如北京警方 2013 年 8 月打掉的在互联网蓄意制造传播谣言、恶意侵害他人名誉，非法攫取经济利益的网络推手公

---

[1] ［法］让－诺埃尔·卡普费雷.谣言：世界最古老的传媒［M］.上海：上海人民出版社，2008：82

司——北京尔玛互动营销策划有限公司。而在资本市场，也有不少人制造虚假的利空消息来做空某只股票从而获取利益。

媒体的失范。长期以来，我国的传统媒体，包括广播、电视、报纸等扮演着权威信息发布者的角色，在受众中拥有很高的信任度。但随着互联网等新媒体的快速发展，传统媒体在信息传递和舆论监督方面难以适应形势的发展。对于社会热点和焦点问题，当网络媒体已经发布信息，形成波澜壮阔的舆情的时候，而传统媒体却还无动于衷，往往是当谣言已经盛行的时候，传统媒体才开始匆忙辟谣。同时，一些媒体在发布信息时存在不负责任的现象，未经证实的信息常常被随意地引用和转载。当谣言被广泛转载时，特别是在可信度比较高的大众传媒上被转载，民众对这则谣言的信任度和认可度就会直线上升，使民众对网络谣言更加深信不疑。

网站管理存在漏洞和问题。网络媒体，尤其是论坛、博客、微博客等新型传播手段的出现，使信息发布的门槛降低，人人都可以发布信息。网站在信息发布方面扮演把关者的角色，网民数量众多，信息源多元化，信息量巨大，给网站内容管理带来巨大的压力。使得网站内容把关环节不断被弱化，很多信息未经真伪辨别、查证核实便被发布，使网络谣言和有害信息的散布和传播有了较大的空间。网站对网民的言论处理方法一是事前审查，二是事后删帖。事前审查依赖于网络实名制，但网络实名制短时间内难以全面推行，而事后屏蔽、删帖及禁言，管理难度是较大的。目前，一般是在谣言产生后，以最快的速度辟谣。

敌对势力制造谣言。境内外敌对势力和境内别有用心的人始终没有放弃对我国进行"西化""分化"的策略，互联网时代的一个重要手段就是通过互联网等信息渠道，宣扬各种错误观点，炮制各种谣言，对社会热点问题和焦点事件进行炒作，煽动群众的不满情绪。这种情况在群体性事件中时有发生。

某些人员纪律观念淡漠助长了谣言。某些报纸、网络刊发或转载不实新闻，甚至制造谣言，恶化了网络环境。某些公务人员或者对人民群众的合理诉求不闻不问，或者对突发事件处置不力，或者脱离群众、缺乏与群众沟通，从而引发谣言。

案例分析：奉节县谣传高速路建桥需 18 名童男童女祭神[①]

　　日前，一个荒诞的谣言开始在重庆奉节县朱衣镇不胫而走：因修高速公路，工地方将在当地寻找 18 名 12 岁以下的童男童女献祭，填埋于桥墩之下，以确保众多高架桥的稳固。由于谣言无人澄清，愈演愈烈，部分学童因此怯学回家。记者进行了实地调查，警方证实谣传内容都是假的。

　　对于童男童女填桥的谣言，该镇几乎人人皆知。居民们说，谣言起于元旦前后，当时横穿朱衣镇全境的奉节至云阳高速公路已开工建设半年，山谷中有挖好的深洞以待浇筑高架桥墩。

　　这时，谣言开始流传：工地方为确保桥墩不垮，将在每个坑洞里掩埋一个 12 岁以下的童男童女，以祭桥神。

　　一周后，谣言越传越玄乎，开始波及位于镇上的朱衣镇中心小学、三江初中和众多的幼儿园。随后，在镇上小学门口，开始出现一些等待接孩子回家的家长。家长卢德尚说，很快，不时有人传出有孩子差点被劫走或拐卖的消息，部分消息时间、地点俱全，开始出现"一个孩子卖给工地价值 40 万元"、歹徒"开始使用麻袋装孩子"等新的谣言。

　　该镇派出所值班民警称，针对传言，警方曾出警调查，证实谣言内容都是假的。目前，尚不知道谣言的始作俑者，以及出于什么目的传播谣言。既然事情已闹得沸沸扬扬，为何不公开辟谣？朱衣镇政府值班官员未做回答。

舆情评析

　　该谣言产生的原因在于：群众对政府不信任（群众相信修公路这种公用事业会采用这样荒诞的做法），当地可能存在社会焦虑或不安全感，群众具有迷信心理，政府未及时辟谣，政府未及时查出谣言的源头和造谣者。

　　该谣言的应对与引导策略：通过主流媒体公开辟谣，及时查处谣言的源头和造谣者，就高速公路修建的相关问题与群众面对面交流，进一步化解群众的焦虑

[①] 重庆奉节谣传高速路建桥需 18 名童男童女祭神［N］. 新京报，2007–01–16 参见：http://news.sina.com.cn/s/2007–01–16/010612044976.shtml

和不安全感（治本之策）。

第三节　谣言的应对与引导

从理论上来说，谣言的产生机理经历三个大的阶段，即开始于谣言的制造者，发展于谣言的传播者，生成于谣言的信谣者。谣言的应对只要阻断上述三个阶段的某一个阶段即可。但实践中是很难做到的，例如谣言的制造者难以查找，谣言的传播者和传播路径很多，信谣者是不特定的社会大众。因此，要有效应对谣言，需要政府、社会、传媒、个人等都担负起相应的责任，多管齐下，多措并举，才能快速破除谣言。这里主要从政府应对的角度论述如何应对谣言。

1. 及时查清谣言源头，依法惩处违法犯罪

谣言一旦流传，公安机关应及时查明谣言的源头，惩处故意造谣者。对那些故意造谣滋事、唯恐社会不乱，或有其他图谋的人员，在谣言来源事实调查清楚的基础上，及时依法进行严厉惩处。国务院发布的《突发公共卫生事件应急条例》规定，在突发事件发生期间，散布谣言、哄抬物价、欺骗消费者，扰乱社会秩序、市场秩序的，由公安机关或工商行政管理部门依法给予行政处罚；构成犯罪的，依法追究其刑事责任。《治安管理处罚法》也明确规定"散布谣言，谎报险情、疫情、警情或者以其他方法故意扰乱公共秩序的，处 5 日以上 10 日以下拘留，可以并处 500 元以下罚款。"《关于办理利用信息网络实施诽谤等刑事案件适用法律若干问题的解释》也是惩处造谣者的重要法律依据之一。

2. 及时发布权威信息，切断谣言传播路径

面对突发事件，谣言盛行，政府不能隐瞒或部分隐瞒信息。在网络时代和信息时代，隐瞒已经是不可能的事情。而阻断谣言传播路径的有效办法就是政府部门及时发布权威、可靠的信息。公开信息会使谣言不攻自破，是粉碎谣言的有力武器。这既可以满足公众的知情权，也可以疏通公众获取信息的渠道，如果政府部门不及时发布相关信息，信息渠道必然被谣言所充斥、占领。

哈尔滨水污染事件中，政府置公众的知情权于不顾，以"供水管网设施进行全面检修"来解释停水决定。最终导致群众对政府不信任，谣言和社会恐慌也随之而来。与此同时，地震的谣言也开始疯传，出现市民储藏食物、夜间不敢睡觉等情况。在这次事件中，也许有害怕引发社会恐慌的借口（表明政府不信任群众），政府并没有发布权威信息，反而成为谣言的源头和制造者，这是一个突发事件引发谣言的典型反面案例，值得深思。

3.开展预防谣言宣传，避免群众信谣传谣

积极开展预防公众信谣传谣的宣传活动，让公众能分辨真伪、辨别真假，识破谣言，提升公众防范谣言的意识和能力。谣言没有了信奉者，也就失去了存在的土壤。例如可以开展一些预防网络诈骗、网络谣言的宣传教育，对识别谣言、防范谣言具有一定积极作用。有的谣言是违背科学理论和生活常识的，经过宣传教育，人们也就不会相信这些谣言。

4.协调媒体开展辟谣行动，进行正面引导

人们往往将广播、电视、报纸等传统媒体比作政府的喉舌。谣言一旦散布传播开，媒体在应对谣言中具有重要作用，如地震后，灾区通信可能中断，人们往往会通过广播了解灾情和外部情况，水污染后，人们往往非常关注电视或报纸的相关报道。政府可以有效利用媒体资源，在谣言蔓延后，充分调动媒体（包括传统媒体和新媒体）开展辟谣行动，进行正面引导、广泛宣传，例如刊登（播出）高层领导或有关专家的讲话，或者开辟专题报道，针对谣言的漏洞进行针锋相对的一一回应。当然，一个负责任的现代媒体在突发事件爆发或谣言出现后，也会及时、主动做出反应。在抢盐风波中，媒体就发挥了重要的作用。

5.完善网站管理制度，阻隔网络谣言蔓延

当前，谣言多通过网络（包括无线网络）、手机短信、微信等方式快速传播。因此，政府舆情工作部门或危机管理部门应加强与主要网站建立联动机制，一旦出现谣言，及时协调网站采取措施阻隔谣言，并向社会公众公告该信息为谣言，可以在网站进行公告。危急情况下，也可以与移动通信供应商协调，向相关

用户群发相关信息。

鼓励有关网站积极开展应对谣言的相关行动。例如有条件的网站也可以试行网络实名制。中国互联网协会在 2012 年 4 月 8 日发布了《中国互联网协会抵制网络谣言倡议书》，提倡"加强对论坛、微博等互动栏目的管理，积极引导网民文明上网、文明发言，坚决斩断网络谣言传播链条。""积极利用网站技术管理条件，加强对网站内容的甄别和处理，对明显的网络谣言应及时主动删除。"这些措施对减少和消除谣言具有重要的意义。

阅读材料：德国利用网络技术治理谣言[①]

　　屏蔽是应对网络谣言的有效方法。德国政府部门对破坏国家民主秩序的网络言论进行严厉打击。有专门的机构来进行网络的审核和屏蔽工作，一个是联邦刑警局；另一个是青少年有害媒体审核署。仅 2009 年，德国政府就曾 199 次要求谷歌（微博）公司提供网络用户资料或屏蔽特定网页，这一数量在全球仅次于巴西，其中 94 次要求谷歌在搜索结果中不显示特定网站，10 次要求屏蔽某些"违法博客"。2011 年的英国骚乱中，暴徒通过社交网站和黑莓（微博）手机进行串联，短时间内便把事先锁定的商家洗劫完毕，卡梅伦已经考虑今后再发生骚乱时，将会关闭微博、社交网站和"黑莓信使"服务，以阻止骚乱者利用这些社交网络工具相互联络。

当然，完善治理（网络）谣言的法律法规，才是治理（网络）谣言的治本之策，这对基层政府和已经出现的谣言来说，操作性意义并不大，在此暂不讨论。

第四节　谣言应对案例分析：抢盐风波

1. 抢盐风波概览

2011 年 3 月 11 日 13 时 46 分，日本东海岸发生 9.0 级地震，地震

---

① 杨茂凯 . 网络谣言的成因、危害及其治理对策研究 ［D］. 江西农业大学学报，2013：23

造成日本福岛第一核电站机组发生核泄漏事故。2011 年 3 月 12 日，日本经济产业省原子能安全和保安院宣布，受地震影响，福岛第一核电站的放射性物质泄漏到外部。2011 年 3 月 13 日，共有 21 万人正紧急疏散到安全地带。核泄漏波及影响到韩国、中国等日本周边国家。

2011 年 3 月 15 日 10 时左右，浙江省杭州市某数码市场的一名员工用"渔翁"的网名在几个 QQ 群上发布了一条"据可靠信息，日本核电站爆炸对山东海域有影响，并不断地污染，请转告周边的家人朋友储备些盐、干海带，暂一年内不要吃海产品"的消息。此后，这条消息被广泛转发。

3 月 16 日，浙江省部分地区发生集中购盐现象，并迅速向周边省市蔓延，浙江、山东、江苏、广东、北京等地发生抢购食盐的现象。

3 月 17 日，全国大部分地区出现抢购食盐。

2. 谣言应对与引导

3 月 17 日午间，国家发改委发出紧急通知强调，我国食用盐等日用消费品库存充裕，供应完全有保障，希望广大消费者理性消费，合理购买，不信谣、不传谣、不抢购。并协调各部门多方组织货源，保障食用盐等商品的市场供应。

3 月 17 日，中国盐业总公司成立了以总经理茆庆国为组长、副总经理董永胜为副组长的应急工作领导小组，启动应急工作机制，要求各地盐业公司确保食盐市场安全供应，开展市场价格检查，坚决打击造谣惑众、恶意囤积、哄抬价格、扰乱市场等不法行为，保障食用盐等商品的市场供应，稳定市场、稳定价格。

3 月 16 日晚，有网友在微博上向浙江省省委组织部部长向蔡奇"求助"：请省领导关注抢购食盐现象。两个多小时后，蔡奇回复表示：他也收到了多地抢购食盐的消息。"这里告诉各位不必慌张。据环保部门监测，目前浙江没有受到核辐射影响，食盐保证供应。"他希望浙江网友能够互相转告。

浙江省分管医疗卫生的副省长郑继伟也积极在微博上发言，他说："核威胁阴影中，我们需要信心和希望。已部署，盐会有的。"

3月18日，各地盐价逐渐恢复正常，谣言告破。

3月21日，杭州市公安局西湖分局发布消息称，已查到"谣盐"信息源头，并对始作俑者"渔翁"做出行政拘留10天，罚款500元的处罚。

3. 媒体报道：以上海为例 [①]

《东方早报》3月17日早间在A6版刊登了题为《市经信委：盐供应量充足，加碘盐并非人人适合食用》的文章，直接引用政府部门的说法回应食盐抢购潮。

3月17日出版的《青年报》刊发《超市食用碘盐被抢购一空　市民囤盐真的毫无必要》一文，采访了超市和专家，劝诫公众不要参与食盐抢购。

3月17日下午出版的《新民晚报》在头版刊发《本市确保食盐供应　市民无须恐慌抢购》的稿件，并配发评论《自己吓自己》，同时在7版刊发稿件《大量摄入碘盐有害无益》。

3月17日出版的《新闻晚报》在头版刊发《食盐供应充足，市民无需抢购》。

3月18日早间，《东方早报》《青年报》《新闻晨报》均以头版头条对抢盐进行持续报道，相关媒体报道持续到3月19日，抢盐风波慢慢平息。

4. 谣言应对与舆情引导简评

这是一起席卷并影响全国的谣言，在谣言应对和舆情引导方面，需要各级地方政府以及中央国家机关有关部门共同努力。从这次事件可以看出，在造谣、传谣方面，网络显示了极大便利性和较强的力量，这表明对网络进行有效监测是极为重要的。而在辟谣和应对谣言方面，报纸、电视等传统媒体显示了强大的力量

① 刘永钢，孙翔，新传播时代的谣言应对之道——从上海媒体阻击"谣盐"报道看舆论引导创新 [J]. 新闻记者，2011（5）：34—36.

和有效性，官方的权威信息始终需要通过报纸、电视等媒体传达出来，因此，在应对谣言的时候，政府应重视协调媒体开展辟谣工作。对于区域性的谣言，地方政府应及时协调当地媒体开展辟谣工作。

应对这起谣言的主要措施和办法是：查清谣言源头、惩处造谣者，发布权威信息、阻断谣言传播路径，媒体开展辟谣行动等。

媒体在辟谣行动中的主要做法：一是在重要版面位置，刊登权威信息，配以评论、解读等。据统计《东方早报》在3月17日到19日3天时间里，刊发了总共超过9个整版，15篇以上，超过2万字的相关报道。二是将权威信息、服务性信息、科学释疑类新闻、深度解析性信息、专家人物专访等信息结合起来，全方位、多角度进行报道。三是针对谣言中的主要观点，进行针对性回应的报道，与论证和辩论中反驳论点相似。

从这次事件也可以看出，新闻、宣传部门不仅要担负起发布权威信息的职能，让媒体在第一时间掌握最真实、最关键、最核心的信息，而且要担负起服务政府、新闻媒体等相关部门的职能，协调联系商委、环卫、工商、物价、科研机构以及相关的生产流通销售企业，及时搜集和提供信息，保持沟通渠道的畅通，在这场没有硝烟的战役中，如果信息沟通渠道断裂，将是灾难性的。

从舆情研判的角度来说，谣言传播之初，可能很难判断谣言会如此快速传播蔓延并波及全国的走势，但是在某些地方发生抢购食盐后，应该预判到：可能导致抢购其他食品或物品，抢购可能引发人群聚集，发生踩踏或群体性事件，抢购可能引发社会恐慌。

5.阅读材料：部分国家应对谣言的策略

（1）河北省坚守七条底线打击网络谣言[①]

2013年8月25日，河北省重点新闻网站、电信运营企业负责人和部分知名博主、微博名人等聚集一堂，共同签署"坚守七条底线打击网络谣言"倡议书。七条底线的内容是：

坚决遵守法律法规，文明守法，努力争做行业表率；

坚守社会主义制度，服务大局，确保正确舆论导向；

---

① 参见：http://heb.hebei.com.cn/system/2013/08/26/012947949.shtml

坚决捍卫国家利益，坚定信仰，大力弘扬爱国精神；

坚决维护合法权益，诚实守信，营造清朗网络环境；

坚决规范公共秩序，公平正义，积极担当社会责任；

坚决树立道德风尚，弘扬正气，共同凝聚社会正能量；

坚决确保信息真实，明辨是非，严厉打击网络谣言。

（2）部分国家应对谣言的主要措施和做法

谣言是世界各国都面临的问题。在应对谣言方面，各国的立场基本是一致的：严厉打击，决不手软。表 8-2 是世界部分国家应对谣言的主要措施和做法。

表 8-2　部分国家应对谣言的主要措施和做法

国家	主要措施和做法
美国	先后通过了《联邦禁止利用电脑犯罪法》《电脑犯罪法》《通信正当行为法》《儿童互联网保护法》等约 130 项相关法律、法规，对包括谣言在内的网络传播内容加以规制。各州、市也相继通过相关法规
英国	英国在社区设立公民咨询局，主要职责是向民众答疑解惑，对社会问题正本清源。民众通过公民咨询局还能更直接找到相关部门，提高民众与有关部门的沟通效率，扩大知情权。 英国的谣言控制中心或咨询中心在社会动荡、自然灾害等危机中及时把真实信息传播出去，从而达到维护社区和谐、社会稳定的作用。北爱尔兰曾发起过"反谣言、反恐吓"运动
法国	一些网民和记者自发成立了"停止传谣"等辟谣网站。该网站的主页写着："本网旨在利用网络提供真实信息，替代那些口耳相传的虚假信息。请速将您认为是谣言的信息告知我们，如果核实确为谣传，本网即会刊登。"
澳大利亚	网络服务提供商与政府传播和媒体管理局签署协议，保证不传谣言、垃圾邮件等。传播和媒体管理局向网络服务商提供过滤软件，以保证协议的有效执行
西班牙	巴塞罗那市政府设立了"抵制谣言代理人"岗位，招募和培训工作人员，专门从事破除谣言和向社区邻里传播真相的工作。公民在日常生活或旅行途中遇到谣言，也有即时辨析的途径。 巴塞罗那已有 350 余名抵制谣言代理人。该市的做法得到了加泰罗尼亚地区其他城市的认可，希腊和瑞士一些城市对此感兴趣并打算借鉴学习
墨西哥	韦拉克鲁斯州通过了刑法修正案：任何人以任何方式造谣称存在爆炸装置、武装袭击以及可能造成人体伤害的化学、生物或有毒物质，造成社会秩序混乱的，可处以 1 年至 4 年有期徒刑，并处罚金。 塔巴斯科州议会通过了刑法修正条款：对利用电话或其他大众传播手段，散布虚假警报或紧急情况信息，危害社会稳定或引发社会混乱的，处以 6 个月到 2 年有期徒刑并处罚金
委内瑞拉	成立了通信和信息部，负责新闻管理和新闻发布；国家电信委员会管理信息传播。国会颁布电台、电视台、电子媒体社会责任法，规范全国所有电台、电视台的行为，尤其对网络管理提出了更高的要求。 委内瑞拉还关闭了传播谣言的私人电台电视台，并在国际电视台开辟专门栏目，澄清各种传闻

续表

国家	主要措施和做法
印度	2000 年 6 月印度颁布的《信息技术法》（2008 年做出修订，2011 年再次修订）规定对在网上散布虚假、欺诈信息的个人最高可判处 3 年有期徒刑，对故意利用计算机技术、破坏国家安全或对人民实施恐怖主义行为者，可判处有期徒刑直至终身监禁。 政府有关部门有权查封可疑网站和删除内容，网站则应当在接到通知 36 小时内删除不良内容，同时网站运营商还需要在声明中清楚告知用户，不得发布有关煽动民族仇恨、威胁国家团结与公共秩序的内容。 2010 年 9 月起，印度政府为维护国家安全，要求对黑莓邮件、即时通信等通信软件，以及脸谱和推特等社交网络平台进行监控，并多次要求上述网络运营商协助政府删除涉嫌违法的网络内容
日本	各企业需加入行业所在的协会，并听从各行业协会的指令，电话、电视、网络等领域都有各自的行业协会。行业协会大多归总务省管辖，总务省通过对行业协会发布通知，间接管理电话、电视、网络等，防止谣言的传播
韩国	《电子通信基本法》规定，以危害公共利益为目的，利用电子通信设备公然散播虚假信息的人，将被处以 5 年以下有期徒刑，并缴纳 5000 万韩元（1 美元约合 1138 韩元）以下罚款
新加坡	新加坡媒体发展管理局履行网络信息管理的职能。该局鼓励网络行业建立自己的评判标准。如果发现网络谣言，该局会适时查处，严重造谣的还会被以诽谤罪起诉

（资料来源：作者整理[①]）

思考题

1. 什么是谣言？你所在的党政机关是如何应对谣言的？

2. 你认为我国应完善哪些法律制度治理谣言？

3. 以你所在地发生的一起谣言为例，分析这起谣言发生的原因及引导的方法。

---

① 各国多管齐下严打网络谣言［N］.人民日报，2012-04-17，参见：http://media.people.com.cn/GB/17670702.html

第九章 专论：政府丑闻的应对与处置

处理丑闻是党政机关舆论宣传工作的重要内容。党政机关的舆情工作主要包括一般的社会舆情及网络舆情工作、突发事件等危机状态下的舆情工作，除此之外，党政机关的舆情工作还经常面临处理和应对与党政机关相关的负面信息和事件，即丑闻。因此，我们讨论了舆情引导的方法和技巧后，对政府丑闻的应对与处置进行专题讨论，供各级党政机关公务人员工作参阅。

第一节 丑闻

1. 丑闻的内涵

丑闻（scandal）的英文解释是人们认为不道德、不合法的行为或事件，这些事件在公众中引发了愤怒和震惊，对于这些已经发生的或者人们认为发生了的不合法、不道德事件的报道和议论。维基百科的解释为：丑闻是被广为人知的指控，这些指控伤害了组织或个人的信誉，丑闻是能够降低和消除人们的信任和信仰的错误的行为，有时故意隐瞒丑闻的行为，如果隐瞒行为失败，将成为更大的丑闻。[①]

从以上论述可以看出，丑闻这一概念包含几个核心要素：第一，丑闻一定违反了一定的社会规则，这个社会规则是广义的，可能是道德准则，也可能是法律规定，也包括特定领域的规章制度、规则和程序等，这些社会规则可能是显性的、具体的，也可能是隐形的、模糊的。第二，丑闻本身可能是真实的，但也可

---

① 孙冰心. 政治丑闻比较分析——以中日美性丑闻为例［D］. 上海：复旦大学，2010

能是虚假的，不曾发生的，甚至是被诬陷的，或者兼而有之。第三，引发丑闻的事件或消息是被公众知晓之后才成为丑闻。第四，丑闻对于特定组织、个人具有负面影响，主要是信誉、声誉、形象方面的影响，就政治丑闻而言，将会极大地降低公众对某组织或个人的信心或支持度。[①]

丑与美相对，意指丑陋，不好看，令人厌恶，不光彩的东西。简言之，丑闻是指不光彩的事件或消息，以及各种负面消息或事件。在论述舆情的内涵时我也曾经提到，一般来说，引发舆情的事件大多是具有负面影响的事件。从这种意义上来说，政府舆情引导工作主要是应对丑闻，处理政府各种负面消息或事件。同时，突发事件处置不当或突发事件处置不力，也可能引发丑闻。

2. 丑闻的类型

对于丑闻，并没有较为权威的分类标准，人们习惯基于丑闻所涉及的行业、领域进行划分，其中研究最多的就是政治丑闻；

《IT时代周刊》在2004年、2005年、2006年、2007年分别评出了中国信息产业十大丑闻；

《广西质量监督导报》在2006年4月评出了2005年中国食品行业十大丑闻，分别是：

> （假酒村）中国名酒遭遇"李鬼"；（亨氏）危机公关挽回颜面；（卡夫乐之）瞒天过海的"中国标准"之说；（肯德基）洋快餐的傲慢与偏见；（立顿）在"标准"夹缝中软着陆；（雀巢奶粉）"免检"不是"黄马褂"；（光明奶）行业"潜规则"庇护下的铤而走险；（哈根达斯）厕所旁的"黑厨房"；（品品得）毒茶的亡命末路；（星巴克）华丽"外衣"包裹的丑陋之心。

医疗行业也是一个丑闻多发行业，《中国医院院长》于2013年2月评出了2012年十大医疗丑闻，于2011年2月评出了2010年十大医界丑闻。

> 2012年十大医疗丑闻：劣质法国硅胶流入医疗市场；毒胶囊涉及问题广泛；罗氏制药隐瞒8万例药物不良反应报告；绿茶代尿炮制中式丑闻；英国制药巨头被罚30亿美元；德国曝器官移植分配丑闻；NHS

[①] 孙冰心.政治丑闻比较分析——以中日美性丑闻为例［D］.上海：复旦大学，2010

涉老丑闻成堆；黄金大米事件扑朔迷离；iPS 细胞移植手术造假；美 HCA 医院滥用心脏介入手术牟利。

2010 年十大医界丑闻："天价芦笋片"揭药价黑幕；湘雅医院曝商业贿赂窝案；阿伐斯汀注射剂上海"惹祸"；济医附院丢弃婴儿尸体事件；湖南郴州儿童医院使用工业氧；深圳产妇肛门被缝；珠海药剂科主任受贿案；超女王贝整容致死；北京医生索要回扣视频曝光；杭州"U 盘回扣门"事件。

体育界也是一个丑闻多发的行业，在篮球场上或足球场上涉及裁判的丑闻常被人们称作"黑哨"。2010 年 6 月 22 日《参考消息》B9 版，刊出了世界杯历史上十大丑闻：

恩斯特·让－约瑟夫事件（1974 年），威利·约翰斯顿事件（1978 年），"汤水小丑"事件（1986 年），埃芬博格"中指门"事件（1994 年），马拉多纳药检事件（1994 年），齐达内遗憾告别赛场（2006 年），"温布利进球"事件（1966 年），"口水"事件（1990 年），恐怖舒马赫（1982 年），德奥假球事件（1982 年）。

近年来教育行业也丑闻频出，特别是一些大学爆出学术造假等学术不端的丑闻。

上述无论哪个行业发生丑闻，或多或少都与相关政府职能部门有关，因此，相关丑闻爆出后，在丑闻处理和应对方面，有关政府部门都应积极地有所作为。

第二节　政治丑闻与政府丑闻

1. 政治丑闻

政治丑闻是主体涉及政治人物或者政治机构的丑闻，政治人物包括被选举出来的政治领导人、被任命的政符官员以及政治机构工作人员。涉及现有社会关系和政治制度的丑闻也是政治丑闻。例如贿选是对政治制度的破坏，贿选在每个国家一般都会被认为是政治丑闻。因此，湖南衡阳破坏选举案可以说是当地一个政治丑闻。政治丑闻在西方国家大选期间较为普遍。

2. 政府丑闻

政府丑闻是主体涉及政府部门及其公务人员的丑闻。在我国，政府部门及其公务人员一般是从比较宽泛的意义上去理解的，涉及党政机关、人大、政协、法院、检察院及其工作人员的丑闻都可以算作政府丑闻。这些机构及人员违反一定（广义的）规范的行为、事件或消息都可以说是政府丑闻。

案例分析：江西贵溪水灾救援现场干部怕湿鞋要人背

贵溪大水造成 1 死 1 失踪　网曝救援现场干部怕湿鞋要人背 [①]

6 月 20 日 12 时 30 分，贵溪市白田乡兰田村，3 名小学生在吃完午饭返校途中意外落水，造成 1 人死亡 1 人失踪。网友称在救援现场，有干部为避免蹚水叫同事背其过河。江西省政府新闻办官方微博做出回应：经查，被背干部为贵溪市政府办公室副主任，目前已被免职。

《江西日报》：警惕"背着干部去救灾"

贵溪再现官员被同事背着去救灾。无论有再多的理由，如此救灾都是一种悲哀。救灾现场，十万火急，蹚水而行，方为干部本色。众目睽睽下，它损害的是干部形象，刺痛的是民众眼睛。请在思想深度，脱下你的鞋子，放下你的身份！

2014 年 6 月 22 日，江西省政府新闻办官方微博做出回应：经查，被背干部为贵溪市政府办公室副主任，目前已被免职。[②]

江西干部怕湿鞋让人背，系同事主动提出背他 [③]

6 月 22 日晚，贵溪市通过江西省人民政府新闻办官方微博"江西发布"公布调查结果：落水事故发生后，贵溪市政府办副主任王军华、科员丁先保于 21 日上午赶赴现场参与搜救，经过一段漫水路段时，丁先保主动提出背王军华过去。但王军华的行为已产生不

---

① http://news.qq.com/a/20140622/021641.htm?pgv_ref=aio2012&ptlang=2052

② http://xian.qq.com/a/20140623/013702.htm#p=1

③ 江西贵溪官员水灾现场为避免蹚水要人背被免职 [N]. 中国新闻网，2014-06-23，参见：http://www.chinanews.com/sh/2014/06-23/6307466.shtml

良影响，在一定程度上损害了党员干部形象，故对王军华给予免职处分（见图9-1）。

图 9-1　网传现场图、救援现场

（资料来源：截图自腾讯网）

附：关于贵溪"背人事件"的调查结果

2014 年 6 月 20 日中午，由于持续降雨，山水暴涨，贵溪市白田乡兰田村黄源坞村小组 3 名小学生上学途中不幸落水，其中一名学生获救，两名学生失踪。

事件发生后，贵溪市委市政府、白田乡党委政府迅速组织力量搜救。贵溪市政府办副主任王军华、科员丁先保于 21 日上午赶赴事发现场参与协调搜救工作，经过一段漫水路段时，丁先保主动提出背王军华过去，被在场群众拍照并发到个人微博，很快引起一定范围的关注。

由于王军华在搜救失踪学生的特殊环境特殊场合做出了不当行为，产生了不良影响，在一定程度上损害了党员干部形象。贵溪市委市政府对此高度重视，经市委常委会研究决定，对王军华给予免职处分。

贵溪市委宣传部

2014 年 6 月 22 日

相关人员致歉，下车时扭到脚 [①]

6月23日，王军华在接受江西电视台采访时解释，他抵达搜救现场时，下车不慎扭到脚，与他一起来的同事遂主动要求背他蹚水。因为水势不大，同事没有背多远就放他下来了。不过，王军华承认此举"影响不好"，他表示歉意，并称"我们来（应该）是集中精力救人、找人，不能考虑脚疼"。

延伸阅读：浙江余姚干部视察怕弄湿鞋要村支书背被免职 [②]

网友爆料："余姚三七市镇领导下乡视察水灾，某领导因穿高档鞋子，由年近六旬村书记将其背进灾民家！"最新消息，余姚市三七市镇决定免去镇中层干部王某的主任职务，并处以党内警告的处分。

针对网友反映的"余姚镇干部视察时怕弄湿高档鞋要村支书背"一事，余姚市三七市镇政府（2013年10月）14日回应称，当事人系该镇机关工作人员，镇纪委已对当事人做出严肃批评教育，下一步将进行组织处分。

此前，有浙江余姚网友爆料称，余姚三七市镇某领导下乡视察水灾，因穿高档鞋子，迫不得已由年近六旬的村书记将其背进灾民家里。

14日，余姚市三七市镇纪检、组织部门对微博网友反映的他人背镇干部进村走访一事进行调查。

余姚市三七市镇在其官方微博中回应称，经查，当事人系该镇机关工作人员，于13日上午去魏家桥村上门走访慰问患重病村民。

目前，余姚市三七市镇纪委已对当事人做出严肃批评教育，下一步将进行组织处分，同时在全镇党员干部中进行通报，要求引以为戒。

舆情引导简评

这是一起负面新闻，对当地政府和相关人员来说是一个丑闻。当地政府舆情引导的主要措施包括：

公布相关人员信息、处罚相关人员（免职）、微博互动、公布调查结果、相

---

① "被人背着蹚水"官员致歉［N］．南方都市报，2014–06–24，http：//epaper.nandu.com/epaper/A/html/2014–06/24/content_3266244.htm?div=-1

② 余姚干部视察怕弄湿鞋要村支书背 已被免职［N］．中国新闻网，2013–10–14，参见：http://news.qq.com/a/20131014/014412.htm

关人员道歉。政府反应较为迅速，两天之内便对相关人员进行了处罚并公开相关信息，在舆情引导方面是较为成功的，因此并没有引起大的波澜。

但是事件也给各级党政机关公务人员以警示和启迪，无论在生活中，还是在工作中，都应注意自己的言行，他们的一言一行都可能成为舆论"攻击"的对象。

在各级党组织都在开展党的群众路线教育实践活动之际，前有余姚干部的前车之鉴，我们为什么还会出现这种行为呢？干部下基层怕湿鞋而要人背，这不是有脱离群众的嫌疑吗？这是一个党政机关干部应有的常识。

当然，我们也倡议网友不要抓住"小辫子"不放，客观理性地对待此事。同时，我们认为，也不一定非要做出免职处理，进行适当批评教育即可，相关人员知错就改即可。

第三节　政府官员性丑闻

1. 官员性丑闻

性丑闻，俗话也称为桃色事件。作为政府丑闻的性丑闻，是政府公务员违背性行为准则所引起的一类政府丑闻，这里的性行为准则包括法律、行政法规、道德以及社会风俗等。例如我国法律、道德及社会习俗都遵循一夫一妻制，如果党政机关公务员违背了这一准则，被发现曝光，就会成为一个政府丑闻和性丑闻。性丑闻主要包括婚外情（外遇）、嫖娼、和下属或者其他异性保持不正当性关系、性骚扰、强奸等，还包括婚外情导致的不良后果，如私生子问题。如克林顿和莱温斯基的性丑闻曾一度引发强烈政治"地震"。

近年来，几乎每年我国都会爆出党政机关公务员性丑闻。而其主要的形式是以视频、照片被曝光后流传于网络，从而引发丑闻，引发舆情的。如雷政富事件、湖南临湘干部办公电脑存 33G 不雅视频图片、长沙市天心区新开铺城管中队副中队长龙某与女老板被捉奸、山西运城审计局干部与女子开房被停职调查、陕西省委党校副校长涉艳照被开除党籍等。几乎每一起丑闻都引发了波澜壮阔的舆情，这也警示各级党政机关公务员在日常生活中要检点自己的行为。中国共产党有诸多纪律和规定约束党员在日常生活中的行为，党政机关公务员应警钟长鸣。

2. 官员性丑闻案例分析

在此，以长沙一城管队长与女老板涉嫌权色交易的丑闻进行简要的案例分析。

（1）事件概况 ①

新华网长沙 2014 年 4 月 9 日报道，长沙市天心区新开铺城管中队副中队长龙某被曝与湘府路某酒店女经理刘某开房进行"权色交易"，引发社会关注。长沙市天心区委宣传部 9 日向记者通报说，该区城管部门已于 8 日召开专题会议决定撤销龙某职务，并责成其立即停止工作、配合上级调查。

长沙市民张先生报料称，自己的女友刘某经营一家酒店，近日他去酒店找女友时，意外发现其与一名陌生男子赤裸睡在客房内。该男子龙某自称长沙某城管副中队长，而其女友这么做是想保住酒店的广告牌不被拆。事发后，刘某解释说，酒店前坪竖起的一块广告牌没有任何手续，曾经被城管查处过，自己与龙某开房只是想请对方帮忙。

根据天心区的通报，涉事的龙某被证实是长沙市城市管理和行政执法局天心区执法大队新开铺中队副中队长。天心区执法大队党委于 8 日紧急召开会议，专题研究有关新闻媒体曝光的龙某涉嫌"权色交易"的问题，鉴于龙某的行为给城管执法队伍造成恶劣影响，决定撤销其新开铺中队副中队长职务，并责成其立即停止工作、配合上级调查。

同时，天心区执法大队党委还组成专门调查组，着手对媒体报道反映龙某的相关问题进行调查，并根据调查结果按程序和规定对当事人进行及时处理。

---

① 阳建. 长沙一城管队长与女老板涉嫌"权色交易"被撤职［N］. 新华网，2014-04-09，参见：http://news.xinhuanet.com/legal/2014-04/09/c_1110167134.htm

（2）舆情引导简评

这是一起涉及权色交易的政府公务员丑闻，该事件和新闻必然引起公众议论。该事件是一起影响形象的危机事件，给城管执法队伍和当地政府形象造成了极大的负面影响。

俗话说：县官不如现管，城管对商户来说，权力是很大的。该事件又一次引发了人们对城管在户外广告牌方面的管理及执法的质疑。腾讯评论就刊登了题为《女老板为何因户外广告牌性贿赂城管？》的文章，[①]对此进行了全面评述。这也表明舆情引导对城管部门来说是极为重要的。

当地政府在舆情引导和危机处理方面主要采取了以下措施：立即撤销相关人员职务；成立调查组对事件进行调查；由宣传部门向新闻媒体通报相关情况。

当地政府没有包庇、掩饰，快速进行了调查处理，这是较为明智的做法。

第四节　政府丑闻应对

政府丑闻作为违反社会规范、准则、规则及程序的事件或消息，一旦被新闻媒体曝光，必然使舆论一片哗然，政府相关职能部门应及时对事件进行处置，对舆情进行引导。丑闻的应对与舆情引导的方法和技巧并无大异，我们认为政府部门应对丑闻应采取以下策略和方法：

成立调查组，及时调查事件或消息真相，并向社会和新闻媒体公布；召开新闻发布会，介绍相关情况；相关责任人承认错误并道歉；及时惩处相关责任人；相关领导人直接面对媒体和公众说明情况等。具体内容可以阅读相关章节的内容，下面以案例进行详细分析和介绍。

---

① 张德笔. 女老板为何因户外广告牌性贿赂城管？［N］. 2014-04-14，参见：http://view.news.qq.com/a/20140414/006905.htm

案例分析：武汉经适房六连号事件

（1）武汉经适房六连号事件发展脉络①

2009 年 6 月 15 日，大楚网网友报料台发帖"家头小区三期 B 座经济适用房摇号结果存在严重暗箱操作"，揭开经适房六连号黑幕（见图 9-2）。

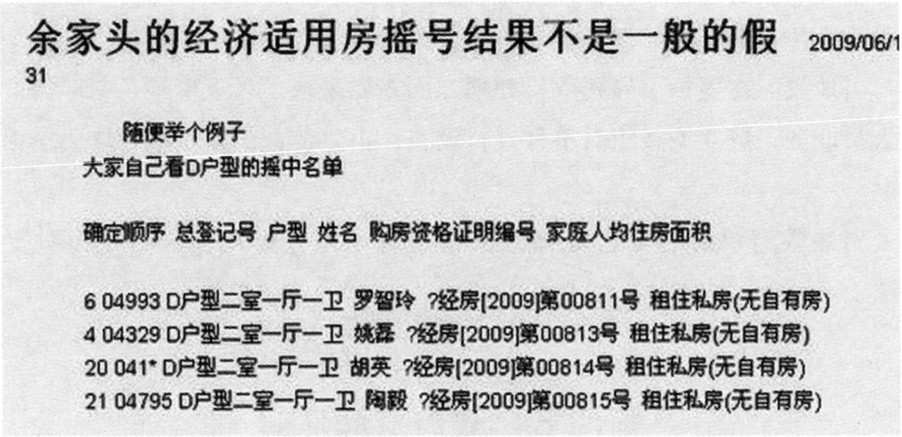

余家头的经济适用房摇号结果不是一般的假 2009/06/1
31

随便举个例子
大家自己看D户型的摇中名单

确定顺序 总登记号 户型 姓名 购房资格证明编号 家庭人均住房面积

6 04993 D户型二室一厅一卫 罗智玲 ?经房[2009]第00811号 租住私房(无自有房)
4 04329 D户型二室一厅一卫 姚磊 ?经房[2009]第00813号 租住私房(无自有房)
20 041* D户型二室一厅一卫 胡英 ?经房[2009]第00814号 租住私房(无自有房)
21 04795 D户型二室一厅一卫 陶毅 ?经房[2009]第00815号 租住私房(无自有房)

图 9-2 网友爆料截图

（资料来源：腾讯大楚网）

武昌余家头 124 套经济适用房公开摇号，全市超过 5000 人参与，但摇号的结果却令人生疑：摇中的 6 个号码的购房资格证明编号竟是相连的号码，且均为 2009 年在硚口区登记。昨日，一名参与摇号的市民向本报反映了这一"蹊跷事"。

2009 年 6 月 16 日，《长江商报》跟进报道，曝光"武汉经适房摇出罕见六连号"，引发全城关注。

摇中的 6 个号码中，4 号、6 号、20 号、21 号的购房资格证明编号依次为硚经房［2009］第 00813 号、硚经房［2009］第 00811 号、硚经房［2009］第 00814 号、硚经房［2009］第 00815 号。而点击"C 户型二室二厅一卫"后，记者看到，摇中号码中的 7 号、10 号的购房资格

---

① 根据腾讯大楚网整理，参见：http://hb.qq.com/zt/2009/jsf/index.htm

证明编号分别为硚经房［2009］第00812号、硚经房［2009］第00816号。在"家庭人均住房面积"一栏，以上6个号均显示"租住私房（无自有房）"。这种情况显示，2009年在硚口登记申购经济适用房的市民中，从第00811号至00816号，这6个购房资格证明编号同时中了标。

2009年6月17日，《楚天都市报》跟进，彻查其中猫腻。几日来，记者对这种蹊跷的摇号事件调查发现：这6名困难居民都是在摇号前从青山、洪山、武昌等地将户口迁往硚口的，疑点重重。

2009年6月17日，武汉市房产局高度重视，决定公开测试摇号程序。

2009年6月18日，《长江商报》报道，昨晚7时，硚口区委宣传部通报：经过一天时间紧急调查，得出初步结果，持有6个相连编号的市民，在近几个月内从青山、武昌、洪山迁户口入硚口区时，其中4个是在长丰派出所办理，而负责办理的民警，在程序上属违规操作。

2009年6月19日，摇中"六连号"后，四人集体"蒸发"：记者按照申购材料中登记的家庭住址，对其中4位进行探访，均未见到申购人本人，其中一个是假地址，难道他们集体人间"蒸发"？

2009年6月21日，随着房产部门重新复查所有摇中者资格，"六连号"事件进入"深水区"，不断有造假者被曝光，公众对此事件中所涉环节的质疑越来越多。有读者给记者打来电话，称一位青山的朋友通过中介"操作"，摇上了余家头经适房。

2009年6月22日，事件披露后，引起市委、市政府高度重视，要求对此进行彻底调查处理。市政府召开新闻通气会宣布：市政府决定成立专班，由市监察部门牵头，即日起对"六连号"问题深入调查，将调查结果向社会通报。

2009年6月26日，武汉市调查经济适用房"六连号"事件工作专班昨日通报，余家头小区三期经济适用房摇号"六连号"问题调查工作取得实质性进展。已查明，这是一起由社会中介人员与有关部门工作人员相互勾结，利用经济适用房摇号进行舞弊、涉嫌经济犯罪的案件，王顿等5名涉案人员已抓获到案。武汉市国土房产局副局长朱志强等5名国家工作人员因渎职、失职受到严肃处理。骗取经适房购买资格证人员被取消购房资格。

2009年10月16日，震惊全国的"六连号"造假案在硚口法院开庭。

2009年11月13日，硚口区法院对经济适用房"六连号"造假案做出判决，判处硚口区房产管理局房改科干部张小波有期徒刑2年零6个月，缓刑3年。

2009年11月19日，武汉市长阮成发在"全省规范行政权力运行、优化经济发展环境经验交流会"上表示，武汉市已对"六连号"牵涉到的30多人（37人被追责）进行处理。

（2）丑闻应对与舆情引导评析

武汉经适房六连号事件被媒体明确定性为政府丑闻，也被武汉市长阮成发痛斥为丑闻。当地政府在事件的处置和危机管理方面算是较为成功的。当地政府采取的丑闻应对及舆情引导策略和措施主要有：

1）及时介入，调查事件真相，初步查明情况用了不到半个月时间；2）宣传部门及时通报相关调查结果；3）召开新闻发布会（通气会）；4）成立事件专门调查小组（专班）调查事件；5）及时惩处直接责任人，追究相关人员的责任，判处张小波有期徒刑2年零6个月，缓刑3年，追究37名相关人员的责任；6）领导直面（武汉市市长阮成发）媒体。

当地政府没有去掩饰、隐瞒事件真相，也没有袒护相关人员，这对舆情引导起到了良好的作用。

当地政府在丑闻应对和舆情引导方面还可以做得更好，宣传部门、政府新闻办等相关部门可更及时地召开新闻发布会，发布事件调查进展及相关情况。

该事件暴露出来的"暗箱操作"不仅违背了规则和程序，也刺激了人们对住房问题的"敏感神经"，人们不禁要问：在住房等涉及经济利益的问题方面，政府到底有多少暗箱操作？同时媒体和公众还提出了以下质疑：

（1）政府新闻发布会是否走形式。其中一场新闻发布会被媒体称为"55秒史上最短新闻发布会"，2009年6月19日，在舆论压力下，武汉市国土房产局举行一个极其简短的新闻发布会。"整个会议只有55秒，有关人员把稿子念完就完了，这么短的新闻发布会应该是创下了吉尼斯世界纪录了吧。"一位参加了当天新闻发布会的湖北记者称。①

2009 年 6 月 22 日 11 点左右，武汉市政府就"六连号"事件召开了新闻通气会，武汉市政府新闻办、市监察局、市国土房产局、市公安局四家单位负责人都出现在了会场。"整个新闻通气会只持续了不到一分钟，也没有给在场的记者留下任何提问机会。"②

新闻发布会本是舆情引导的有效方法，但是运用不当，反而适得其反。如此简短的新闻发布（通气）会，显然不能满足媒体的"胃口"。从媒体的报道和质疑来看，政府如此简短的新闻发布会未免有走形式、走过场的嫌疑。一场新闻发布（通气）会准备是否充分显示的是政府相关部门态度是否真诚，是否有诚意回应民意。民意不可轻，我们提醒，这是值得后事引以为戒和注意的。

（2）领导人是否应担负（道义）责任。媒体人士指出，在出现丑闻后，领导人往往用激烈的言辞批评自己的下属官员，巧妙地将自己排除在问题之外，将矛头指向下级，而自己置身事外，这是一种金蝉脱壳的政治秀。应该说，领导人是应该承担道义责任的。③

这启示我们，在危机处理和舆情引导时，以及在应对丑闻时，多说：对不起，这是我的错！我应该负责！我负有一定的责任！是有一定裨益的，或许可以赢得"加分"。

（3）武汉经适房六连号事件媒体评论 ④

丑不可掩。丑闻就是丑闻，不必讳言。武汉市长阮成发直斥经适房六连号事件、客管处"内鬼"事件为"政府丑闻"。大家都已经看到，阮成发的态度获得了舆论的好评，被认为是首次用"丑闻"来定性失守道义基线的政府行为，迈出了重获公众信任的第一步。

不讳言政府丑闻，确实只是第一步，更重要的步骤在于严肃地处理每一个事件，并且在法治政府、阳光政府的建设上有所行动。现

---

① 何涛.武汉经适房六连号事件调查：摇号软件成谜［N］.2009-06-30，参见：http://news.xinhuanet.com/local/2009-06/30/content_11623759_3.htm

② 左艾甫、李源、邓吉、杨均.武汉经济适用房六连号事件跟踪［N］.中广网（中国之声），2009-06-23，参见：http://china.cnr.cn/jryw/200906/t20090623_505376080.html

③ 曹林.我们该如何面对政府丑闻［N］.中国青年报，2009-07-17，参见：http://www.china.com.cn/news/comment/2009-07/17/content_18156299.htm

④ 刘洪波.政府丑闻应公开调查并处理［N］.生活新报，2009-07-18

在，哪个地方出现政府丑闻，都很难被公众舆论放过。公众舆论对某一事件的关注，并非与某个地方过不去，而是就事论事，表达社会对法治政府建设的特别关切。

丑闻这个概念，建立在荣耻分辨的基础之上。认识行为的美丑，靠的是荣誉感和羞耻心。羞耻之心，孟子认为"人皆有之"，但何所表现，现在真成了一个问题。很少看到有官员能够在丑闻发生后公开而诚恳地自省，经常能看到丑闻发生后官员不以为意，"听候组织处理"。这就是未表现出羞耻之心。对官员的管束不够严格，社会就会对制度提出严格化的要求；官员普遍不表示羞耻之心，社会就会降低对官员队伍的道德评价。

还有一个问题是我作为一个媒体人的思考。一个地方出现了丑闻，最好的莫过于公开调查和处理。丑闻发生在哪里，哪里就应该有更多的事实与意见得到反应，这是基于一个公理性的判断：事件在它所发生的当地，涉及公众更切身的利益，从而拥有更大的关注度。然而，现在情况往往不是这样，一件事情往往在它的发生地难以得到充分的舆论反应，人们需要通过远方的媒体来获得信息。

网络时代，人手一个麦克风，传播进入了无所不至之境，公民作为权利个体已经登场，舆论已经难分国界，一个地方也好，一个国家也好，其传播力、影响力等都处于开放的竞争环境，治理的老办法已经过时了，治理行为怎样顺应变化是不能不面对的课题。

案例分析：水门事件

水门事件是美国的一个政治案件，由于发生在华盛顿水门大厦而得名。

（1）水门事件主要经过 [①]

1972年6月17日凌晨，美国共和党内为尼克松筹划竞选连任总统的5人，为了刺探民主党的竞选策略和活动情况，潜入水门大厦民主

---

① 陈开和."水门事件"：权力、名利与真相［J］.世界知识，2012（8）.

党总部偷拍文件和安置窃听器。他们被警卫人员当场发现而被拘捕。此为水门事件的发端。

1972 年 10 月，《华盛顿邮报》记者伍德沃德和伯恩斯坦的"调查"在神秘莫测的"深喉"——联邦调查局副局长马克·费尔特帮助下取得了突破，引起舆论关注。

1972 年 10 月 25 日，他们发表了题为《证实尼克松的高级助手与秘密基金的联系》的深度报道，确立了尼克松总统办公室主任哈尔德曼与事件有关联。此后，电视台逐步跟进报道。

1972 年 10 月 27 日，哥伦比亚广播公司的晚间新闻在 22 分钟的节目中用 14 分钟报道了水门事件，并大量引用《华盛顿邮报》的报道内容和政府对《华盛顿邮报》控告的答复。《华盛顿邮报》女老板格雷厄姆曾在自传中写下了那一天的心情——"我永远不会忘记我内心的喜悦和解脱"。

1972 年 11 月初，尼克松以压倒优势当选连任后，关于水门事件的消息来源一度枯竭，媒体和民众对水门事件的热情逐步下降。此时，美国法院的调查和审理使媒体报道又有了新的更大进展。

1973 年初，水门事件参与者之一的詹姆斯·麦科德给美国特区法院法官约翰·西里加写信，承认了自己迫于压力在水门事件中做了伪证，表示愿意说出真相以换取宽大处理。自此，水门事件成为新闻热点。《纽约时报》的西摩·赫什、《洛杉矶时报》的杰克·纳尔逊、哥伦比亚广播公司的丹·拉瑟等成为这一政治事件报道的主要人物。随后，由于国会直接介入案件，这一事件的关注度急速上升。

1973 年 7 月 16 日，总统助理亚历山大·巴特菲尔德对参议院特别调查委员会说出了惊人的机密：自 1970 年以来，尼克松把他在白宫办公室的所有谈话都秘密地录了音。美国新闻界沸腾了，它们与司法调查同步投入了白热化的"录音带之战"。此后关于水门事件的报道达到了高潮。

1974 年 7 月 24 日，美国最高法院表决，要求尼克松将他所有的录音带交给法官。此后，国会以压倒多数通过弹劾提案，提出了弹劾尼克松的三大理由：阻挠司法程序、滥用行政职权、抗拒国会传讯。

1974 年 8 月 8 日，尼克松宣布次日辞职，8 月 9 日，尼克松正式辞去总统职务。

（2）水门事件的失策之处与启示

第一，与国会对立，无视宪法和法律。美国实行三权分立，总统有行政权，立法权在国会，司法权在最高法院，三者之间时有冲突，甚至矛盾极为激化，这是较为正常的。但是在现代民主法治国家，无视、践踏法律最终都将受到惩罚，这在中国也是一样的。

第二，滥用职权、重用亲信为事件埋下了诱因。美国总统具有广泛的任命权和免职权，有权任命联邦行政官员、法官和军事人员。美国每次大选过后，美国两党都公开推行政党分赃制，即竞选中获胜上台的人以官职或其他特权赠予自己的亲信和在竞选中支持本党的人。尼克松的很多亲信也进入白宫，亲信们为使总统连任，自己也有高官厚禄，不惜违背宪法，行贿受贿，最终导致了水门事件。在中国，很多任人唯亲的事件也时有发生，成为地方政府的丑闻，诸多被查处的腐败高官也多有任人唯亲、买官卖官的问题。这是值得吸取的教训。

第三，欺骗民众、欺骗舆论丧失了人心。尼克松在大选前的支持率是很高的，公众信任他，随着事件调查的一步步深入真相大白于天下，没人信任支持他了，美国人一致要求他辞职或对他进行弹劾。而从当前我国的实际情况来看，如果欺骗群众，丧失了群众的信任，在一些事件的处理中，往往引发群体性事件，这是值得地方党政机关领导人重视的问题，广东陆丰乌坎事件就是一个较为典型的案例。

第四，开诚布公地承认错误，而不是推卸责任、粉饰掩盖，这是处理和应对丑闻最好的办法。掩饰真相、推诿责任无疑是在自掘坟墓。尼克松在水门事件中的策略就是彻底否认、坚决撇清白宫与水门事件的关系。一方面给媒体扣帽子，把紧盯水门事件的《华盛顿邮报》说成竞选对手阵营的打手；另一方面又利用权势打击报复媒体，连任后并没有去修复和媒体的关系，而是"立即转向复仇和加强他的权力"。这种情况近年在中国也时有发生，有的甚至想用"封口费"封住媒体的嘴，但最后却成为更大的丑闻。

第五，封杀新闻报道、毁灭证据对处理和应对丑闻来说可能是毁灭性的。在一个欠民主的社会，丑闻当事人，尤其是政府高官，他或许可以运用手上的权力，以行政手段强迫有关媒体不能曝光相关消息，封杀新闻报道；但在一个民主的社会，这是行不通的，企图封杀的行为本身将成为另一个甚至更大的丑闻。

人们往往将水门事件概括为：毁证、窃听、贿选。尼克松最后被迫交出的关键录音带（为方便自己将来写作回忆录之用）中却有 18.5 分钟内容被神秘消去。其结果却是使自己处于更加被动和窘迫的不利地位，无法做出合理的解释，最终导致辞职。

第六，说谎、试图不择手段掩盖真相是处理和应对丑闻的大忌。切忌说谎，切忌不择手段掩盖真相。谎言会不攻自破。水门事件中，在其中一盒录音带中，尼克松竟然说出以下爆炸性的对白："就让中央情报局力压联邦调查局，使这次调查不能继续""我才不在乎发生了些什么！总之我要求你们给我保密""不管是隐瞒事实，还是用其他手段，只要能保住秘密，就那样去做"……[1] 在确凿的证据面前，尼克松再也无法挽回局面了。

第七，对于无法"隐瞒"的丑闻，主动曝光、请求组织原谅或宽大处理可能是处理和应对丑闻的明智之举。这表明当事人无意隐瞒，为人光明磊落，可能会获得公众的"加分"，获得公众的谅解。这一方面，从雷政富案件的报道来看，他当初主动向重庆的有关领导坦白了自己的事情，应该说是明智之举，如果在那个时间，上级政府主动介入调查并处理相关事件，可能事件最后不至于闹得沸沸扬扬。

第八，不要心存侥幸，企图以谎言掩盖真相，对于事实和盘托出可能更有助于处理和应对丑闻。如果像"挤牙膏"似的一点一点地交代事实，可能引发公众和媒体质疑。香港财政司司长梁锦松于加税前悄悄购车事件的丑闻曝光的当天，他只是轻描淡写地说买车是预备妻子生孩子之后的家庭之需，而且是 1 月买车，2 月才决定加税。他还承诺，把涉及的税务差价的两倍（10 万元）捐给慈善机构，以显示没有贪图小便宜之心。但是第二天即遭到多方质疑，最后越陷越深。水门事件历时近两年也说明了这一点。

一次性说出事情所有真相，避免拖拖拉拉，可减少当事人每日的恐惧、害怕，可增加在公众和媒体那里的好印象。

---

[1] 蔡子强 . "自我拆弹"应付丑闻［N］. 南方人物周刊，2008-07-21，参见：http://www.infzm.com/content/14004

（3）阅读材料：应对丑闻四步走 [1]

作者：艾丽斯·泰鲍特（Alice M. Tybout）、米歇尔·勒姆（Michelle Roehm）

丑闻事件可能从不同角度对企业形成冲击，而根据丑闻起因的不同——有的是意外所致，有的是玩忽职守，有的则是有意为之——企业应负的责任可能也轻重有别。因此，在处理丑闻事件时，采取一刀切的做法是不对的。最有效的做法应该是，结合品牌的特征、丑闻事件的本质以及企业的过失程度，谨慎系统地加以应对。

作者在10多年的研究基础上借鉴其他研究成果，提出了四步骤框架，可以帮助企业管理者及时恰当地应对丑闻事件。这一框架为管理者提供了一种系统的方法，凭借此法，管理者可以判断是应该即刻做出行动，还是应该静观其变，待一切尘埃落定再说。

第一步：评估事件

一个负面事件或行为一旦在相关受众中造成恶劣影响，便构成了丑闻。但并非所有负面事件都会演变成丑闻。当某一事件突然发生，被人说得有鼻子有眼，惹得群情激愤，或与企业、品牌的核心特征密切相关时，就更有可能演变为彻头彻尾的公共丑闻。这时候，企业就需要做出同样的公开应对。相反，如果某一事件寻常无奇，难以具体描述，也不足以煽动情绪，或并不触及企业、品牌，那么对企业声誉就不会有多大影响，企业可以直接对当事方做出弥补，无须公开回应。

第二步：坦然承认问题

如果经过评估后，管理层认为丑闻事件会影响公司，那么就应该马上承认问题，同时向所有受影响的当事方表示关切，并把公司接下去要做的调查工作和防范措施大致做一交代。此时，速度是成败的关键，但同样重要的是，不要急于披露具体细节，而应该等到公司对事件有了更清楚的了解后再做解释。

第三步：制定战略性对策

在迅速做出恰当反应，并切实掌握问题事实之后，公司高层必须

---

[1] 参见：http://money.163.com/10/0416/10/64CQASEM00253G87_2.html

制定一个战略性对策。对策是否最有效取决于多个因素，其中之一就是针对公司的指控是否属实。如果指控被证明有误，公司就应当予以有力反驳。如果指控属实，处理起来就会更加复杂。如果企业无意间卷入丑闻，那么诚心道歉可能就够了。如果企业是因为玩忽职守而犯错，那么它得做出必要的经济赔偿才能息事宁人。而如果卷入丑闻的企业被发现是明知故犯，公众可能会要求严惩作奸犯科者，如解雇此人，甚至将其送入监狱。

第四步：具体落实对策

一旦管理高层确定了应对丑闻的基本策略，就需要让市场营销和沟通方面的专家参与进来，协助制订具体的落实方案。这个阶段要回答的关键问题是：我们应该解决哪些问题，具体到何种程度？由谁来做出回应，采取何种基调？

要回答上述问题，就必须了解丑闻的实质，以及在客户心里，企业品牌是如何帮助他们实现某些目标的。比如，消费者认为，有些品牌能够起到"助推"作用，使自己体验到成功；有些则能起到"预防"作用，帮助自己避开不利的结果。

当今的市场充满不确定性，在这样的环境下，企业曝出的丑闻事件只会越来越多。为了保护企业不受丑闻影响，管理者不能只依靠那些防范性措施。他们必须做好积极应对的准备，应该常设一个危机处理小组，建立应急预案用于应对危机，同时制订扎实的计划，应对丑闻事件中的具体问题。

（资料来源：该文发表于《哈佛商业评论》2010 年 4 月）

思考题

1.什么是政府丑闻？政府应如何应对丑闻？

2.结合你所在的地方或行业，说说应对丑闻应注意什么。

3.阅读《应对丑闻四步走》，企业应对丑闻的四步走策略和方法对政府应对丑闻有什么启示？

附 录 有关网络舆情工作的法律法规

有关网络舆情的法律法规是依法开展舆情工作的基础，我们整理汇总了我国部分网络舆情与网络管理方面的法律法规，包括全国人大、国务院、国家有关部委颁布的相关法律法规，供有关部门、从事网络实际管理工作及舆情工作的人参阅。

附表 1-1 有关网络舆情的法律法规

序号	法律法规	发文时间	发文部门或机构
1	互联网新闻信息服务单位约谈工作规定	2015 年 4 月 28 日	国家互联网信息办公室
2	互联网用户账号名称管理规定	2015 年 2 月 4 日	国家互联网信息办公室
3	即时通信工具公众信息服务发展管理暂行规定	2014 年 8 月 7 日	国家互联网信息办公室
4	关于进一步加强政府信息公开回应社会关切提升政府公信力的意见	2013 年 10 月 15 日	国务院办公厅
5	关于办理利用信息网络实施诽谤等刑事案件适用法律若干问题的解释	2013 年 9 月 9 日	最高人民法院、最高人民检察院
6	关于加强网络信息保护的决定	2012 年 12 月 28 日	全国人民代表大会常务委员会
7	关于维护互联网安全的决定	2000 年 12 月 28 日	全国人民代表大会常务委员会
8	中华人民共和国计算机信息网络国际联网管理暂行规定	1996 年 2 月 1 日	国务院
9	中华人民共和国电信条例	2000 年 9 月 20 日	国务院
10	互联网上网服务营业场所管理条例	2002 年 9 月 29 日	国务院
11	互联网信息服务管理办法	2000 年 9 月 25 日	国务院
12	中国公用计算机互联网国际联网管理办法	1996 年 4 月 9 日	邮电部

序号	法律法规	发文时间	发文部门或机构
13	互联网新闻信息服务管理规定	2005 年 9 月 25 日	国务院新闻办公室、信息产业部
14	互联网著作权行政保护办法	2005 年 4 月 29 日	国家版权局、信息产业部
15	互联网 IP 地址备案管理办法	2005 年 2 月 8 日	信息产业部
16	互联网出版管理暂行规定	2002 年 6 月 27 日	新闻出版总署、信息产业部
17	互联网文化管理暂行规定	2003 年 5 月 10 日	文化部
18	互联网等信息网络传播视听节目管理办法	2004 年 7 月 6 日	国家广播电影电视总局
19	中国互联网络域名管理办法	2004 年 11 月 5 日	信息产业部
20	互联网电子公告服务管理规定	2000 年 11 月 6 日	信息产业部
21	关于办理利用互联网、移动通信终端、声讯台制作、复制、出版、贩卖、传播淫秽电子信息刑事案件具体应用法律若干问题的解释	2004 年 9 月 3 日	最高人民检察院
22	中国互联网络域名注册暂行管理办法	1997 年 5 月 30 日	国务院信息办
23	中国互联网络信息中心域名注册实施细则	2009 年 6 月 5 日	中国互联网络信息中心
24	中国互联网络信息中心域名争议解决办法	2006 年 2 月	中国互联网络信息中心
25	中国互联网络信息中心域名争议解决办法程序规则	2006 年 3 月	中国互联网络信息中心

（资料来源：作者整理）

参考文献

［1］王来华主编.舆情研究概论——理论、方法和现实热点［M］.天津：天津社会科学出版社，2003.

［2］中共中央宣传部舆情信息局编著.舆情信息工作概论［M］.北京：学习出版社，2006.

［3］中共中央宣传部舆情信息局.网络舆情信息工作理论与实务［M］.北京：学习出版社，2009.

［4］刘毅.网络舆情研究概论［M］.天津：天津人民出版社，2007.

［5］丁晨.突发事件危机报道的框架分析——以成都"6·5"公交车燃烧事件危机处理为例［J］.成都大学学报（社会科学版），2011.2.

［6］姜胜洪.网络舆情的内涵及主要特点［J］.媒体与传播，2010.3.

［7］卢山.网络舆情的影响力及应对策略的研究［J］.电子商务，2011.1.

［8］丁柏铨.略论舆情——兼及它与舆论、新闻的关系［J］，新闻记者，2007.6.

［9］吴绍忠，李淑华.互联网络舆情预警机制研究［J］.中国人民公安大学学报（自然科学版），2008.3.

［10］徐晓日.网络舆情事件的应急处理研究［J］.华北电力大学学报（社会科学版），2007.1.

［11］周如俊，王天琪.网络舆情：现代思想政治教育的新领域［J］.思想理论教育，2005.11.

［12］纪红，马小洁.论网络舆情的搜集、分析和引导［J］.华中科技大学学报（社会科学版），2007.6.

［13］匡乃安，何正华.涉检网络舆情危机应对中存在的问题及对策［J］.法治论坛，2010.1.

［14］廖言.慎防网络舆论卷起"媒体审判"［J］.政府法制，2009.21.

［15］顾明.论涉检网络舆情危机的应对［J］.法制与社会，2010.6.

［16］孟茹.论网络舆情的影响及相关建议［J］.现代营销，2011.5.

［17］阳德青.网络舆情的社会影响分析及疏导原则［J］.中国科教创新导刊，2010.28.

［18］李昌祖.网络舆情研判的类型分析及其制度建设的途径思考［J］.上海党史与党建，

2010.6.

［19］程亮．网络舆情研判机制的内容与流程［J］．中国记者，2010.2.

［20］王青，成颖，巢乃鹏．网络舆情监测及预警指标体系研究综述［J］情报科学，2011.7.

［21］谈国新，方一．突发公共事件网络舆情监测指标体系研究［J］．华中师范大学学报（人文社会科学版），2010.5.

［22］谢海光，陈中润．互联网内容及舆情深度分析模式［J］．中国青年政治学院学报，2006.3.

［23］陈新杰，呼雨，兰月新．网络舆情监测指标体系构建研究［J］．现代情报，2012.5.

［24］王灵芝．高校学生网络舆情分析及引导机制研究［D］．中南大学，2010.

［25］唐钧．应急管理与危机公关：突发事件处置、媒体舆情应对和信任危机管理［M］．北京：中国人民大学出版社，2012.

［26］杨兴坤．网络舆情研判与应对［M］．北京：中国传媒大学出版社，2013.

［27］杨兴坤．政府舆情应对工作的十大误区［J］．党政论坛，2013.5.

［28］杨兴坤．政府舆情应对工作十大原则［J］．改革与开放，2014.4.

［29］杨兴坤．政府舆情引导的十大策略［J］．党政论坛，2014.12.

［30］杨兴坤．舆情引导的技巧与方法［J］．电子政务，2015.1.

［31］杨兴坤．网络谣言的产生与舆情引导［J］．天津行政学院学报，2015.5.

［32］杨兴坤、廖嵘、熊炎．虚拟社会的舆情风险防治［J］．中国行政管理，2015.4.

后 记

　　本书是以我近年来在各地开展舆情培训工作的内容为基础，专门为公务员舆情培训工作而写就的。舆情问题是当前各级党委、政府部门和学术界关注的热点与焦点问题，目前，关于舆情报告、舆情案例分析的著作颇多，要撰写一本具有一定地方特色、具有一定创新性、兼具理论性与操作性的公务员舆情培训教材，实为一项很艰巨的任务。现惶恐地将本书呈现于此，敬请使用本书的各级公务人员和学界同仁批评指正，以便我们再版时修改。

　　本书的定位是为我国各级党委、政府和事业单位的公务员及参公管理人员提供有关舆情监测、舆情研判、舆情预警、舆情引导与应对方面的知识和理论。适用面比较广：

　　一是适合政府等公共部门，尤其是宣传部门、新闻办或新闻中心、公安机关的网监部门、工业和信息化部门等舆情管理职能部门，不仅为他们提供舆情方面的基础知识，还为他们研判和引导舆情的具体工作提供指导和参考建议。

　　二是适合科学研究之需要，既丰富了公共危机管理、舆情管理、社会管理等方面的理论研究，提供有关舆情监测、研判预警、引导与应对的相关知识。可供公共管理专业的研究生（博士生、硕士生、MPA 学生）、本科生阅读，对相关研究者进一步深入研究具有一定的参考意义。也可以供社会管理、社会工作者、社区工作者作为工作性参考读物。

　　三是适合事业单位和企业领导人、一般社会公众。尤其是危机事件、突发事件及（网络）舆情的涉事单位或企业，可以作为常识性读本或工作手册参考之用，书中的案例分析可以作为以后在危机事件或突发事件中引导舆情参考之用。一般社会公众可以了解舆情管理方面的常识性知识，当自己涉及某舆情的时候，可以做出更为正确、合理的反应，书中也有个人涉及舆情的案例分析。而对于未涉及网络舆情的一般社会公众，从中可以了解到当我们遇到谣言等舆情的时候，作为一个负责任的公民，应如何应对，同时，公众可以了解应如何有序地参与网络讨论，营造一个健康有序、和谐安宁的公共网络空间。

本书关于谣言的应对、政府丑闻的应对与处置、舆情引导的策略与方法、舆情引导的技巧与艺术等内容，是同类著作中首次较为全面系统的论述，对实际工作具有较大指导性。同时，全书案例选择和分析具有以下特点：一是选择新近发生的、具有一定代表性的案例；二是紧扣每章的主题，选取具有一定特色的案例；三是在案例概况介绍后，对案例进行评述或提出操作性提示，或总结经验教训，或提示读者在工作中的操作要点，以启发读者思考。

本书的提纲和框架，是与有关政府部门领导召开现场研讨会，听取意见后，反复修改，三易其稿，最后确定的。舆情引导作为一个前沿研究领域，每天都可能有新的内容，希望这本书能引导读者与我们一起去思考舆情管理与公共空间的治理问题。

本书得到了北京市财政专项——人才培养质量提高项目 – 专业建设 – 工程造价新专业（2015）（项目编号：05080815003）的资助。本书是北京市教育委员会社科计划面上项目：北京市突发事件舆情研判与应对策略研究（项目编号：SM201410016002）、教育部重大课题攻关项目：国家公共危机安全管理系统研究（项目编号：03JZD0021）、国家自然科学基金应急管理项目：突发灾害事件在线社交网络舆情信息管理体系研究（项目编号：71540015）、中央政法委研究课题：社会公共安全风险防控机制研究（项目编号：2016–11）、北京建筑大学校设科研基金项目：基于行为特征分析的突发事件在线社交网络舆情研判研究（项目编号：ZF15069）的课题研究成果之一。

最后，特别感谢有关政府部门的各位领导，他们提供了很多有益的建议与意见。特别感谢本书的责任编辑知识产权出版社的赵军编辑，他对本书的出版给予了极大的支持，付出了大量的心血和辛勤的劳动，没有他的辛勤劳作本书难以面世。本书在写作过程中参考和引用了部分国内外有关研究成果和文献资料，在此一并表示诚挚的谢意！

由于知识有限与时间仓促，本书错误和疏漏之处，在所难免，我真诚希望各方不吝赐教。

杨兴坤

2015 年 8 月于北京